Character Text for Intermediate Chinese

CHARACTER TEXT
FOR
INTERMEDIATE CHINESE

by John DeFrancis

PUBLISHED FOR SETON HALL UNIVERSITY

by Yale University Press, New Haven and London

DeFrancis, *Char. Text*

Copyright © 1965 by Yale University.
Eighth printing, 1979.
Set in IBM Documentary type,
and printed in the United States of America by
The Murray Printing Company, Westford, Mass.

Library of Congress catalog card number: 65–22316
ISBN: 0–300–00062–6 (paper)

Published in Great Britain, Europe, Africa, and Asia
(except Japan) by Yale University Press, Ltd., London.
Distributed in Australia and New Zealand by Book & Film
Services, Artarmon, N.S.W., Australia; in Japan by
Harper & Row, Publishers, Tokyo Office.

PREFACE

The present work forms part of three closely integrated sets of texts in spoken and written Chinese prepared at Seton Hall University. The relationship among them can be seen from the following outline:

CONVERSATION SERIES

Transcription Version	Character Version
Beginning Chinese*	Character Text for Beginning Chinese*
Intermediate Chinese*	Character Text for Intermediate Chinese*
Advanced Chinese	Character Text for Advanced Chinese

READING SERIES

Beginning Chinese Reader
Intermediate Chinese Reader
Advanced Chinese Reader

The status of these texts is as follows: Those marked with an asterisk have already been published. Beginning Chinese Reader is in press. Advanced Chinese will be published in 1966 together with Character Text for Advanced Chinese. Intermediate Chinese Reader and Advanced Chinese Reader are scheduled for completion in 1966 and 1967 respectively.

The present text contains 696 characters beyond the 494 in Character Text for Beginning Chinese. There are from twenty-five to forty-six characters per lesson. The new characters occurring in each lesson are presented at the beginning—first in large size, then in smaller size together with brief definitions and the pronunciation of the character when read in isolation. The definitions given are largely limited to the basic meanings, especially as they represent terms in Intermediate Chinese. It should be noted that many Chinese characters have acquired a multiplicity of meanings, which vary from one context to another; it is advisable, therefore, to learn the meanings of each character within specific combinations.

In order to facilitate locating equivalent passages in both texts, each subsection or exercise in the present volume is provided with a page reference (in parentheses) to the original passage in Intermediate Chinese. As a further aid for line-by-line comparison of the dialogue and similar exercises, the first syllable of each line in the transcription text is indicated by a numeral over the corresponding character in the present text.

I am indebted to: Mr. Simon T. H. Chang, for contributing his excellent calligraphy in writing the major portion of this volume; Mrs. Jean Feng, for preparing the summary charts and proofreading the whole text; Mr. Yung Chih-sheng, for additional proofreading and for writing the large-size characters; Dr. David L. Kuan, for help in proofreading; Mrs. Margaret Chiang, for the major part of the typing; and other colleagues and officers at Seton Hall University, particularly Dr. John B. Tsu, Director of the Institute of Far Eastern Studies, for making this character version possible.

J. DeF.

Madison, Connecticut
June, 1965

CONTENTS

1	2	3	4	5	6
成	許	爸	向	落	穿

7	8	9	10	11	12
衣	服	帽	哇	呀	眼

13	14	15	16	17	18
睛	胖	瞎	似	瘦	倒

19	20	21	22	23	24
雨	報	晴	噴	射	穩

25	26	27	28	29	30
屋	哪	寂	寞	痛	恨

31	32	33	34	35	36
通	咱	休	息	光	檢

37	38	39	40	41	
查	邁	新	温	獨	

1.	成	chéng	to complete; become; All right!; as (8)*	22.	噴	pēn	spout (35)
2.	許	xǔ	permit; perhaps (10)	23.	射	shè	shoot (35)
3.	爸	bà	pa, papa (11)	24.	穩	wěn	steady, stable (36)
4.	伺	xiàng	towards (12)	25.	屋	wū	room, house (37)
5.	落	luò	fall, alight (13)	26.	哪	na ne	n+a **
6.	穿	chuān	wear (clothes) (15)	27.	寂	jì	lonesome (39)
7.	衣	yī	clothes (16)	28.	寞	mò	lonesome (39)
8.	服	fú	garment (16)	29.	痛	tòng	hurt; pain(ful) (41)
9.	帽	mào	hat, cap (17)	30.	恨	hèn	hate (44)
10.	哇	wa	(final particle) (19)	31.	通	tōng	go through, communicate with (46)
11.	呀	ya	(final particle) (19)	32.	咱	zán	we (48)
12.	眼	yǎn	eye (20)	33.	休	xiū	rest (50)
13.	睛	jīng	eye (20)	34.	息	xí	rest (50)
14.	胖	pàng	fat (21)	35.	光	guāng	light; finish (as postverb) (51)
15.	瞎	xiā	blind; nonsensically (24)	36.	檢	jiǎn	inspect (52)
16.	似	shi	like, as it (25)	37.	查	chá	investigate (52)
17.	瘦	shòu	thin, lean (26)	38.	邋	là	leave behind (54)
18.	倒	dào	inverted (27)	39.	新	xīn	new, newly (57)
19.	雨	yǔ	rain (29)	40.	溫	wēn	review (58)
20.	報	bào	report; newspaper (30)	41.	獨	dú	alone (59)
21.	晴	qíng	clear (of weather) (32)				

*Numbers in parentheses refer to sentences which follow the Dialogues.
**Pronounced na or ne as a final particle, and nǎ, něn, nǎi, or něi as an interrogative particle.

5

第一課　到了中國 (p. 3)

會話：高先生高美英小姐到飛機場接白文山.

3 高：美英,三點半了都.怎麼飛機還沒來呢？

4 美：可不是嗎!

5 高：是不是飛機起飛晚了?

6 美：大概是.

7 高：再不然他信上寫錯了.他把四點半寫成三點

8 半了.

9 美：不會寫錯了吧？我想一定是起飛的時候那 10

邊兒的天氣不好起飛的晚了.

11 高：也許啊....快到四點了.

12 美：爸爸,您看! 那邊兒飛過來一個飛機.

13 高：在那邊兒?

14 美：您看那邊兒

15 高：對了.東北邊兒這個方向對.是從日本來的飛 16

機大概是文山坐的飛機....飛機落下來了.

17 美：喝! 這個飛機真大.爸爸,這麼大的飛機能坐

18 多少人呢?

19 高：可以坐一百多人哪.

20 美：您看.下客人了....

21 高：下來很多人了.他怎麼還沒下來呢? 也許我 22

們離飛機太遠了.他下來我們看不見.

23 美: 爸爸,您看! 文山才下來!

24 高: 那個那個?

25 美: 就是那個穿藍衣服戴白帽子的那個高個子.

26 高: 那個! 那個呀?

27 美: 唉! 您的眼睛怎麼看不見呢? 胖太太後頭
28 的那個.

29 高: 噢! 那個就是他.

30 美: 對了.文山! 文山!! 文山!!!

31 白: 美英! 高先生,您好? 謝謝您跟美英來接我.
32 我們真是好久不見.

33 高: 三年不見了.好嗎? 府上都好嗎,文山?

34 白: 好,我父親母親讓我問您跟高太太好.

35 高: 謝謝.

36 白: 高太太好嗎?

37 高: 很好,他在家忙着做飯哪,所以也沒來接你來.
38

39 白: 我又來麻煩高太太了.

40 高: 那兒的話哪.

41 白: 美英啊.真漂亮.比以前更漂亮了.

42 美: 瞎說.

43 高: 文山,你好像瘦了一點兒.

44 白: 是嗎? 您看我瘦了嗎? 我自己倒不覺得.

45 高: 你看我怎麼樣? 老了沒有?

46 白: 沒有.跟從前一樣您比從前還年輕了哪.我看.
47

48 高: 笑話兒文山,怎麼晚了一點兒?

白: 可不是嗎！在日本的時候天氣太不好了,而且雨下得很大,所以飛機場報告說等半個鐘頭再起飛,半個鐘頭以後可以晴天,所以到這兒已經四點了,讓您久等了.

高: 沒有沒有.

美: 爸爸說也許你把起飛的鐘點兒寫錯了.

白: 沒寫錯.

高: 噴射機飛的很穩吧?

白: 很穩,一點兒也不覺得是坐飛機呢,好像在屋子裏坐着似的.

高: 文山哪,你猜怎麼着,你走了以後我真是寂寞的不得了,你一來信說你要來了,你說我心裏頭多麼痛快多麼高興.

白: 我也是常常想念您,恨不得很快就回到中國來.高先生,萬教授又回來了沒有? 您跟錢先生常見面吧?

高: 錢先生常見,萬教授沒回來,可是我們兩個人常通信.

白: 沒人跟您划拳了?

高: 有的時候跟別的朋友也划,你這回來了,我得教你划拳.

白: 好啊.

高: 今天晚上咱們就划.

美: 爸爸,人家才下飛機不讓人休息您就讓人家划拳.

高：划拳也不累呀.
美：人都走光了.就剩文山了.
高：對了.文山得檢查行李去了.文山,你去檢查行李去,我們在客人出口處等你.
白：好.
高：你檢查完了行李我們一塊兒回家.別遺下東西.回頭見.
白：回頭見.
美：回頭見.

生字跟新語法的句子 (p. 5)

1.0 (3)*　都
1.1 你怎麼還不起來呢？都九點多了.
1.2 昨天我回家太晚了.家裏頭已經吃了晚飯了都.
1.3 他怎麼還沒來呢？都七點半了都.

2.0 (4)　可
2.1 我念書可沒你那麼好.
2.2 你可沒他那麼用功.
2.3 我請你吃飯如果你不來我可不高興了.

3.0 (4)　可不是嗎!
3.1 你怎麼吃的那麼多?....可不是嗎! 我一吃中國飯就吃的太多.
3.2 我們又要考試了....可不是嗎!我們得好好兒的

*Numbers in parentheses refer to lines in the Dialogues.

念書了.

4.0 (5)　　飛　飛到　飛過去

4.1 在這幾十年裏頭人才能飛.

4.2 我住的地方天天有飛機飛過去.

4.3 這個飛機是從這兒飛到日本的.

5.0 (5)　　起飛

5.1 請問,到三藩市的飛機甚麼時候兒起飛?

5.2 飛機一起飛我們就回家了.

5.3 那個飛機下午三點半鐘從東京飛機場起飛.

6.0 (4)　　起飛(的)

6.1 今天,天氣不好,恐怕飛機要起飛的晚了.

6.2 到紐約的飛機是不是起飛晚了?

7.0 (7)　　再不然

7.1 我今天晚上不吃糖醋魚就吃紅燒雞,再不然就吃獅子頭.

7.2 我打算去看朋友,再不然我去看電影兒.

8.0 (7)　　成　畫成　看成　念成　拼成　聽成　寫成

8.1 我把他的話聽錯了.我把三百五十號聽成四百五十號了.

8.2 他把第二聲的字念成第三聲了.

8.3 他畫的這張畫兒不好,把獅子畫成老虎了.

8.4 請你把這些漢字寫成拼音.

8.5 我把表看錯了.九點半我看成五點三刻了.

8.6 我看錯了人,把那位先生看成王先生了.

8.7 我把二字念成三字了.

8.8 這個字你拼錯了.你把學字拼成寫字了.

9.0 (9)   是

9.1 他没來.或者是他忙了.

9.2 他不是没錢.他是不喜歡買東西.

9.3 我是坐飛機去.你呢?

10.0 (11)   也許

10.1 我們明天也許研究這件事情.

10.2 星期六也許我們去看電影兒.

11.0 (12)   爸爸

11.1 你爸爸給你買糖來了.

11.2 我爸爸説他昨天在路上遇見你了.

12.0 (15)   方向

12.1 請問.到三友書店往那個方向走?

13.0 (16)   落　落下來　落在

13.1 這個飛機落在那個飛機場?

13.2 一個大飛機在我家附近那個小飛機場落下來了.

13.3 我們到飛機場的時候飛機已經落下來了.

14.0 (23)   才

14.1 我才有六毛三.

14.2 王先生不在家.才走.

15.0 (25)   穿

15.1 現在天氣暖和了.你應該少穿一點兒.

15.2 王小姐喜歡穿紅的.

16.0 (25)   衣服

16.1 他穿的衣服都是在英國做的.

16.2 有的女孩子喜歡穿男孩子的衣服.

17.0 (25)   帽子

17.1 他那個黑帽子是在日本買的.

17.2 天氣暖和不用戴帽子.

18.0 (25)   個子   個兒   高個子   高個兒   大個子
             大個兒

18.1 他的個兒很高.

18.2 我的個子比你高的多.

18.3 那個教員是個大個兒.

18.4 男孩子比女孩子個兒高.

19.0 (26)   啊   哇   呀

19.1 這幾天怎麼樣啊?

19.2 怎麼來的這麼早哇?

19.3 王先生還沒來呀?

20.0 (27)   眼睛

20.1 我的眼睛不怎麼好看遠的地方就看不見.

20.2 那個女孩子的眼睛很漂亮.

21.0 (27)   胖

21.1 我太胖了.我得少吃飯了.

21.2 我弟弟比我胖的多.

22.0 (37)   N 忙着 V (哪)

22.1 他忙着考試哪.

22.2 這張畫兒我畫的不好因為他忙着要.

22.3 他忙着要上飛機哪.

22.4 我現在沒工夫.我忙着到學校去.

23.0(37)　　來　．來 v 來　去 v 去

23.1 錢小姐來借書來了.

23.2 王教授來研究語言學來了.

23.3 我到日本去旅行去.

23.4 朋友請我到他家去吃飯去.

24.0(42)　　瞎

24.1 這個字你不認識別瞎念.

24.2 你不知道的事情別瞎說.

25.0(43)　　好像

25.1 他畫的那張山水畫兒好像是蘇州(似的)

25.2 坐着的那位先生我好像認識他(似的)

25.3 他好像比以前用功了(似的)

25.4 他好像他父親(似的)

25.5 我這本書好像跟你那本一樣(似的)

26.0(43)　　瘦

26.1 女人還是瘦一點兒比較漂亮.

26.2 錢先生比以前瘦多了.

27.0(44)　　倒(是)

27.1 我雖然今天念了很多書,我倒不覺得累.

27.2 他除了不吃蝦以外別的他倒是甚麼都吃.

27.3 他倒是很用功.不是念書就是聽錄音.

28.0(46)　　年輕

28.1 他雖然年輕可是他的學問很好.

28.2 張先生比王先生年輕.

29.0 (50) 雨　下雨

29.1 糟糕,今天下雨,我們不能去旅行了.

29.2 你去看看外頭下雨不下.

29.3 上星期六雨下的真大.

29.4 下雨了,飛機起飛要晚一個鐘頭.

30.0 (50) 報告(說)

30.1 這件事情我不知道是甚麼時候報告的.

30.2 上星期四學校報告了說這個星期五放假.

31.0 (50) 等 A V

31.1 讓他等一會兒進來.

31.2 我現在很忙,等一會兒我再去.

31.3 飯還得等一個鐘頭才能做好哪.

31.4 等他來我們一塊兒去.

32.0 (51) 晴天

32.1 晴天的時候看得見西山.

32.2 如果明天是晴天我們就到城外頭去旅行.

32.3 今天還沒晴天呢,也許明天就晴天了.

33.0 (52) 久　好久

33.1 他很久以前就到中國來了.

33.2 好久沒給我女朋友寫信了.

34.0 (54) 鐘點兒

34.1 我來晚了,我把鐘點兒記錯了.

34.2 他的鐘點兒很準,他說甚麼時候他就甚麼時候來.

35.0 (56) 噴射機

35.1 噴射機坐的人比較多嗎?

35.2 他一到飛機場那個噴射機就起飛了.

35.3 噴射機聲音真大.

36.0 (56) 穩

36.1 噴射機飛的穩.

36.2 聽說那個地方不穩,最好不去旅行.

37.0 (58) 屋子

37.1 我們那所兒房子一共有五個屋子.

38.0 (59) 怎麼着? 這麼着 你猜怎麼着

38.1 你猜怎麼着,我最喜歡你來跟我談談.

38.2 怎麼着? 今天我們去看電影兒好不好?

38.3 這麼着吧明天你們都坐我的車去吧.

39.0 (59) 寂寞

39.1 今天只有我一個人在家很寂寞.

39.2 我的朋友都到別的地方去了,我寂寞的不得了.

40.0 (60) 心

40.1 我心裏頭正在想那件事情哪.

40.2 他的心很好,他很喜歡幫助別人.

41.0 (61) 痛快

41.1 如果你跟他們在一塊兒談談你就覺的很痛快.

41.2 今天我把考試的題目看錯了,所以心裏不痛快.

42.0 (62) 常常

42.1 學語言要常常聽錄音.

42.2 我們的英文字典常常讓學生給拿走了.

43.0 (62) 想念

43.1 我很久沒看見我的女朋友了,我很想念他.

43.2 你離開府上已經三年了.你一定很想念你父親
　　　母親吧.

44.0 (62)　恨不得

44.1 我恨不得在這一年裏頭就能說很好的中國話.

44.2 恨不得我永遠不離開這兒.

44.3 你母親很想念你,恨不得馬上就看見你.

45.0 (64)　見面

45.1 我好久沒跟他見面了.

45.2 我知道他的名字,可是我沒跟他見過面.

46.0 (66)　通信

46.1 白先生在美國的時候常跟高小姐通信.

46.2 我跟他常通信,而且我們是用漢字寫信.

47.0 (68)　回

47.1 今天我到他家三回了,他都不在家.

47.2 這回我要贏了.

47.3 我這回考書考的不太好.

48.0 (71)　咱們

48.1 他來信叫咱們下月三號早晨十點半鐘去接他.

48.2 咱們坐車去吧,要不然就晚了.

49.0 (72)　人家

49.1 人家都比我念書念的好.

49.2 我比人家吃餃子吃的多.

49.3 他發音練習是練習,可是還是沒人家說的好.

50.0 (72)　休息

50.1 爸爸說等他休息一會兒我們再到公園去.

50.2 我已經念了六個鐘頭的書了.我得休息一會兒了.

50.3 今天放假你也不休息嗎?

51.0 (75)　　光

51.1 已經五點了.全學校的學生都走光了.

51.2 今天的菜真好吃我們都把他吃光了.

51.3 我的錢買書都用光了.

51.4 城裏頭打起來了.人都跑光了.

51.5 三友書店賣的那本中英字典真好.一會兒就讓
　　人買光了.

52.0 (76)　　檢查

52.1 檢查行李很麻煩.

52.2 我的行李很多.半個鐘頭也檢查不完.

52.3 我們的行李很簡單,所以他們檢查很容易.

53.0 (77)　　出口　　出口兒　　出口處

53.1 請問.出口兒在那兒?

53.2 客人從出口處一出來就先到餐廳去.

53.3 我們到客人出口處等着他吧.

54.0 (79)　　遺　　遺在　　遺下

54.1 你請張先生吃飯,可別遺下王先生.

54.2 我把書遺在學校了.

54.3 下公共汽車的時候別遺下書.

55.0 (80)　　回頭

55.1 對不起,我先走.回頭見.

55.2 我有一點兒事.回頭我就來.

55.3 回頭你來的時候別忘了帶錢.

56.0 ( )　　生　　生人　　生菜　　生字

56.1 有的生菜可以吃,有的生菜不可以吃.

56.2 我不會說話,所以不喜歡跟生人說話.

57.0　　新

57.1 這個茶壺是不是新的?

57.2 你那位新朋友姓甚麼?

57.3 我們得先學會了生字跟新語法.

57.4 我新買的鉛筆找不着了.

57.5 你的汽車是不是新買的?

58.0　　温習　温習句子

58.1 快要考數學了,我們必得先温習數學.

58.2 請你們打開書看第一個温習句子.

59.0　　單獨　單獨ᴬ一個人　單獨談話

59.1 他單獨要買這本書,可是那兒也買不着了.

59.2 一個人單獨去旅行很沒意思.

59.3 我們都吃杏仁兒豆腐單獨王先生一個人不吃.

59.4 時候不够,先生說就請你單獨談話.

59.5 這本書每一課的會話我們都用他寫一個單獨
談話.

温習句子 (p. 13)

1. 你的汽車能坐幾個人?.... 前頭能坐兩個人,後
頭能坐三個人.

2. 船甚麼時候下客人?

3. 是不是已經八點半了?

4. 這本書我今天已經念了五個鐘頭了.很有意思
   我一點兒也不覺的累.

5. 溫習句子裏頭一個生字都沒有.

6. 你父親給你來信了嗎?.... 父親沒來信,母親來
   信了.

7. 今天太麻煩您了.我太謝謝您.... 那兒的話呢.

8. 王教授告訴你沒有,我們今天不必到學校,他不
   來?.... 是嗎?

9. 飛機場報告說從東京來的飛機現在落下來.

10. 上來的客人一共有多少?

11. 我想吃飯,你想怎麼着?

12. 我朋友給我來信說他下星期要來.

13. 我很早就想到中國去.

14. 穿黑衣服戴白帽子的那個老先生是誰?

15. 文山! 過來! 我有話跟你說.

16. 那個紅帽子賣多少錢?

17. 王先生坐在胖先生跟瘦太太的中間兒.

18. 他的病很重.他一定活不
    了了.

19. 在東北那個方向有一個
    小飛機場.

20. 在客人出口處附近談話
    的那些人都是接王教授
    來的.

單獨談話(p. 14)

我是三年以前回美國去的.回到美國以後還是繼續念大學.在二年以前我在大學畢業了.可是我還繼續研究文學跟語言.我這次回到中國來還是念書.因為我學的是中國語言跟文學,所以又到中國來研究.

我這次來是坐飛機來的.因為我沒帶很多的行李.而且飛機也快.我坐的是噴射機又快又穩.

我走以前母親又忙了很久給我收拾行李,天天做我喜歡吃的菜.還請我幾個最好的朋友到我們家裏來喝茶.

我買了飛機票以後,馬上就給高先生跟美英寫信告訴他們我那天走.飛機甚麼時候到.高先生他們是很希望我回來的.接到我的信當然他們很歡迎我來了.所以高先生寫信說我到了以後先住在他們家裏頭慢慢兒的找房子.

上了飛機以後美國的天氣一直的都很好,可是到了日本呢天氣就不好了.比原來的鐘點兒晚了半個鐘頭才起飛.我心裏想真糟糕高先生高太太美英他們一定在飛機場得等半天.真對不起他們.讓他們久等.

到了東京有兩位日本朋友到飛機場去接我.他們希望我跟他們一塊兒去玩玩兒,可是沒有很多的[23]時候，飛機就要起飛了，所以我不能離開飛機場。我就[24]請他們兩位在飛機場餐廳我們一塊兒喝點心，喝點兒茶，也[25]談了一會兒，很[26]痛快。也許他們不久也到中國來。跟他們談談心，這兩位朋友很好。[27]研究中國語言跟文學的這兩位朋友很年輕，可是[28]他們的學問都很好。

　[29]到了中國，飛機落下來以後，我一下飛機就聽見很多人[31]在遠遠兒的叫我的名字。我在遠遠兒的看見高先生跟[33]高太太[32]當然很高興。[30]美英遠遠的叫我的名字，頭就看見高先生跟美英，美英一看見我馬上跑過去了。可是我覺得很對不起他們，[35]讓他們[33]等[34]那麼久，我才[36]⋯。我心裏頭想高太太也許先回去了，高先生一說我才[37]明白高太太在家裏頭[36]忙着做飯不能來。

　[30]美英是一個又聰明又漂亮的女孩子。我三年[38]沒看見他了，好像比以前更漂亮了。那天他[38]穿着[39]紅衣服，漂亮的不得了。

　高先生還是跟[40]從前一樣，他最高興跟我在[41]一塊兒談談。他說我走了以後他很寂寞，我也是很[42]想念高先生。他說我比以前瘦了一點兒，也許[42]因為[43]這幾年在美國念書比較忙一點兒。那天在飛機場的[45]時候[46]比較[44]長，很有意思。高先生看見我很高興，說話說的別的客人都走光了，就剩下我一個人了。如果不是美英告訴人都走光了，高先生[47]還跟我說呢。

問 題 (p. 15)

1. 誰到飛機場去接白文山?

2. 白文山給高先生的信上寫着飛機幾點鐘到飛機場?

3. 他是從甚麼地方到中國去的?

4. 高先生想飛機為甚麼來晚了? 他又想為甚麼來晚了?

5. 飛機是從那個方向來的? 是從那國來的?

6. 高先生說噴射機能坐多少人?

7. 白文山穿的是甚麼衣服? 戴帽子沒有?

8. 白文山下飛機的時候誰在他前頭下來的?

9. 高太太為甚麼沒到飛機場來接白文山?

10. 高先生說文山好像比以前怎麼樣了?

11. 高先生問文山飛機怎麼晚了一點兒文山說為甚麼晚了?

12. 高先生問文山噴射機很穩吧文山怎麼說?

13. 高先生說文山回美國以後他覺的怎麼樣? 文山回來了他又覺的怎麼樣?

14. 他怎麼問高先生關於萬教授跟錢先生的事情?

15. 白先生跟高先生說沒人跟他划拳了高先生說他還划拳嗎?

16. 高先生說教文山作甚麼?

17. 高先生說晚上讓文山划拳美英覺的好不好?

18. 誰告訴白先生人都走了?

19. 文山去檢查行李高先生説在那兒等着他?

20. 檢查行李以後他們上那兒去?

21. 有朋友來接你你看見他們應該説甚麼?

22. 你要問朋友家裏的人都好嗎,應當怎麼問?

23. 如果一個人跟你説他老了你怎麼説?

24. 一個朋友坐的飛機或者船來晚了你應當怎麼問?

25. 朋友去接你,你來晚了,他們等的太久了,你跟他們説甚麼?

26. 你告訴一個朋友説你坐的飛機很穩,你怎麼告訴他?

27. 你去接朋友,朋友跟你説"謝謝你,太麻煩你了"你怎麼説?

28. 朋友説你走了他很寂寞,你説甚麼?

29. 你的朋友幾年不見了,現在來了,你跟他説甚麼呢?

30. 你的朋友去檢查行李你告訴他甚麼?

1	2	3	4	5	6
係	餘	交	社	運	手

7	8	9	10	11	12
包	皮	鑰	匙	禮	物

13	14	15	16	17	18
無	線	首	飾	瞧	套

19	20	21	22	23	24
鎖	雜	誌	舊	貨	流

25	26	27	28	29	30
利	實	弄	亂	職	務

31	32	33	34	35	36
力	航	空	司	火	世

37					
界					

1. 係 xì — is, be connected with (8)
2. 餘 yú — remainder, rest (10)
3. 交 jiāo — join; deliver to (11)
4. 社 shè — society (12)
5. 運 yùn — move, transport (13)
6. 手 shǒu — hand (16)
7. 包 bāo — to wrap; a package (16)
8. 皮 pí — skin, leather, cover (17)
9. 鑰 yào — a key (21)
10. 匙 shi — a key (21)
11. 禮 lǐ — propriety; rite; gift (24)
12. 物 wù — thing, object (24)
13. 無 wú — lack, not have (25)
14. 線 xiàn — a line (25)
15. 首 shǒu — head, beginning (26)
16. 飾 shì — adorn (26)
17. 瞧 qiáo — look at (28)
18. 套 tào — a sheath; a set, a suit (30)
19. 鎖 suǒ — lock (31)
20. 雜 zá — mixed, miscellaneous (32)
21. 誌 zhì — to record (32)
22. 舊 jiù — old (36)
23. 貨 huò — goods, commodity (37)

24. 流 liú — flow (38)
25. 利 lì — profit; sharp (38)
26. 實 shí — solid, real (40)
27. 弄 nòng — do something, fix (43)
28. 亂 luàn — riot, disorder (44)
29. 職 zhí — office, duty (48)
30. 務 wù — affair, business (48)
31. 力 lì — strength (49)
32. 航 háng — to sail; aeronautics (51)
33. 空 kōng — empty; leisure (51)
34. 司 sī — control; bureau (52)
35. 火 huǒ — fire (53)
36. 世 shì — world (54)
37. 界 jiè — realm; boundary (54)

第二課　檢查行李(p.29)

會話：白先生跟檢查員談話

　　現在白先生在行李檢查處檢查行李,因為他是最後一個客人,檢查員萬學文也沒事了,一邊兒檢查行李一邊兒就跟白先生談話.

萬：那位是白文山先生?

白：我是.

萬：名單上是中國名子,原來您是外國人哪,我以為您是中國人哪.

白：對不起,我來晚了.跟朋友說話說的太久了.他們來接我,很久不見了,說起來就沒完了.

萬：沒關係.您就這點兒行李嗎?

白：對了,我自己就帶這一點兒.其餘的我都交給旅行社了,讓船運.

萬：一共幾件行李你有?

白：我一共有三件行李:一個手提包,一個大皮包,還有一個打字機.

萬：請您拿鑰匙把大皮包先打開好吧?.... 這些紙包都是甚麼?

白：都是一些禮物,是送給朋友的.

萬21：都是甚麼東西呢？

白22：是女人皮包,小無線電,手飾甚麼的.

萬23：對不起,我們都得打開瞧瞧.這些東西都是送24
朋友的嗎？

白25：是的.

萬26：那幾套衣服呢？

白27：是我自己穿的.

萬28：您鎖上吧.請您再把手提包打開.

白29：手提包裏沒甚麼.就是雜誌報紙跟幾本書還30
有日記本甚麼的.

萬31：都是那種雜誌呢？

白32：文學雜誌.

萬33：書是甚麼書呢？

白34：都是中文書.

萬35：您都是中文書啊！您能看中文書？

白36：我可以看.

萬37：這個大本子是甚麼？

白38：是我的日記本.

萬39：打字機是新的還是舊的呢？

白40：是新的.

萬41：是自己用的嗎？

白42：是我自己用的.

萬43：是那國貨呢？

白44：是美國貨.

萬45：噢.您從美國帶來的.您是美國人嗎？

46
白: 是的,我是美國人.

47
萬: 您是第一次上這兒來嗎?

48
白: 不是,我是第二次了.

49
萬: 您中國話説得真流利呀!

50
白: 過獎過獎.我以前比現在説的好一點兒.回到[51]
美國以後哇,三年也沒説了,都忘了.

52
萬: 語言是要常用常説.

53
白: 我剛才聽您跟那位先生説英文.説得很好麼[54]
發音又準,説得又流利.

55
萬: 您客氣哪.

56
白: 實在的! 您在這兒工作幾年了?

57
萬: 我做了兩年多了,我不想長做.我最近想出國[58]
去念書.我對這種工作沒甚麼興趣.每天都是
檢查人家東西.飛機沒來就在這兒等着.飛機[59][60]
一來就忙得不得了,把人家東西弄得亂七八[61]
糟.這種工作沒甚麼意思.您到這兒來作事還[62]
是念書呢?

63
白: 我是來念書的.

64
萬: 現在很多外國人都研究中文,而且研究得都[65]
很好.

66
白: 也不一定都很好.我忘了問您貴姓了.

67
萬: 我姓萬,名字叫學文.我給您個名片兒.

68
白: 對不起萬先生.我沒帶名片兒.聽您的口音您[69]
是本地人吧?

70
萬: 是.我是本地人.對不起把您東西弄得亂七八糟.

71
白： 這是您的職務麼.現在我可以走了吧.
72   73
萬： 您可以走了.行李您不用拿.請您先到出口處
等着.馬上力夫就把您的行李送出去.
74
白： 希望我們再見.
75   76
萬： 還有.您的行李要是有朋友用車來接您.您就一
77
塊兒把行李帶走.要是沒人來接.航空公司有
78
車可以送您跟行李進城.隨便到航空公司門
口兒.火車站.或者世界旅館.
79   80
白： 我有朋友來接.大概他們有車.我從這兒一直
的就到朋友家了.
81
萬： 那好極了.再見.白先生.
82
白： 再見.萬先生.

生字跟新語法的句子 (p. 31)

1.0 (1)　　檢查員
1.1 檢查行李的人叫檢查員
1.2 我的行李太多.那位檢查員檢查了兩個鐘頭才
檢查完.
2.0 (2)　　檢查處
2.1 我們下了飛機必得先到檢查處去.
2.2 請你先到檢查處門口兒等着我.
3.0 (3)　　最後　最先　最近　最多　最少　最好
3.1 我最後下的飛機.

3.2 今天白先生請的客人裏頭我是最先來的.

3.3 聽説最近王先生要回國了.

3.4 這本書最多賣一塊五毛錢.

3.5 那個房子很大.怕最少得賣八萬塊錢.

3.6 坐飛機最好坐噴射機又快又穩.

3.7 我最近得到了他一封信.

4.0 (4)　　一邊兒　　一面

4.1 學語言應當一邊兒看書一邊兒聽録音.

4.2 他喜歡一面吃飯,一面聽母親説故事.

5.0 (7)　　名單　　名單兒

5.1 學校名單上有没有他的名子.

5.2 真奇怪怎麼名單上没有我内人的名字？

6.0 (7)　　原來

6.1 他説學中文很容易.原來很難.

6.2 誰都説那個學生很聰明原來他很笨.

7.0 (8)　　以為

7.1 這枝筆我以為是你的.原來是他的.

7.2 我以為你今天不來了哪.

7.3 我以為他會喝酒哪.他原來不會.

8.0 (12)　　關係　　没關係　　A 對/跟 B 關係

8.1 這件事情對他關係很大.

8.2 對不起.您的事我忘了跟他説了.…… 没關係.

8.3 你不去也没關係.

8.4 這件事對我没關係.

8.5 因為下雨的關係飛機要晚一點兒起飛了.

8.6 中學的王太太跟小學的王小姐有沒有關係?

9.0 (12)　就(有)

9.1 書都賣完了.就這一本了.

9.2 你就一塊錢怎麼能吃飯館兒?

9.3 我們一共就一塊錢怎麼能吃烤鴨子?

10.0 (13)　其餘的

10.1 就有兩個菜好吃.其餘的都不好吃.

10.2 這些書請你帶去.其餘的我自己拿.

11.0 (13)　交(給)

11.1 他交你多少錢?

11.2 請你把這本書交給王先生.

11.3 我交給他五塊錢請他給我買他老師畫的那張畫兒.

11.4 請你把那本歷史書交給王教授.

11.5 我們星期六去旅行.你交錢沒有?

11.6 昨天我母親交給我幾塊錢.叫我買肉,買菜跟醬油.

12.0 (14)　旅行社

12.1 旅行社離我家有二里多路.

12.2 我把所有的行李都交給旅行社了.

12.3 我得到旅行社去問問到日本去的船票多少錢.

13.0 (14)　運

13.1 運行李很麻煩.

13.2 我的行李都運到飛機場去了.

13.3 太重的行李我都交船運.

14.0 (15)　　件

14.1 他一共有十五件行李.

14.2 我這兩件行李,自己帶好還是交旅行社運好?

14.3 這件衣服是朋友送給我的.

15.0 (15)　　permutation

15.1 您一共有幾件行李?

15.2 一共幾件行李您有?

15.3 行李您一共有幾件?

15.4 您行李一共有幾件?

16.0 (16)　　手提包

16.1 我是在廣東買的這個手提包.

16.2 他把衣服放在手提包裏面了.

16.3 我的手提包裏邊兒都是一些關於中國文化的
　　書

17.0 (16)　　皮包

17.1 我買大皮包還是買小皮包?

17.2 高小姐的皮包很漂亮.

17.3 我的皮包不輕.大概你不能拿.

18.0 (17)　　還有

18.1 檢查完了我們一塊兒走.還有你可別邋下東西

18.2 請你買一枝毛筆,一百張紙還有兩枝顏色鉛筆,
　　一枝紅的一枝藍的.

18.3 我們吃便飯——一個湯兩個菜,還有一點兒點心.

19.0 (17)　　打字

19.1 你會打字不會?

19.2 王小姐打字打的很快.

19.3 打的字比寫的字容易看.

19.4 我學了五個月的打字.

20.0 (17)　　打字機

20.1 我想明年買一個新的打字機.

20.2 我是用打字機打,還是用鋼筆寫?

20.3 我們的打字機比起來,還是我的好.

21.0 (18)　　鑰匙

21.1 我的鑰匙也讓他們給拿走了.

21.2 這個是開大門的鑰匙.

21.3 你把鑰匙掛起來.

22.0 (18)　　A 拿/用　B 把 C V

22.1 媽,請您拿鑰匙把這個門開開.

22.2 請你用打字機把這些句子打出來.

22.3 你拿本子把新學的字都寫下來.

22.4 你拿錄音機把今天學的句子都錄下來.

22.5 你用中國話把這個笑話說一說.

23.0 (19)　　紙包(兒)

23.1 那個大紙包裏面是甚麼?

23.2 那個紙包裏是筷子.

24.0 (20)　　禮物

24.1 他從日本回來帶了很多禮物.

24.2 是送禮物好還是不送禮物好?

24.3 這些禮物一部分是給你的,一部分是給他的.

24.4 王先生要結婚了,我得買禮物送給他.

25.0 (22)　　無線電

25.1 無線電也是在日本買的嗎？

25.2 這個無線電你在那兒買的？

25.3 今天我太累了,連無線電都不想聽了.

26.0 (22)　　首飾

26.1 王小姐沒有他母親那麼喜歡戴首飾.

26.2 女人差不多都喜歡戴首飾.

27.0 (22)　　甚麼的

27.1 我的書本子,筆,甚麼的都讓人給拿走了.

27.2 張太太昨天買了很多菜——雞,鴨子,豬肉,牛肉,
　　蝦仁兒,麵,白菜,甚麼的.

28.0 (23)　　瞧

28.1 你瞧! 你瞧! 那個很有名的演員來了.

28.2 不但山太遠而且陰天,所以我們瞧不見山.

28.3 昨天晚上我瞧了一場中國電影兒.

29.0 (25)　　是的

29.1 這些書都是你的嗎?……　是的.

29.2 您要出去嗎?……　是的. 我現在就走.

30.0 (26)　　套

30.1 我是三月七號買的那套衣服.

30.2 昨天他買了一套中國歷史.

31.0 (28)　　鎖(上)　鎖着

31.1 你鎖門沒有?……　這個門不用鎖.

31.2 門鎖着哪.勞駕你用鑰匙開開.

32.0 (29)　　雜誌

32.1 昨天我買了兩本中國雜誌.

32.2 中國學生外國學生都是一樣喜歡看雜誌.

32.3 你沒看過這種雜誌嗎?

33.0 (29)　　報紙

33.1 我還沒看報哪.我得買報紙去.

33.2 今天報上有很多關於學校的事情.

33.3 我不像你能看中國報紙.

34.0 (30)　　日記　　日記本　　日記本兒

34.1 我每天都寫日記.

34.2 我把一天的事都寫在日記本上.

34.3 你日記本下頭的那張報紙是今天的是昨天的?

35.0 (35)　　A 是 B

35.1 您都是中國衣服.

35.2 他們一年都用一千塊錢.我是五百塊錢.

35.3 到杭州來我是第一次.

36.0 (39)　　舊

36.1 我把所有的舊衣服都送給他了.

36.2 我前天看的那場電影兒是舊片子.

36.3 大的,小的,新的,舊的 —— 樣樣兒都有.

37.0 (43)　　貨　貨車　貨船

37.1 你這個錄音機是英國貨是美國貨?

37.2 去年他們買的那個大汽車是貨車.

37.3 貨船比較慢.

38.0 (49)　　流利

38.1 那個伙計說的英國話特別流利.

38.2 學語言多說就流利.

38.3 我的中國話越聽越覺得不流利.

39.0 (51)   忘

39.1 玫瑰露的露字怎麼寫？有幾劃？我忘了.

39.2 糟糕！今天上課忘了帶書了.

39.3 我的事情你可別忘了.

40.0 (56)   實在 實在的

41.1 王教授對語言學實在有研究.尤其是對語法一方面.

40.2 您寫的那本科學書真不錯…… 您客氣……實在的！

40.3 對不起,我太忙.實在不能去.

40.4 謝謝您來接我.實在麻煩您.

41.0 (56)   工作

41.1 我的工作太忙.我想去拜訪我的老師,可是沒工夫去.

41.2 我不怎麼喜歡我現在的工作.

41.3 這種工作我覺得很難.

41.4 他對那種工作很有經驗.

42.0 (58)   出國

42.1 我打算最近出國一次.

42.2 王先生已經出國三年了.

42.3 他高中畢業就出國去念書.

42.4 我想最近的將來出國去旅行

43.0 (61)   弄

43.1 你弄無線電我弄錄音機.

43.2 他的家我找了半天也沒找着,我把方向弄錯了.

43.3 他很會跟孩子玩,能把孩子們弄的很高興.

44.0 (61)　　亂七八糟

44.1 這個屋子裏頭怎麼這麼亂七八糟的?

44.2 我的書亂七八糟因為太忙,沒工夫收拾.

44.3 他說話說的亂七八糟,我一點兒也不明白他的意思.

45.0 (67)　　名片兒

45.1 我的名片上中文名字英文名字都有.

45.2 我給您一張名片兒.

46.0 (68)　　口音

46.1 您說話的口音像山東人.

46.2 他的口音十分好像中國人一樣.

47.0 (69)　　本　本地(方)　本人　本國

47.1 因為他是本地人,所以說本地話.

47.2 這兒都是本國貨.

47.3 是他本人來嗎?

48.0 (71)　　職務

48.1 您在圖書館是甚麼職務?

48.2 我在這個學校的職務是打字.

48.3 關於檢查行李這種職務,他一點兒興趣也沒有.

49.0 (73)　　力夫

49.1 我的行李是自己拿好還是叫力夫拿好?

49.2 這兒的力夫不是湖南人就是湖北人.

49.3 給力夫小費不給?

50.0 (75)　　要是

50.1 要是我坐飛機我可能晚一點兒走.

50.2 我想我能去.要是我不去我就打電話給你.

51.0 (76)　　航空　航空學校　航空小姐　航空信.

51.1 我是學航空的.

51.2 我弟弟今年九月才開始在航空學校念書.

51.3 女孩子必得十八歲才能做航空小姐.

51.4 本國的航空信八分錢.

52.0 (77)　　公司

52.1 我到航空公司去買飛機票.

52.2 我妹妹今年在電話公司做事.

53.0 (78)　　火車　火車站

53.1 到南京的火車下午三點二十分到.

53.2 請你給火車站打個電話問問從杭州來的火車
　　幾點鐘到?

54.0 (78)　　世界

54.1 如果我有錢我就到全世界旅行.

54.2 你知道全世界一共有多少人?

54.3 這個雜誌的名字叫世界文化.

55.0 (78)　　旅館

55.1 喂! 喂! 請問.是世界旅館嗎?

55.2 遠東旅館在電影院的左邊兒.

55.3 南湖北邊兒的那個旅館叫甚麼名字?

55.4 我吃完了早飯讓旅館算算賬.

56.0 (80)　　就/才

56.1 你從這兒一直的走就到了.

56.2 星期六我們學校演電影兒,就是我們本學校的學生才能看.

56.3 這種小杯子幾毛錢就可以買.

56.4 這個汽車四千塊錢才可以買哪

56.5 我五分鐘就走.

温習句子 (p.39)

1. 他在電車公司做甚麼工作?.... 他在電車公司的職務是賣票員.

2. 請你們用拼音把"上有天堂下有蘇杭"這句話寫在本子上.

3. 學中國語言最要緊的是記住語法,詞兒,四聲輕重音甚麼的.

4. 請你告訴航空小姐我祝他一路平安.

5. 朋友給兩個人介紹的時候,這兩個人應當説"久仰久仰."

6. 從這條路往西南拐就是中山路.

7. 那個短句子有幾個音節?

8. 他的長處是他説的故事能讓人笑.

9. 南方人喜歡吃甜的,山西人喜歡吃酸的.

10. 我們沒有酒喝.

11. 就是你不錄音我也要錄.

12. 打山西到山東有多少里路
13. 你把報紙借給我看看.
14. 那個航空小姐說他是在蘇州生的杭州長大的.
15. 謝謝你今天我不喝茶,我喝水.
16. 我對國文很有興趣,我對數學沒甚麼興趣.
17. 高先生很喜歡他住的這個地方,他把北湖比作西湖.
18. 說話最應當注意的是四聲,比方說火車這個詞兒如果四聲是錯了就成貨車了.
19. 他好像不會炒菜似的.
20. 兩碗飯我一定吃不飽.

單獨談話 (p. 40)

 我去檢查行李的時候很有意思.因為我跟高先生美英說話說的太多,時候太長了.我最後才到檢查處我是最後一個人了.檢查員也不忙了.那位檢查員很好.他就慢慢兒的檢查我這幾件東西.一面看東西一面跟我談.他也是一個年輕的人,這個人很好.個兒不高,很會說話,很客氣.

 我來的時候把行李都交給旅行社交船運了.我自己沒帶很多的行李.我就帶了一個大皮包一個手提包還帶個打字機.可是大皮包裏除了我自己的衣服以外都是一些禮物.高先生高太太我應該

送一點兒禮物．美英當然也有了．同時我母親也給
美英買了一些東西——首飾，女孩子衣服，甚麼的．所
以皮包裹頭有很多大小紙包兒．檢查員每一個紙
包兒他都打開瞧瞧．雖然我的東西不多可是也檢
查了半個鐘頭．

有的人很不高興檢查員檢查他們的行李．可是
那是他們的職務．他們的工作就是檢查麼．

我買飛機票的時候，我寫的是中國名字．檢查員
以為我是中國人哪．他叫我的名字以後他一看原
來我是外國人．而且我的書跟雜誌都是中文的．他
大概很奇怪．

他說他不喜歡他現在這個工作．他對這種工作
沒興趣．他希望將來有機會出國去念書．這位檢查
員英文說的很流利．

我在檢查處差不多又有半個鐘頭．檢查員把所
有的紙包兒都打開看了．所以把東西弄的亂七八糟．
我都收拾好，把皮包鎖上，還得注意看看遍下東西
沒有．這時候我心裏想高先生美英在外頭等的時
候太多了．

檢查員我走的時候還告訴我航空公司有車，如
果沒人來接我，我可以坐航空公司的車到城裏頭
航空公司門口兒，旅館，火車站這三個地方．

因為高先生高小姐他們有車所以我不必坐航
空公司的車．我就告訴檢查員萬先生有朋友來接
我．我坐朋友的車，一直的到朋友家裏頭去．

問題 (p. 41)

1. 要是你到一個地方去你下了飛機到那兒去檢查行李?
2. 要檢查你行李的人叫甚麼?
3. 檢查員怎麼知道白先生名字是中國名字?
4. 白文山的行李是不是都自己帶來的?
5. 他一共帶了幾件行李? 他帶的是甚麼行李?
6. 白文山的大皮包裏頭有甚麼?
7. 白先生手提包裏都有甚麼?
8. 白文山的打字機是那國貨?
9. 檢查員說白先生的中國話怎麼樣?
10. 白先生說檢查員說的英文怎麼樣?
11. 檢查員喜歡檢查行李這個工作嗎?
12. 檢查員說他想最近的將來做甚麼去?
13. 檢查員說把客人的行李弄的怎麼樣了?
14. 檢查員姓甚麼? 名字叫甚麼?
15. 他給白先生甚麼了?
16. 白先生為甚麼不給檢查員名片兒?
17. 檢查員是那兒的人?
18. 白文山怎麼知道他是本地人?
19. 檢查員檢查了白先生的行李他對白先生說客氣話沒有?
20. 白先生說甚麼?
21. 白先生要離開行李檢查處的時候檢查員說他

的行李是不是他自已帶出去？

22. 飛機場幫助拿行李的人叫甚麼？

23. 檢查員說航空公司有車都可以送白先生到那兒？

24. 白先生是不是坐航空公司的車？

25. 他坐誰的車？他到那兒去？

26. 要是一個第一次看見的朋友給你一張名片兒可是你沒帶名片兒你怎麼說？

27. 要是有人說你的中國話說的很流利你應當說甚麼？

28. 如果你對你的工作不怎麼喜歡你跟朋友怎麼說？

29. 要是你說一位中國朋友的英文說的好你怎麼說？

30. 要是有人跟你說外國人研究中文都很好你應當怎麼說？

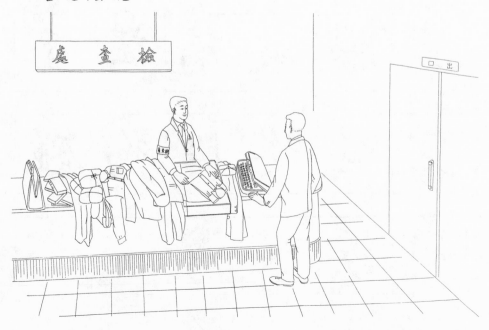

1	2	3	4	5	6
閘	停	動	箱	修	理

7	8	9	10	11	12
寬	改	變	蓋	增	加

13	14	15	16	17	18
鋪	熱	鬧	華	非	並

19	20	21	22	23	24
警	察	壞	取	消	窄

25	26	27	28	29	30
髒	乾	淨	角	層	樓

31	32	33	34	35	36
式	牆	玻	璃	講	座

37	38	39	40	41	42
宜	嘔	嘍	性	狗	碰

43	44	45	46		
脆	誒	哎	灣		

1.	閒	xián	idle, unoccupied (1)	24.	窄 zhǎi	narrow (23)
2.	停	tíng	stop (2)	25.	髒 zāng	dirty (24)
3.	動	dòng	move (4)	26.	乾 gān	dry (24)
4.	箱	xiāng	box, trunk, chest (5)	27.	淨 jìng	clean (25)
5.	修	xiū	build, repair (6)	28.	角 jiǎo	horn; angle (26)
6.	理	lǐ	manage; take note of; reason, principle (6)	29.	層 céng	layer, story, floor (27)
7.	寬	kuān	wide, broad (7)	30.	樓 lóu	multiple-storied building (28)
8.	改	gǎi	change, alter, correct (9)	31.	式 shì	form, style (29)
9.	變	biàn	change, transform (9)	32.	牆 qiáng	wall (30)
10.	蓋	gài	build; cover (10)	33.	玻 bō	glass (32)
11.	增	zēng	increase (11)	34.	璃 lí	glass (32)
12.	加	jiā	add (11)	35.	講 jiǎng	talk, lecture (33)
13.	鋪	pù	a store (12)	36.	座 zuò	(measure for buildings, etc.) (35)
14.	熱	rè	warm, hot (13)	37.	宜 yí	suitable (40)
15.	鬧	nào	make a disturbance; noisy (13)	38.	嘔 ou	(particle of warning) (41)
16.	華	huá	China; flowery (15)	39.	嘍 l'ou	(ellision of le + ou) (41)
17.	非	fēi	not (18)	40.	性 xìng	quality, nature (42)
18.	並	bìng	side by side (19)	41.	狗 gǒu	dog (43)
19.	警	jǐng	warn; alarm; police (20)	42.	碰 pèng	knock, bump (44)
20.	察	chá	observe, examine (20)	43.	脆 cuì	brittle (45)
21.	壞	huài	bad; spoiled (21)	44.	誒 ěi	Yeah! Uh-Huh! (48)
22.	取	qǔ	take, fetch (22)	45.	哎 ai	Oh! Gosh! (50)
23.	消	xiāo	cancel (22)	46.	灣 wān	a bend; a bay (53)

第三課　坐車進城出城^(p.55)

會話：高先生,高美英,白文山三個人從
　　　飛機場坐車進城又出城到高家

³美：文山來了,爸爸.

⁴高：怎麼樣文山？沒甚麼麻煩吧？

⁵白：沒甚麼.您跟美英在這兒又等了半天.雖然⁶行
李沒甚麼麻煩,可是那位檢查員哪跟我閒⁷談
了很久.

⁸高：行李現在就送出來嗎？

⁹白：是的.檢查員說力夫現在就送出來‥‥噢,行李
來了.您瞧我就這¹⁰點兒,就這三件行李.

¹¹美：你們先等着我到停車場把車開過來.

¹²白：美英會開車了！

¹³高：美英很喜歡開車.噢,我還沒告訴你哪,¹⁴三友書
店是新買的車.書店最近太忙了,¹⁵必得有個車.

¹⁶白：車買了多久了？

¹⁷高：才買了一個多月.美英把車開過來了.這個我
¹⁸幫着你拿.

¹⁹白：不,太重了.您幫我拿手提包吧.

²⁰高：沒關係我運動運動.

²¹白：您還是拿手提包吧.

高: 好,文山,你跟美英坐前頭,我坐後頭.把大皮包放在車廂裏頭.

白: 好吧,美英,甚麽時候學的開車?

美: 我是去年學的.

高: 從飛機場到城裏頭路很長.文山,這條路啊,修的很好.

白: 可不是嗎.現在修理的比以前好的多.

高: 你瞧又寬又平,容易開車.可是美英,你可慢點兒,別開快車.

美: 這兒車又少,又没甚麽人走路,開快點兒怕甚麽的?

高: 你聽我的,就慢點兒開得了.

白: 高先生,這幾年裏頭這個地方改變了不少吧?

高: 改變了不少.回頭你看新蓋的房子很多,增加了不少的鋪子.現在熱鬧極了.

白: 美英,從這兒到府上都經過那兒啊?

美: 我們從這兒進東城門,往新華路拐.

白: 東城門到西城門不是平安路嗎?

美: 是的.

高: 文山,這些路你都記得吧?

白: 記的.

美: 平安路跟新華路這一帶呀,非常熱鬧,並且車也多.在別的路口兒上都是一個警察,可是這個路口兒上有兩個警察.

高: 美英,你就注意開車好不好.

48 白: 美英車開得很不錯.

49 美: 爸爸,您聽文山說甚麼?

50 高: 文山,新華路你還記得吧? 不是很壞的一條
51 路嗎? 現在修的可好極了.以前有電車,現在
52 把電車取消了,只有公共汽車了.

53 白: 對了,我也記得有一條路又窄又髒.就是新華
路吧?

55 高: 現在可乾淨極了.平安路新華路角兒上最近
新蓋了一個大旅館,十層樓.

57 白: 叫甚麼名子?

58 高: 叫世界旅館,漂亮極了.外邊兒是西式的,裏頭
59 都是中式的.牆啊,完全是玻璃的,講究極了.

60 白: 您去過嗎?

61 高: 去過,裏頭地方很大,常有人在那兒開會.前頭
你看那座大樓就是.

63 白: 噢,那個大樓,可不是嗎,真漂亮,一定很貴吧?

65 高: 聽說不太貴.

66 白: 我想這麼講究的旅館不會太便宜的.您說是
吧?

68 高: 新華路西邊兒還新蓋了一個大百貨公司哪.
69 聽說全世界的貨他們都有.

70 美: 文山,那個大百貨公司離遠大很近,將來你買
東西很方便.

72 高: 美英,別說話,注意開車.

73 美: 文山,現在有個新的大運動場.

74 白: 在那兒啊?

75 美: 一會兒你就看見了.

76 高: 美英,前頭有人過路嘔.

77 美: 瞧見了.

78 白: 現在從遠大到圖書館是不是還是三號公共 79 汽車呢?

80 美: 你的記性真不壞.幾號車到那兒你還記的哪.

81 高: 前頭有狗,看見了沒有? 別碰了狗.

82 美: 爸爸! 乾脆您開得了.

83 高: 我怕你出事啊.

84 美: 您放心好了.文山出了新華門就是大運動場 85 ……你看那兒就是運動場.

86 白: 誒,運動場真不小.

87 美: 能容五萬人.

88 白: 學校常開運動會嗎?

89 美: 每年開幾次.到中山路了.

90 白: 哎呀! 中山路可改變了不少哇,簡直的我都 91 不認識了.

92 高: 新蓋的住宅很多.不像以前了,是不是?

93 白: 對了.美英,快拐灣兒了吧,對不對?

94 高: 美英,小心,小心! 往咱們家去的這條路不容 95 易開車你知道吧?

96 美: 文山,你聽我爸爸這一路上!

97 高: 我讓你小心.別碰了車碰了人.

98 美: 還有 "別碰了狗" 對不對?

99 白: 高先生太關心你了.

100 高: 說真的我女兒車開得不錯.

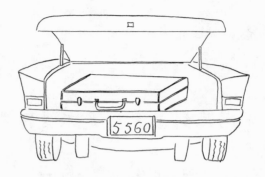

生字跟新語法的句子(p. 57)

1.0 (6)　　閒　閒談

1.1 我沒事,我現在閒着呢.

1.2 我們都沒事,就是來跟你閒談.

2.0 (11)　停　停車　停車場

2.1 昨天晚上我的表停了.

2.2 請問這兒可以停車嗎?

2.3 停車場離這兒太遠了.

3.0 (18)　幫　幫忙

3.1 你幫我拿打字機好不好.

3.2 今天晚上我幫着你收拾行李.

3.3 請你幫我一點兒忙.

3.4 他幫了我很多的忙了.

4.0 (20)　運動　運動場　運動員　五四運動

4.1 我們到運動場去運動運動.

4.2 他是一個最好的運動員.

4.3 五四運動是學生運動.

4.4 你喜歡那種運動?

5.0 (23)　箱(子)　手提箱

5.1 他有四個大箱子一個小箱子.

5.2 我的車箱很大.可以放很多東西.

5.3 我的手提箱太重了.我拿不起來.

6.0 (27)　修理

6.1 這條路修理的真好.

6.2 我的表停了.我得去修理修理.

6.3 我的汽車不走了.今天早晨修理了三個鐘頭.

7.0 (29)　寬

7.1 這個屋子又寬又長.

8.0 (29)　平

8.1 那個路很平.容易開車.

9.0 (34)　改(變)

9.1 這個字寫錯了.請你改一改.

9.2 這個地方改變了不少.

9.3 他現在改了.以前不用功.現在用功了.

9.4 在我離開這兒很短的三年裏頭,這個城的改變
很大

10.0 (36)　蓋

10.1 山上新蓋了很多房子.

10.2 他的房子是去年蓋的.

11.0 (37)　增加

11.1 這個學校今年增加了不少的學生.

11.2 我們的國文下星期一開始每天增加一個鐘頭.

12.0 (37)　鋪子

12.1 這些鋪子都是本地人開的.

12.2 中山路北邊兒那個小鋪子是賣甚麼的?

13.0 (37)　熱鬧

13.1 這個地方今年沒有以前熱鬧了.

14.0 (38)　　經過

14.1 我每天回家一定經過航空公司門口兒.

14.2 我是坐飛機來的,經過日本三藩市到紐約.

15.0 (39)　　華　中華　華人

15.1 我到華美旅行社去買飛機票.

15.2 中華飯館兒菜做的真好.

15.3 華人就是中國人.

15.4 我今天在鋪子裏遇見華先生了.

16.0 (42)　　記得

16.1 這個字怎麼念? 我不記得了.

16.2 我記得你很喜歡吃紅燒魚.

17.0 (44)　　帶

17.1 中山路這一帶太熱鬧了.

17.2 我們家那一帶都是新蓋的房子.

18.0 (44)　　非常

18.1 他非常喜歡研究中國歷史.

18.2 他對我非常好.

19.0 (44)　　並且

19.1 今天我不到王家去了.因為下雨並且我還沒念
書呢.

20.0 (45)　　警察

20.1 警察的職務是幫助人.

21.1 (50)　　壞

21.1 今天的菜真不壞.

21.2 他是個壞人.

22.0 (52)　取消

22.1 現在這兒只有二號跟四號公共汽車了.把三號的取消了.

22.2 學校報告了下星期六的電影兒取消了.

23.0 (53)　窄

23.1 這個路太窄.車不容易拐.

24.0 (53)　髒

24.1 他把屋子弄的很髒.

24.2 那個孩子的衣服很髒.

25.0 (55)　乾淨

25.1 吃的東西最要緊的是得乾淨.

26.0 (55)　角兒

26.1 我家就在這條路的東北角兒上.

26.2 我的書角兒上有我的名字.

27.0 (56)　層

27.1 那個房子一共就兩層.

27.2 王先生住第幾層?

28.0 (56)　樓

28.1 中華樓的菜怎麼樣?

28.2 我住在新華路五號樓上.

28.3 他一會兒就回來.他到樓下去拿信.

28.4 我家住在四層樓上.每天跑上跑下很累.

29.0 (58)　式　西式　中式

29.1 我們家的東西都是中式的.

29.2 王太太就喜歡西式的房子.

29.3 他的汽車是最新式的.

30.0 (59)   牆

30.1 牆上掛着一張地圖.

30.2 他把鑰匙掛在牆上了.

31.0 (59)   完全

31.1 這個句子意思不完全.

31.2 他說的話我完全不懂.

31.3 放假的時候學生完全走光了.

31.4 他的事情我完全不知道.

32.0 (59)   玻璃   玻璃杯

32.1 玻璃的用處很多.

32.2 用大玻璃杯喝水, 小玻璃杯喝酒.

33.0 (59)   講究

33.1 王先生家裏頭很講究.

33.2 那個電影兒院蓋的真講究.

33.3 張小姐最講究穿.

34.0 (61)   會   開會   運動會   世界運動會

34.1 今天下午學校有一個會.

34.2 下星期一我們學校開會.

34.3 明年世界運動會不知道在那兒開.

35.0 (62)   座

35.1 那座大樓就是我們的學校.

35.2 那兒的山水很好——兩座山, 中間有一個小湖.

36.0 (64)   貴

36.1 這個鋪子的東西太貴了.

37.0 (66)　便宜

37.1 他那個帽子買的很便宜.

38.0 (68)　百貨公司

38.1 新華百貨公司新到了很多女人的衣服.

39.0 (70)　將來

39.1 將來那個孩子一定是一個數學家.

40.0 (71)　方便

40.1 在這兒住買東西甚麼的都很方便.

40.2 這兒沒有公共汽車,到那兒去都不方便.

41.0 (76)　嘔！嘍！

41.1 注意開車,前頭有人走路嘔！

41.2 你的字都寫錯嘍！

42.0 (80)　記性

42.1 我的記性可真壞,怎麼我把那件事情忘了呢？

42.2 他的記性真好,十年前的事情他還記着.

43.0 (81)　狗

43.1 他那條狗真聰明.

44.0 (81)　碰　碰見

44.1 他昨天晚上開車碰了人了.

44.2 昨天我碰見王先生了.

45.0 (82)　乾脆　乾脆….得了

45.1 他說的話很乾脆.

45.2 我不去了,乾脆你一個人去得了.

46.0 (83)　出事

46.1 他開車不知道他出了多少次事了.

46.2 今天早晨他的汽車出事了.

47.0 (84)   放心   不放心

47.1 飛機落下來我才放了心了.

47.2 你放心把,出不了事.

47.3 他開車我老不放心.

47.4 母親老不放心他們的孩子.

48.0 (86)   噯

48.1 噯! 這兒的山水真不錯.

49.0 (87)   容

49.1 這麼小的一個屋子怎麼能容四十人呢?

49.2 那個地方很大,能容四千人開會.

50.0 (90)   哎呀!

50.1 哎呀! 糟糕! 我忘了帶錢了.

51.0 (90)   簡直(的)

51.1 我弟弟簡直的不喜歡念書.

51.2 他簡直就不知道這件事.

52.0 (92)   住宅

52.1 他的住宅在那兒?

52.2 這兒沒鋪子,都是住宅.

53.0 (93)   拐灣兒

53.1 從這兒一拐灣兒就到了.

53.2 不拐灣兒,一直的往東走.

54.0 (94)   小心

54.1 小心! 小心! 別碰了東西.

54.2 走路要小心,別讓車碰了.

54.3 小心狗.

54.4 小心過路.

55.0 (99)　關心

55.1 他的心太好了,老是關心別人的事.

55.2 您看見王先生謝謝他關心我.

56.0 (100)　女兒

56.1 高太太只有一個女兒.

温習句子 (p.64)

1. 我溫習半天書了. 我現在應該休息休息了.
2. 我天天忙着念書. 我的屋子裏髒極了, 也沒工夫收拾.
3. 喂. 王先生, 今天晚上我到你家去聽錄音好不好?
4. 他一邊兒修理汽車一邊兒跟朋友閒談.
5. 一會兒等他來了我們一塊兒到圖書館去.
6. 我還不知道哪, 他原來是本地人.
7. 我每天到學校都經過你門口兒.
8. 你們誰把我的打字機給弄壞了? 我怎麼修也修不好了.
9. 請你拿鑰匙把我的手提箱鎖上.
10. 他中國話說的跟中國人一樣流利.
11. 王先生又講究吃又講究穿.
12. 我的記性不好甚麼事情一會兒就忘.
13. 今天的天氣很壞. 可能下大雨.
14. 因為下大雨的關係那個運動會取消了.
15. 在這附近新蓋了一個停車場.
16. 你來的時候要是你經過舖子請你幫我買六個玻璃杯來.
17. 你住的地方買東西方便嗎?
18. 昨天王小姐到我這兒來把手提包遺下了.
19. 我到飛機場接朋友來了.
20. 我的眼睛不好我把大字看成太字了.

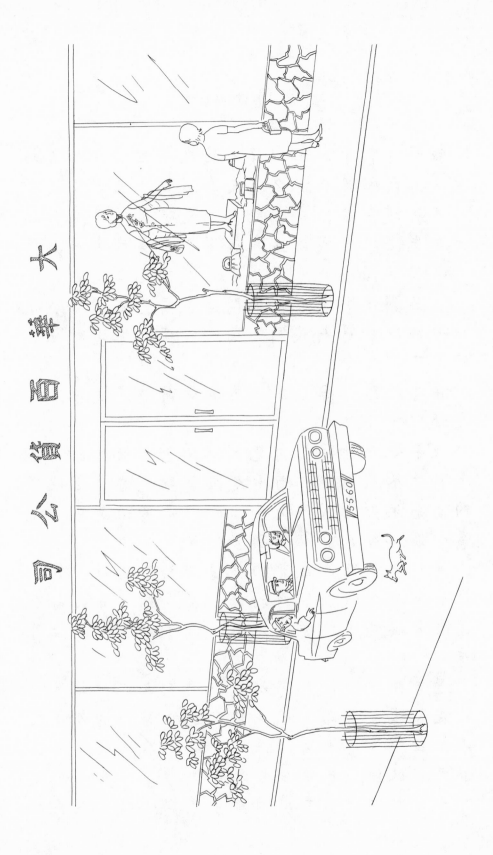

單獨談話(p. 65)

我檢查完了行李以後一出來高先生美英在那
兒等着我哪,沒有好久力夫把我的行李就拿出來了.

美英現在會開車了,他把三友書店的車開來接
我,高先生也跟我說過,書店買書賣書的事情太忙
了,必得有個車,所以最近買了一個汽車.

美英到停車場去把車開過來,高先生幫着我把
行李放在車箱裏,我們三個人一塊兒坐車就往高
家去了.

在這一路上高先生跟美英告訴我這個地方怎
麼樣改變了.

在平安路新華路角兒上新開了一個大旅館名
字叫世界旅館,從外面看起來真講究,牆都是玻璃
的,高先生告訴我外面是西式可是裏面是中式的.
裏面很大,常常有人在那兒開會.

走到新華路西邊兒那兒還開了一個新百貨公
司.美英告訴我將來對我很方便,我對百貨公司不
怎麼有興趣,大概女人差不多都喜歡進百貨公司
吧?

還有那條新華路,跟以前一點兒也不一樣了.以
前是又髒又窄,路又不平.現在這條路修的又寬又
平並且乾淨的不得了,跟以前完全不一樣了.而且
電車也取消了,只走公共汽車了.

一路上增加了不少的鋪子,非常熱鬧.雖然我離

開這很短的三年，可是有很大的改變。

平安路跟新華路太熱鬧了，高小姐說因為人多車多的關係，這個路口兒上有兩個警察。

一出中華門就是新的大運動場，美英告訴我能容五萬人，這個運動場對遠大很有關係，我以前在遠大的時候一開運動會我們都得去到很遠的地方，到公共運動場去，因為遠大的運動場不夠大，容不了很多人。

中山路改變很大，我一點兒也不認識了。原來中山路沒有很多的住宅房子，現在蓋了不少的房子了。

在這一路上最可笑的是高先生，因為他關心美英，怕他開車出事，所以一路上老是跟美英說小心別碰人，別碰車，別碰狗甚麼的這些話。

美英車開的很穩，可是父親母親都是一樣不放心他們的孩子。

問題 (p.66)

1. 白文山檢查完了行李以後高先生問他甚麼呀？
2. 白先生為甚麼在檢查處很久？
3. 文山的行李力夫給他送出來了。美英說請他們在那兒等着，他去做甚麼？
4. 高先生要幫着白先生拿那個大皮包，白先生讓他拿嗎？讓他拿甚麼？

5. 他們坐車的時候誰坐前頭誰坐後頭？誰開的車？

6. 高先生說把大皮包放在那兒？

7. 從飛機場到城裏頭這條路怎麼樣？

8. 白先生說這個地方改變了不少怎麼改變了？

9. 白先生問美英到他們家都經過那兒？美英告訴他都經過甚麼地方？

10. 高小姐告訴白先生平安路跟新華路口兒上有幾個警察？

11. 文山說美英車開的不錯,美英跟他爸爸說甚麼？

12. 高先生說平安路新華路角兒上蓋的那個大旅館叫甚麼名字？幾層樓？他說講究極了,怎麼講究？

13. 新華路西邊兒開了一個甚麼公司？他們都賣那兒的貨？

14. 美英說文山的記性怎麼樣？

15. 高先生說怕美英開車出事,美英說甚麼？

16. 美英說那個大運動場能容多少人？

17. 一到了中山路白先生說甚麼？

18. 高先生為甚麼一路上好些次跟美英說注意小心？

19. 高先生說他女兒車開的怎麼樣？

20. 要是你開車到飛機場去接朋友,他出來了你應該作甚麼？

21. 要是一個朋友現在會開車了你應當跟他說甚麼?

22. 要是一個朋友很久以前的事情還沒忘哪,你說他甚麼?

23. 要是你的朋友開車他的父親一路上說了好些次別碰了人小心甚麼的這些話你應當說甚麼?

24. 要是你的朋友從別的地方回來了現在這兒有新蓋的大樓跟房子你怎麼告訴他?

25. 要是一個朋友來了他說這個地方改變了你怎麼說?

26. 要是你開車別人說小心別出事你說甚麼?

27. 世界旅館在那兒?

28. 你怎麼知道白先生的記性不錯?

29. 從飛機場到高家經過的路都叫甚麼名字?

30. 你說這三年裏頭這個地方有甚麼改變?

1	2	3	4	5	6
何	洗	澡	臉	冷	巾

7	8	9	10	11	12
肥	皂	黃	沏	渴	餓

13	14	15	16	17	18
愛	抽	烟	洋	聞	味

19	20	21	22	23	24
絲	另	牀	桌	椅	壁

25	26	27	28	29	30
櫥	風	颳	奶	饅	視

31	32	33	34	35	36
主	廚	幹	傢	伙	睡

37	38				
慣	欸				

1.	何	hé	what? why? (3)		24.	壁	bì	wall (33)
2.	洗	xǐ	wash (4)		25.	櫥	chú	closet (33)
3.	澡	zǎo	bath (4)		26.	風	fēng	wind (34)
4.	臉	liǎn	face (5)		27.	颳	guā	blow (35)
5.	冷	lěng	cold (6)		28.	奶	nǎi	milk (37)
6.	巾	jīn	towel (8)		29.	饅	mán	steamed bread (38)
7.	肥	féi	fat, fertile (9)		30.	視	shì	look at (39)
8.	皂	zào	soap (9)		31.	主	zhǔ	chief, master (40)
9.	黃	huáng	yellow (10)		32.	廚	chú	kitchen (43)
10.	沏	qī	steep, brew (11)		33.	幹	gàn	manage, do (44)
11.	渴	kě	thirsty (12)		34.	傢	jiā	tool, utensil (50)
12.	餓	è	hungry (14)		35.	伙	huǒ	tool (50)
13.	愛	ài	love, like (16)		36.	睡	shuì	sleep (54)
14.	抽	chōu	to smoke (cigarettes, etc.) (17)		37.	慣	guàn	accustomed to, used to (55)
15.	烟	yān	smoke, to smoke (18)		38.	欸	ēi	Say! Look! Well! (56)
16.	洋	yáng	ocean; foreign (20)					
17.	聞	wén	sniff at, smell (23)					
18.	味	wèi	taste (24)					
19.	絲	sī	silk (25)					
20.	另	lìng	besides, separately (26)					
21.	牀	chuáng	bed (29)					
22.	桌	zhuō	table, desk (30)					
23.	椅	yǐ	chair (31)					

65

第四課　到朋友家 (p.77)

會話: 白先生到了高家跟高先
生高太太高美英談話.

美[3]: 爸爸您看.媽在門口兒等着呢.

高[4]: 噢! 他大概聽見我們回來了.

太[5]: 文山,好久不見了.還是那個樣子.府上都好啊?[6]

白[7]: 都好.高太太您好? 好久不見.我母親問您好呢.[8]

太[9]: 謝謝快進去休息.很累吧?

白[10]: 不累.我又來麻煩您.

太[11]: 那兒的話哪.自己人何必客氣(對高先生跟美[12]
英)你們幫着文山拿東西呀.

白[13]: 我東西很少.我一個人拿得了.

高[14]: 來,我幫着你拿.

白[15]: 謝謝您.高太太,您先請進去.

太[16]: 好,我先進去.

白[17]: 府上還是以前的老樣子.

太[18]: 文山,你先到洗澡房洗洗臉.冷熱水都有,我告訴[19]
你手巾肥皂都在那兒哪.

白[20]: 謝謝您.

太[21]: 你看這條黃顏色手巾是你的.肥皂在那兒哪.
你洗,我沏茶弄點心.[22]

高₂₃: 先來茶我們都渴了.

白₂₄: 您別太費事.

太₂₅: 我就弄點兒麵給你呢.

白₂₆: 好極了.我真餓了.在飛機上我沒吃好.

太₂₇: 當然了.飛機上的飯不好吃.

高₂₈: 文山,我內人一知道你要來的消息他高興的
不得了.₂₉

白₃₀: 我知道高太太最愛我了.

高₃₁: 會抽烟了吧,文山?

白₃₂: 抽着玩兒,在學校裏頭同學抽烟有的時候也
抽一枝.

高₃₄: 給你烟.洋火在這兒.

白₃₅: 我給您點.

高₃₆: 謝謝你.

白₃₇: 我從美國帶來一個打火機,是給你買的.

高₃₈: 我正想買個打火機呢.

太₃₉: 點心好了.文山吃點心.

白₄₀: 麵聞着味兒真好,幾年沒吃高太太做的飯了.₄₁

高₄₂: 請坐.

白₄₃: 肉絲麵,對不對?

太₄₄: 對了.肉絲湯麵.

高₄₅: 多吃點兒啊.

白₄₆: 謝謝您.我不客氣.我吃得很多.

太₄₇: 文山,沒有另外一間屋子給你住,就讓你住在
書房裏頭,高先生書房原來就有一張牀.₄₈

50
白: 您太客氣.書房很好麼.並且我就住兩三天.
52
太: 有個小桌子.一張寫字桌.還有兩把椅子.桌子
上可以隨便放點兒東西.
54
白: 好極了.
55
太: 大皮包跟手提包啊.可以放在壁櫥裏頭.打字
機呀.可以放在小桌子上.
57
白: 好的.好的.
58
太: 文山.怎麼樣.一路上很好?
59
白: 很好.就是在日本的時候又颱風又下雨.到這
兒晚了半個鐘頭.讓高先生跟美英在飛機場
等了半天.
62
高: 文山.我內人今天晚上做的紅燒獅子頭.肉絲
湯.炒蝦仁.糖醋魚.奶湯白菜.饅頭.
64
白: 太好了.高太太知道我喜歡這幾個菜.
65
太: 一會兒我們就吃了.
66
白: 高先生.您這個電視很好啊.最新式的.
67
高: 新式的倒是新式的.可是個舊的.一位英國朋
友回國了.因為他行李太多.他就把這個電視
送給我了.
70
白: 您喜歡看電視嗎?
71
高: 我很喜歡看.有的時候不出去.在家裏頭看看
很有意思.我主要的是看新聞.
73
美: 飯好了.到飯廳吃飯吧.
74
白: 噢.美英在廚房幫忙了吧?
75
美: 沒有.

高：誰説的？那個炒蝦仁兒不是你炒的嗎？

美：您幹麼説出來呀？

高：文山，走，我們到飯廳吃飯去．

太：文山今天給你接風你坐上座兒．

白：高太太我那兒敢當？在您兩位面前我怎麼能坐上座兒呢？當然您兩位坐上座兒了．

太：今天晚上你坐上座兒，明天開始我們坐上座兒，好不好？

白：怎麼這麼多的菜呀！

高：隨便吃，別客氣．

白：我在您這兒還客氣嗎？菜真好．美英，你現在做的菜跟高太太一樣好嗎？

美：我做不好，我不會做．

白：你別客氣了，蝦仁兒炒得多好啊！

太：文山，再來一點兒飯．

白：謝謝，不吃了．我可太飽了．

太：你們先坐着我去沏茶拿水果兒．

白：我幫您收拾傢伙．

太：不用，我跟美英我們兩個人就收拾了．

白：該我洗傢伙．

太：你跟高先生談談吧．

高：太太把水果兒跟茶給我們放在客廳好不好？

太：好啊．

高：我真渴了．文山，我們到客廳喝茶吃水果兒去．

白：您牆上這張字畫兒寫的太好了！您的字比

以前寫的更好了.

高: 天天有人找我寫字.

白: 將來也請您給我寫一張.

高: 當然給你寫了.

太: 文山,你每天睡覺的習慣是幾點鐘?

高: 我好久沒跟文山談談了.今天晚上我們晚點兒睡.咱們談談.

太: 噯! 他坐飛機坐的很累.讓他早點兒休息.談的日子長着呢.

白: 我不累.

生字跟新語法的句子 (p.80)

1.0 (5)　　樣子

1.1 那個人的樣子很不錯.

1.2 那個小姐長得樣子很好看.

1.3 看他的樣子好像不高興.

1.4 雖然那個車的樣子不太好可是不容易壞.

2.0 (11)　　自己人

2.1 我們都是自己人別太客氣.

3.0 (11)　　何必

3.1 你一個人就做了.何必兩個人不可呢?

3.2 你不喜歡去何必去呢?

3.3 你考的不好.下次用功麼何必不高興?

4.0 (18)　　洗　　洗澡　　洗澡房

4.1 請你把衣服洗一洗.

4.2 我一天洗兩次澡.

4.3 我們家的洗澡房太小了.

5.0 (18)　　臉

5.1 先洗臉後吃飯.

6.0 (18)　　冷

6.1 天氣太冷我今天不洗澡了.

7.0 (18)　　熱　　弄熱

7.1 洗澡水太熱了.

7.2 把水弄熱一點兒.

8.0 (19)　　手巾　　洗臉手巾　　洗澡手巾

8.1 這條手巾是誰的?

8.2 我的洗臉手巾是藍顏色的.

8.3 我洗臉跟洗澡的手巾都是紅的.

9.0 (19)　　肥皂

9.1 這塊肥皂是洗衣服用的.

10.0 (21)　　黃

10.1 紅的是你的,黃的是我的.

10.2 黃先生昨天出事了.

11.0 (22)　　沏

11.1 伙計,請你給我再沏一壺茶.

12.0 (23)　　渴

12.1 我有一點兒渴.

12.2 我太渴了,我得喝一點兒茶.

13.0 (24)   費   費事   v 費事

13.1 天天看電影兒太費錢了.

13.2 我費了很多工夫才把這本書寫好.

13.3 我到飛機場去接朋友費了我很多時候.

13.4 咱們自己人別費事.

13.5 做中國飯太費事.

14.0 (26)   餓

14.1 你餓不餓?

14.2 我一天沒吃飯餓的不得了.

15.0 (28)   消息

15.1 我一聽見這個消息高興極了.

15.2 我一聽説他病了的消息我馬上就去看他.

16.0 (30)   愛   可愛

16.1 我母親最愛玫瑰.

16.2 我最愛聽無線電.

16.3 那個孩子真可愛.

17.0 (31)   抽

17.1 你抽不抽?

17.2 謝謝您我不抽.

18.0 (31)   烟

18.1 我每天就抽兩三枝烟.

18.2 謝謝你我不抽烟.

18.3 我没烟抽了.

19.0 (32)   v 着玩兒   説着玩兒   吃着玩兒

19.1 不是真的我説着玩兒呢.

19.2 我們不是吃飯呢,我們吃着玩兒呢.

19.3 我不會抽烟,我就是抽着玩兒.

20.0 (34) 洋火

20.1 請你把洋火遞給我.

21.0 (35) 點

21.1 來,我給你點.

21.2 美英給爸爸點烟

22.0 (37) 打火機

22.1 我新買了一個打火機.

23.0 (40) 聞 聞見

23.1 你聞聞這個肉壞了沒有?

23.2 你聞得見聞不見?

24.0 (40) 味兒

24.1 這個味兒不好聞.

25.0 (43) 絲

25.1 我們要炒雞絲好不好?

25.2 我吃猪肉絲炒白菜你呢?

26.0 (47) 另外

26.1 我這枝筆不好用,另外有一枝好的.

26.2 今年我們到另外一個地方去旅行好不好?

26.3 我另外再買一個.

26.4 我是另外一個學校.

26.5 我另外有一個打字機給你用.

27.0 (47) -間 -間房子 -間屋子

27.1 這兒一共有幾間房子?

27.2 我們家只有三間屋子.

28.0 (48)　　書房

28.1 雖然我的書很多可是我的書房很小.

28.2 我的書房裏頭有他畫的一張畫兒.

29.0 (49)　　牀

29.1 右邊兒的牀是你的.

30.0 (52)　　桌(子)　　書桌　　寫字桌

30.1 我們家吃飯的桌子很大.

30.2 把書放在書桌上.

30.3 我的寫字桌上亂七八糟.

31.0 (52)　　椅子

31.1 椅子壞了.我修理修理.

32.0 (52)　　把

32.1 再拿一把椅子來.

33.0 (55)　　壁櫥

33.1 把這些衣服掛在壁櫥裏.

34.0 (59)　　風

34.1 昨天晚上風很大.

35.0 (59)　　颱　　颱風

35.1 風颱的很大.

35.2 今天天氣不好.又颱風又下雨.

36.0 (62)　　A　V　的(是)　B

36.1 我昨天買的是帽子,手提包甚麼的.

36.2 我在鋪子買的手巾肥皂.

37.0 (63)　　奶　　牛奶　　奶湯白菜

37.1 我早飯喝牛奶.

37.2 你喜歡吃奶湯白菜嗎?

38.0 (63)　　饅頭

38.1 你吃饅頭還是吃飯?

39.0 (66)　　電視

39.1 我每天看一個鐘頭的電視.

40.0 (72)　　主要　主要問題　主要意思　主要(的)是

40.1 我今天主要的是請你來.

40.2 我們研究的主要問題是能不能那樣做.

40.3 他說的話主要意思是他不喜歡這個方法.

40.4 我今天請客主要的請你.

41.0 (72)　　新聞

41.1 今天報上新聞很多.

41.2 我們看報主要的是看新聞.

42.0 (72)　　飯廳

42.1 學校的飯廳能容多少人吃飯?

42.2 請你把這把椅子拿到飯廳去.

43.0 (74)　　廚房

43.1 我母親在廚房做飯呢.

44.0 (77)　　幹麼

44.1 你幹麼老喜歡用鉛筆呀?

44.2 他幹麼常到日本去?

44.3 你又到日本去幹麼?

45.0 (79)　　A 給 B 接風

45.1 你今天有工夫嗎? 我給你接風.

45.2 昨天晚上我請客,是給王先生接風.

46.0 (79)   上座兒

46.1 主要的客人坐上座兒.

47.0 (80)   敢當

47.1 您對我這麼客氣,我怎麼敢當呢?

47.2 謝謝您,真不敢當.

48.0 (80)   面(子)   在 N 面前   要面子   有面子
            沒(有)面子

48.1 他很要面子.

48.2 他在誰面前都很客氣.

48.3 我一請他就來了,我很有面子.

48.4 他常說我不好,我很沒面子.

49.0 (92)   水果(兒)   果子

49.1 現在水果兒很便宜.

50.1 (93)   傢伙

50.1 我們先把傢伙收拾了,等一會兒再洗.

51.0 (95)   該 N (V) 了

51.1 今天該我洗傢伙了.

51.2 該你說了.

51.3 該你了.

52.0 (97)   客廳

52.1 他們幾個人在客廳坐着閒談呢.

53.0 (101)   字畫(兒)

53.1 我想請他給我寫一張字畫兒.

53.2 中國人的客廳裏差不多都掛着字畫兒.

54.0 (106)   睡(覺)

54.1 每天最少要睡八個鐘頭的覺.

54.2 那個孩子怎麼還沒睡呢?

54.3 昨天晚上我睡不著覺.

55.0 (106)   習慣

55.1 他的習慣是每天早晨八點鐘吃早飯.

55.2 中國人吃飯的習慣是最後喝湯.

55.3 你每天吃早飯的習慣是幾點鐘?

56.0 (109)   欸

56.1 欸,你從那兒來呀?

57.0 (110)   日子

57.1 你多少日子看一次電影兒啊.

57.2 我好些日子也沒看見他了.

溫習句子 (p. 86)

1. 看他的樣子好像病了.

2. 天氣真冷你得多穿點兒衣服.

3. 茶還是喝熱的好.

4. 餓了的時候甚麼都好吃.

5. 我學中文還不到三個月呢.

6. 下星期開始我就不抽烟了.

7. 我每天早飯喝一杯牛奶.

8. 今天晚上吃的是饅頭,肉絲炒白菜.

9. 我每天坐在那把大椅子上念書.

10. 幾個孩子都在客廳看電視呢.

11. 因為路上車多的關係所以我來晚了.

12. 今天報上沒甚麼特別的新聞.

13. 你怎麼不念書哇?.... 誰說的? 我已經念了兩
個鐘頭的書了.

14. 我那個書桌又寬又長.

15. 用打火機點烟很方便.

16. 我們家的椅子都舊了.

17. 我的習慣是吃飯以後吃水果.

18. 我現在不渴,等一會兒再喝.

19. 你有工夫請你把這個無線電修理修理.

20. 這課書主要的意思是甚麼?

單獨談話 (p. 87)

我跟高先生美英我們三個人一路上說着話時
候過的很快,一會兒就到了高家了.在車上看見高
太太在門口兒等着我們.他看見我來了很高興.
我三年沒看見高太太了.高太太最喜歡我,真是
把我看成自己人一樣.我們下了車高太太就讓高
先生跟美英幫我拿東西,可是我沒多少東西.我跟
高太太說我的東西不多,我自己可以拿.高先生還
是幫我拿了.到了高家以後高太太叫我洗臉,告訴

我洗澡房裏頭手巾肥皂都在那兒.

在吃點心的時候高太太跟我說他們沒有另外[11]一間屋子高太太太客氣.高先生書房很好我倒是[12][13]很喜歡住在他的書房裏頭,因為高先生的書很多.我可以隨便看書.他的書房有個大壁櫥.我把我的[14][15]大皮包跟手提包都放在壁櫥裏頭了.[16]

高太太今天點心做的是肉絲湯麵,好吃極了,味[17]兒真好.這個時候我真餓了.因為飛機上的飯我不[18]大喜歡吃,所以沒吃好.

今天沒機會跟美英多談話.他大概在廚房幫着[19][20]高太太做飯呢.

高先生問我會抽烟不會.我說我就是抽着玩兒.[21][22]我以前在這兒的時候高先生抽烟都是用洋火,所[23]以我在美國給他買了一個打火機.我告訴他,他非[24]常高興.他說他正想買個打火機呢.

我跟高先生我們兩個人在客廳坐着談.沒有好[25][26]久美英出來讓我們到飯廳去吃飯.我問美英是不[27]是幫着高太太做飯呢.他說沒有.高先生說蝦仁兒[28]是美英炒的.美英說高先生不應該說出來.大概是[29]怕炒的不好吃.沒面子.[30]

今天菜做的太好了.高太太真會做菜.獅子頭做[31][32]的像豆腐一樣.奶湯白菜做的真漂亮.蝦仁兒是美[33]英炒的,也很好.跟高太太做的差不多.

我三年沒吃高太太做的飯了.今天吃的太多了.[34][35]飽的不得了.吃飯以後我跟高先生在客廳喝茶吃[36]

水果.高太太跟美英收拾傢伙.

吃飯的時候高太太叫我坐上座.我在他們兩位[37]的面前怎麼能坐上座呢?[38] 可是高太太一定叫我坐上座,說今天是給我接風,[39]以後再吃飯的時候就[40]是他們坐上座了.我没法子,就坐下了.[41]

高家現在有一個電視,樣子非常好,最新式的.高[42][43]先生說他主要的是看新聞.

高先生的字比以前寫的還好.客廳牆上掛了一[44][45]張他最近寫的字,太好了.他有工夫得請他給我寫[46]一張.

高太太怕我太累了,希望我早點兒休息.他問我[47]睡覺的習慣是幾點鐘.我還没說出來呢,高先生就[48][49]說我們今天得晚點兒睡,談談.高太太說談的時候[50]多着呢.我們兩個人還是談了很久才睡的.[51]

問題 (p. 88)

1. 高太太怎麼知道高先生他們回來了?
2. 高太太為甚麼叫文山進去休息?
3. 白文山跟高太太說又來麻煩,高太太說甚麼?
4. 高太太讓誰幫着文山拿東西?
5. 文山洗臉高太太去做甚麼?
6. 高太太說去弄點心,文山跟高太太說甚麼客氣話了.

7. 高太太給文山弄的甚麼點心?

8. 文山為甚麼在飛機上沒吃好?

9. 高太太為甚麼喜歡文山到這兒來?

10. 白文山會抽烟嗎?

11. 他說他在那兒抽烟?

12. 洋火跟打火機都是作甚麼用的?

13. 白文山為甚麼幾年都沒吃高太太做的飯了?

14. 白文山的大皮包手提包都放在那兒了?

15. 高太太問文山一路上都好嗎,文山怎麼告訴高太太的?

16. 高家那天晚上都做的甚麼菜? 那些菜你都吃過嗎?

17. 高家的電視好不好? 是甚麼樣子的? 高先生最喜歡看甚麼?

18. 美英做的甚麼菜? 他為甚麼不讓高先生說出來?

19. 高太太為甚麼叫文山坐上座兒?

20. 白文山每天睡覺的習慣是幾點鐘,你知道嗎?

21. 要是你的好朋友從遠地方來了,你給他開門,你看見他以後跟他說甚麼?

22. 你的朋友來了以後你讓他先做甚麼? 你應該做甚麼?

23. 要是你到一個朋友家去了,他們很幫助你,並且對你很客氣,你應該說甚麼客氣話?

24. 要是你不會抽烟,人家讓你抽烟,你說甚麼?

25. 要是朋友抽烟的時候他没有洋火,可是你有,你
做甚麽?.

26. 要是朋友送你一個打火機你對他説甚麽?

27. 要是朋友請你吃飯,他們菜做的很好,你説甚麽?

28. 要是你有電視你看甚麽?

29. 要是朋友請你吃飯讓你坐上座兒你坐嗎?

30. 要是你女朋友在廚房幫着他母親做飯,你跟你
女朋友説甚麽?

1 醒	2 夜	3 舒	4 稀	5 咖	6 啡
7 爐	8 辦	9 受	10 罰	11 遞	12 決
13 程	14 博	15 士	16 死	17 惜	18 妻
19 免	20 伴	21 租	22 宿	23 舍	24 濟
25 切	26 具	27 櫃	28 架	29 管	30 害
31 醫	32 忽	33 治	34 熟	35 答	36 陪

1.	醒	xǐng	be awake (1)	24.	濟	jì	aid (34)
2.	夜	yè	night (2)	25.	切	qiè	to slice; all (36)
3.	舒	shū	relax (3)	26.	具	jù	instrument, tool (37)
4.	稀	xī	sparse, thin, diluted (7)	27.	櫃	guì	chest, wardrobe (38)
5.	咖	kā	coffee (9)	28.	架	jià	framework (39)
6.	啡	fēi	coffee (9)	29.	管	guǎn	control; take care of (41)
7.	爐	lú	stove (12)	30.	害	hài	to harm; suffer from (44)
8.	辦	bàn	manage, carry out (14)	31.	醫	yī	medicine; heal (47)
9.	受	shòu	receive, suffer (15)	32.	忽	hū	suddenly (48)
10.	罰	fá	punish; punishment, fine (16)	33.	治	zhì	treat, cure; manage (50)
11.	遞	dì	hand over (17)	34.	熟	shóu / shú	ripe, cooked; familiar (51)
12.	決	jué	decide (18)	35.	答	dá	answer (55)
13.	程	chéng	rule, pattern; journey (19)	36.	陪	péi	accompany (56)
14.	博	bó	learned (21)				
15.	士	shì	scholar (21)				
16.	死	sǐ	die (23)				
17.	惜	xī	to pity (24)				
18.	妻	qī	wife (25)				
19.	免	miǎn	avoid (28)				
20.	伴	bàn	companion; accompany (30)				
21.	租	zū	to rent (32)				
22.	宿	sù	lodge for the night (33)				
23.	舍	shè	residence (33)				

第五課　談找房子 (p.101)

會話：高先生高太太,高美英,白文山四
　　　個人一邊兒吃着早飯,一邊兒談
　　　關於找房子的問題.

高：文山早.

白：高先生,高太太早.

美：早,文山.

白：早,美英.

太：文山,晚上睡的那麼晚這麼早就起來了.睡好
　　了嗎?

白：我睡的很好.一夜沒醒醒了,就八點了.

太：那個牀睡着舒服嗎?

白：很舒服.

高：我們睡得很晚.一點多鐘我們才睡的.

太：你們兩個人應該不睡,說到天亮.

高：來,請坐,我們吃早點.

白：高太太,您又費了很多事.我在這兒您別太費
　　事,有甚麼吃甚麼.

太：沒費事.就是包子稀飯.要是你吃麵包牛奶咖
　　啡甚麼的也有.還有牛油果子醬.我們也有麵
　　包爐,可以吃烤麵包.

白₂₁：我吃包子稀飯美英,這包子你能吃幾個?

美₂₂：我能吃兩個,你呢?

白₂₃：我能吃六個.

美₂₄：我不信你要是吃不了六個怎麼辦?

白₂₅：我受罰.

美₂₆：罰你甚麼?

白₂₇：罰我請你看電影兒.

太₂₈：美英,把醬油遞給文山.

白₂₉：高先生,房子怎麼樣? 大學附近容易找嗎?

高₃₀：忙甚麼? 住幾天休息休息再說麼.

白₃₁：我想還是把房子先決定了好一點兒.

高₃₂：我接到了你的信以後哇,就問過幾個朋友.

白₃₃：很麻煩您.

高₃₄：有一位朋友姓華,這位華先生是工程師,有兩
個兒子,都很聰明,大學都畢業了.

白₃₆：是遠大的嗎?

高₃₇：是的,都是遠大畢業的.

白₃₈：他們是學甚麼的?

高₃₉：大兒子是學歷史的,書念的非常好,華先生希
望大兒子將來念博士.

白₄₁：二兒子呢?

高₄₂：二兒子是學原子能的,比大兒子小一歲,可惜
幾個月以前這個孩子死了,他們夫妻兩個人
非常難過.

白₄₅：真可惜.

46
高： 所以他們想把二兒子那間屋子找一個學生住.

47
白： 我去住最好了.

48
高： 他們想我人住的原因有兩個第一個原因是 49 免得想他們的兒子, 一回來看不見他們的孩 50 子就是一間空屋子.

51
白： 還有甚麼原因？

52
高： 第二個原因是他們夫妻常不在家華先生是 53 工程師別的地方有工程他們當然也要去了. 54 他們想找個學生住給大兒子做伴兒.

55
白： 大兒子多大了？

56
高： 今年二十五歲了.

57
白： 我二十四比我大一歲.

58
高： 將來也許你們會成了好朋友.

59
白： 我也很希望.

60
高： 我想將來你住在他們家裏頭跟自己家一樣 61 因為華先生華太太他們都很好.

62
白： 是.

63
高： 現在租房子很難因為增加了很多學生都在 64 這附近找房子住宿舍比較容易因為學校蓋 65 了很多間宿舍.

66
白： 原來我是想住宿舍的, 又經濟又方便可是有 67 長處也有短處住宿舍裏頭比方說來朋友或 68 者自己做飯甚麼的都不可能.

69
高： 你住華家跟自己家一樣客廳飯廳你可以隨 70 便用你來朋友都很方便他們一切傢具都有,

像牀,衣櫃,書架子,甚麼的.他們有用人收拾屋子,洗衣服,這些事情,你都不用管.

白: 好極了.

高: (對高太太)你給華太太打個電話問問甚麼時候可以去看看那間房子.

太: 好.

高: 我內人已經跟華太太說了是一位美國朋友.他說很好.大家見面談談.我想你住在華家比住一個不認識的房東的房子比較好.

白: 很好.

高: 文山,你住在那兒別害怕以為他兒子死在屋子裏.其實他並沒死在家裏.他是在醫院死的.

白: 我不害怕.

高: 他忽然病了.他的病幾個大夫也治不好.

白: 真可惜.

高: 那個孩子常跟我們在一塊兒.我們很熟的.所以他死了我跟我內人很難過.

太: 電話打通了,是華太太接的.他約我們十一點鐘去看房子.

高: 你沒問華太太多少錢房租嗎?

太: 他沒回答這個問題.他說見面再談.

高: 一會兒美英陪文山去吧.

美: 好.

白: 美英麻煩你了.

美: 別客氣.

生字跟新語法的句子 (p.103)

1.0 (10)　　醒

1.1 我是六點鐘醒的.

1.2 我一醒了就十點半了.

2.0 (10)　　夜

2.1 從這兒到南京坐船兩天兩夜.

2.2 昨天晚上睡不着,一夜也沒睡覺.

3.0 (11)　　舒服　不舒服

3.1 這把椅子坐着很舒服.

3.2 我今天有一點兒不舒服.

4.0 (14)　　亮　天亮

4.1 快起來吧,天已經亮了.

4.2 你怎麼睡得這麼早哇? 天還亮着呢.

4.3 天剛亮我們就起來了.

5.0 (15)　　早點

5.1 我們請他吃早點好不好?

6.0 (18)　　包子

6.1 華太太做的包子真好吃.

7.0 (18)　　稀飯

7.1 我每天早晨吃稀飯.

8.0 (18)　　麵包　烤麵包

8.1 中國人吃饅頭,外國人吃麵包.

8.2 我喜歡吃烤麵包.

9.0 (19)　　咖啡

9.1 有的人喝咖啡睡不着覺.

10.0 (19)　　油　牛油

10.1 做這個菜要多放一點兒油.

10.2 吃麵包要牛油不要?

11.0 (19)　　醬　果子醬

11.1 我們有醬沒有醬油.

11.2 做中國菜差不多都用醬油.

11.3 你吃麵包要不要果子醬.

12.0 (20)　　爐(子)　麵包爐

12.1 我們爐子壞了.得找人修理修理.

12.2 請你再拿一塊麵包放在麵包爐裏頭.

13.0 (24)　　信

13.1 我不信他.

13.2 他說的話沒人信.

13.3 你不信我的話嗎?

13.4 我不信他明年能出國.

14.0 (24)　　辦　辦事　辦好　怎麼辦?

14.1 這件事他能辦嗎?

14.2 我現在出去辦事.

14.3 他把那件事情沒辦好.

14.4 這件事情怎麼辦呢?

14.5 沒錢怎麼辦呢?

15.0 (25)　　受　受不了　受得了

15.1 這個屋子這麼熱,你怎麼受得了?

16.0 (25)　　罰　　罰錢　　受罰　　A 罰 B V

16.1 我罰他請我吃飯.

16.2 警察罰了我兩塊錢.

16.3 車停錯了地方要罰錢.

16.4 他為甚麼在學校受罰了？

17.0 (28)　　遞給

17.1 你把那本書遞給我.

18.0 (31)　　決定

18.1 這件事情我還沒決定.

18.2 我決定明天去拜訪他.

19.0 (34)　　工程　　工程師　　工程學

19.1 蓋那個旅館是很大的工程.

19.2 王先生是一位工程師.

19.3 工程學很難學.

20.0 (35)　　兒子　　大兒子　　二兒子　　小兒子

20.1 他有兩個兒子.

20.2 王先生的大兒子已經結婚了.

20.3 他的二兒子很聰明.

20.4 他最喜歡他最小的兒子.

21.0　　博士　　王博士　　念博士

21.1 他己經是博士了.

21.2 王博士很有學問.

21.3 我現在念博士.

22.0 (42)　　原子　　原子能　　原子筆

22.1 他是研究原子能的.

22.2 原子筆比鋼筆便宜.

23.0 (42)   可惜

23.1 他們的那條小狗兒死了.真可惜.

24.0 (43)   死   V 死   SV 的要死.

24.1 他的車出事了.碰死了一個人.

24.2 因為飛機出事了他死了.

24.3 一天沒吃飯我餓死了.

24.4 那個地方打起來了.打死了很多人.

24.5 他不是出事死的,是病死的.

24.6 今天天氣太熱.我熱死了.

24.7 我得休息一會兒累死了.

24.8 我餓得要死.

25.0 (43)   夫妻

25.1 他們夫妻兩個都是博士

26.0 (44)   難過

26.1 聽說他病了.我很難過.

26.2 我對他那件事情沒幫忙.很難過

27.0 (48)   原因

27.1 甚麼原因他現在不念書了?

27.2 他不來的原因我不知道.

28.0 (49)   免   免不了   免得

28.1 開車要小心免得出事.

28.2 要是你到圖書館去,請你把那本書給我借來.免
得我去了.

28.3 寫字寫錯了是免不了的.

29.0 (50)　　空　空屋子　空話

29.1 這個箱子是空的.

29.2 我們家有一間空屋子.

29.3 他老說空話.

30.0 (54)　　伴兒　　A 給 B 做伴兒

30.1 你不必接我,我有伴兒.

30.2 王小姐給錢小姐做伴兒去了.

31.0 (58)　　成

31.1 我跟他現在成朋友了.

32.0 (63)　　租　租給　出租

32.1 我想租一間屋子.

32.2 租房子很不容易.

32.3 我的房子租給王先生了.

32.4 請問,您這兒有屋子出租嗎?

33.0 (64)　　宿舍

33.1 這個學校只有男宿舍沒有女宿舍.

34.0 (66)　　經濟　經濟學

34.1 在家裏吃飯比在飯館兒吃飯經濟.

34.2 他是研究經濟學的.

34.3 要是用飛機運在經濟一方面太不經濟了.

35.0 (67)　　來朋友

35.1 今天你們家來朋友不來?

36.0 (70)　　一切(的)

36.1 我一個人做一切不用你.

36.2 家裏一切的事情都是我母親做.

37.0 (70) 傢具

37.1 他家的傢具很講究.

37.2 那所房裏頭甚麼傢具都講究.

38.0 (71) 衣櫃

38.1 請你把這件衣服掛在衣櫃裏.

39.0 (71) 架子 書架子 手巾架子 衣架子

39.1 他的書架子上有很多中國書.

39.2 你的手巾在手巾架子上.

39.3 昨天買了一個衣架子.

40.0 (71) 用人

40.1 華太太的用人很好.

41.0 (72) 管 不管

41.1 這個事情誰管?

41.2 我管做飯,你管洗傢伙.

41.3 他甚麼也不管.

41.4 不管你去不去,我一定去.

42.0 (78) 大家 你們大家

42.1 大家一塊兒吃.

42.2 你們大家都請坐.

43.0 (79) 房東 房東太太

43.1 房東說兩個星期給一次錢也可以.

44.0 (81) 害怕

44.1 我一個人住這兒真害怕.

45.0 (81) 其實

45.1 你看他的樣子好像很笨其實他很聰明.

46.0 (82)   並 + Negative

46.1 其實我並不喜歡看電影兒.

46.2 我昨天並沒去.

47.0 (82)   醫院

47.1 我得到醫院去檢查檢查.

48.0 (84)   忽然

48.1 天氣忽然熱起來了.

49.0 (84)   大夫   王大夫

49.1 我病了,得看大夫去.

49.2 請王大夫給他看看.

50.0 (84)   治   治病   治好

50.1 他的病沒法子治.

50.2 我得找大夫給孩子治病.

50.3 王大夫把他的病治好了.

51.0 (86)   熟人

51.1 我跟他是熟朋友.

51.2 這兒都是生人,沒一個熟人.

51.3 媽,我餓了,飯熟了沒有?

52.0 (88)   通   通電話   打通

52.1 那個城通火車嗎?

52.2 那條路不通.

52.3 昨天我跟他通電話了.

52.4 電話打了半天也打不通.

52.5 你給他打通了沒有?

52.6 我給他打電話打不通.

53.0 (88)　約　約好　約會

53.1 我今天晚上約朋友吃飯.

53.2 我已經跟他約好了明天去.

53.3 我三點鐘跟他有約會.

54.0 (90)　房租

54.1 你住的房子一個月多少錢房租?

55.0 (91)　(回)答　回答

55.1 我問,你們答.

55.2 這個問題怎麼回答?

55.3 請你們把書放下,我們問答.

55.4 他還沒回答我.

55.5 你那個回答錯了.

56.0 (92)　陪

56.1 我今天到王家去陪王小姐.

56.2 昨天陪我母親去買東西.

温習句子 (p. 111)

1. 我的習慣是醒了以後馬上就起來.

2. 那把椅子你坐着舒服嗎?

3. 昨天晚上書看得太多了,所以眼睛不舒服.

4. 這個包子是豬肉白菜的.

5. 水多的飯就是稀飯.

6. 炒豆腐得多放油.

7. 果子醬是用水果做的.

8. 我們廚房裏頭有兩個爐子.

9. 怎麼辦呢? 我忘了把書帶來了.

10. 今天這麼熱,我真受不了.

11. 你的車停在那兒該罰錢了.

12. 請你遞給我一枝烟.

13. 去不去我現在還沒決定呢.

14. 王博士決定明年去英國.

15. 他們夫妻兩個都喜歡看電視.

16. 他考試考的不好,他心裏非常難過.

17. 那個房子是空的,沒人住.

18. 我那間屋子早就租給人家了.

19. 今天晚上我們家來朋友.

20. 剛才我給他打電話,怎麼打也打不通.

單 獨 談 話 (p. 111)

　　昨天晚上我跟高先生談到一點半了才睡覺.今天早晨一醒了就八點了.高太太早晨起來做了很多包子.他知道我很喜歡吃包子.

　　在吃早點的時候我問美英能吃幾個包子.他說能吃兩個.他問我可以吃幾個,我說能吃六個.他不信.他說我要是不能吃六個怎麼辦? 我說要是我吃不了罰我.他說罰甚麼,我說罰我請看電影兒.美英很喜歡看電影兒.六個包子吃得了吃不了都得請他去看電影兒.

又[10]跟高先生談到我房子的問題我問高先生[11]房子容易找嗎高先生說忙甚麼[12]休息休息再談高先生的意思是讓我在這兒多[13]住些日子可是我想還是先找房子高先生說已[14]經跟幾個朋友說過了我知道這一帶[15]的房子不怎麼好找.

高先生[16]說有一位華先生也是高先生的朋友[17]是工程師他們那兒有一間屋子華[18]先生有兩個兒子大兒子是念歷史的二兒子是學原[19]子能的可惜幾[20]個月以前死了所以二兒子這間屋子就空起[21]來了華先生夫妻兩個看見這間空屋子就想起他們[22]的二兒子來了所以他們希望找一個學生住還[23]有一個原因是華先生要是別的地方有工程他[24]也得去所以夫妻兩個常不在家找個學生住給他們大兒子做做伴兒.

高先生[25]說將來住在他們家裏頭一定很好跟[26]自己家裏頭一樣因為華先生夫妻兩個人很好還[27]說華先生的大兒子跟我差不多一樣大以[28]後可以成了好朋友我也高興多有幾個中國朋友.

高先生[29]說最近大學蓋了不少的新宿舍他[30]說住[31]宿舍比較容易最近找房子很難大學增加了很多的學生都在這附近找房子其實原來我是打[32]算住宿舍的住宿舍比較經濟可是有朋友來或[33]者做飯要就不方便了高先生說我住在華[34]家甚麼都方便要是來朋友客廳飯廳可以隨便用並[35]且有用人幫着

我收拾屋子洗衣服甚麼的.
　高先生讓高太太給華家打個電話,說約個時候
去看看房子.在電話裏頭華太太跟高太太約好了
說今天十一點鐘去看房子.高先生說讓美英陪我去.
　同時高先生還告訴我,華家的二兒子並沒死在
家裏頭,他是死在醫院了.高先生說要是我住在華
家可別害怕.高先生真關心我.

問題 (p.113)

1. 早晨起來高太太問白文山甚麼?
2. 白文山為甚麼一夜也沒醒?
3. 高先生跟白先生為甚麼睡的很晚?
4. 高太太做的甚麼早點?高太太說他們還有甚
　麼吃的東西?
5. 白文山跟高太太說甚麼客氣話?
6. 美英不信文山能吃六個包子,文山說甚麼?
7. 白先生跟高先生談到找房子高先生讓他現在
　就找房子嗎?
8. 白先生的意思怎麼樣?
9. 高先生說那兒有一間房子?
10. 華先生是作甚麼事的?
11. 他為甚麼房子要出租?
12. 華先生兩個兒子都是學甚麼的?
13. 大兒子跟二兒子怎麼樣?

14. 白先生為甚麼不住宿舍,要租房子住?

15. 住宿舍有甚麼好處?

16. 高先生為甚麼告訴文山住在華家別害怕?

17. 華家的二兒子死在那兒了?

18. 高太太打完了電話以後他跟高先生白先生說甚麼?

19. 高先生問高太太問沒問房租多少錢? 高太太說甚麼?

20. 誰陪文山去看房子?

21. 要是有朋友在你家裏頭住,早晨起來你跟他說甚麼?

22. 要是你在朋友家裏頭住,朋友特別給你做早點你應該說甚麼客氣話?

23. 要是一個外國朋友在你家住,你應該作甚麼樣兒早飯?

24. 要是朋友在你家裏頭住,他說要找房子你說甚麼?

25. 要是有人說一個人死了你說甚麼?

26. 要是你給朋友介紹別的朋友的房子,你都跟他說甚麼?

27. 要是你的朋友以前寫信請你給他找房子,你已經給他問過了,你對他怎麼說?

28. 要是你朋友去看房子你就讓他一個人去嗎?

29. 要是朋友說住宿舍好你怎麼說?

30. 要是朋友說希望你跟別人做朋友你怎麼回答?

第六課　溫習 (p.123)

A.　Substitution Frames

I.　你怎麼知道.... ？　(p.123)

(1)
1. 飛機要起飛的晚
2. 他是個高個子
3. 他比以前瘦了
4. 他把鐘點兒寫錯了
5. 噴射機飛的很穩
6. 學生都走光了
7. 他忙着考試呢
8. 他好像很寂寞似的
9. 他們很久沒見
10. 這回他一定來看我來
11. 那兒沒有噴射機飛機場
12. 他才走

(2)
1. 他一邊兒念書一邊兒做事
2. 他原來是念科學的
3. 他跟這件事有關係
4. 這件衣服是他的
5. 他拿鑰匙把門鎖上了
6. 用火車運貨很貴

7. 他說的比我流利
8. 他不是本地人
9. 他以為你是中國人
10. 他的職務是很難作的

(3)
1. 他改變了很多
2. 他的房子是新蓋的
3. 第二層沒人住
4. 運動場能容一萬人
5. 他很關心他的女兒
6. 那座大樓是旅館
7. 學生增加了不少
8. 那個角兒上不能停車
9. 這帶的房子都貴
10. 他將來不念書了
11. 那個地方很熱鬧

(4)
1. 我渴了
2. 我喜歡吃饅頭
3. 該我洗傢伙

102

4. 報上新聞不多
5. 我餓的不得了
6. 他很要面子
7. 我有他的消息
8. 他有早起的習慣
9. 牀上的衣服是他的
10. 那個味兒不好聞

(5) 1. 他一夜沒睡覺
2. 他醒的很晚
3. 王博士不舒服

4. 天亮了
5. 他受罰了
6. 他是工程師
7. 他忽然死了
8. 他們成了好朋友
9. 他老說空話
10. 他的病還沒治好呢
11. 他們是熟朋友
12. 這個方向不對

II. 你為甚麼....? (p.124)

(1) 1. 拿人家的東西
2. 不跟他通信
3. 不買新的
4. 喜歡下雨
5. 說他比我胖
6. 不坐噴射機
7. 想念他
8. 心裏不痛快
9. 說他的眼睛不好
10. 叫你爸爸來
11. 常常那麼寂寞
12. 單獨一個人去

(2) 1. 寫日記

2. 不看報紙
3. 鎖上門
4. 不坐火車
5. 不做那個工作
6. 不買報紙
7. 不戴首飾
8. 給他禮物
9. 不懂他的口音
10. 有那麼多紙包兒

(3) 1. 不放心
2. 取消這四個字
3. 說他非常聰明
4. 在這兒拐灣兒

5. 這些字不完全寫了
6. 到運動會去
7. 說馬上去不方便
8. 不小心
9. 說他的記性不好
10. 不記得他的名字
11. 說他的汽車出事了

(4)
1. 不愛他
2. 不給他沏茶
3. 不另外買一本
4. 給他接風
5. 不看電視
6. 不坐上座兒
7. 說不敢當

8. 不吃肉絲麵
9. 不給他點烟
10. 颱風也要去

(5)
1. 決定住宿舍
2. 不請父妻兩個人
3. 害怕
4. 不喜歡念經濟學
5. 不管這件事情
6. 那麼難過
7. 不回答
8. 那兒的天氣受不了
9. 不信他的話
10. 不跟大家去
11. 讓他跟你做伴兒

III. 請問到 怎麼走? (p.125)

(1)
1. 客人出口處
2. 噴射機飛機場

(2)
1. 旅行社
2. 航空學校
3. 世界旅館
4. 航空公司
5. 火車站
6. 檢查處

(3)
1. 停車場
2. 運動場

3. 新華樓
4. 百貨公司
5. 你的住宅
6. 最熱鬧的地方
7. 中華門

(4)
1. 黃家

(5)
1. 女宿舍
2. 男宿舍
3. 醫院
4. 王大夫家

IV. 你把甚麼 .... ? (p.126)

(1)
1. 寫成三字
2. 擱在車上了

(2)
1. 寫在名單上
2. 交給賣票員
3. 運到中國去了
4. 放在手提包裏
5. 放在皮包裏
6. 鎖上了
7. 忘了
8. 弄得亂七八糟

(3)
1. 停在停車場
2. 放在車箱裏
3. 放在手提箱裏
4. 修理修理

5. 弄壞了
6. 取消了
7. 弄髒了
8. 弄乾淨了
9. 掛在牆上

(4)
1. 拿到書房裏
2. 放在桌子上
3. 掛在壁櫥裏
4. 拿到廚房裏
5. 拿到客廳裏
6. 拿到飯廳裏

(5)
1. 遞給他
2. 給他小兒子
3. 給他的用人

V. 我們在那兒 .... ? (p.126)

(1)
1. 擱下東西了
2. 休息一會兒
3. 溫習句子
4. 買噴射機票

(2)
1. 檢查行李
2. 運動運動
3. 瞧得見檢查員
4. 找得着力夫

(3)
1. 可以停車
2. 找得着警察
3. 開運動會
4. 碰了狗
5. 拐灣兒

(4)
1. 掛衣服
2. 掛字畫兒
3. 洗澡
4. 洗臉

5. 沏茶   8. 可以抽烟
6. 洗傢伙   (5) 1. 能租房子
7. 看電視   2. 買牛油

VI. .... 多少錢? (p.127)

(1) 1. 你的新帽子   (4) 1. 一條洗澡手巾
    2. 一枝紅鉛筆   2. 一塊肥皂
(2) 1. 這套衣服   3. 一個打火機
    2. 你的手提包   4. 一張桌子
    3. 一個皮包   5. 一把椅子
    4. 一個打字機   6. 一個電視
    5. 一個無線電   7. 一杯牛奶
    6. 一本日記本兒   8. 一條洗臉手巾
    7. 一枝筆最多   (5) 1. 一杯咖啡
    8. 一枝筆最少   2. 一碗稀飯
(3) 1. 一個玻璃杯   3. 一個包子
    2. 一個手提箱   4. 所有的傢具
    3. 一所西式房子   5. 房租

VII. 你在....做甚麼? (p.127)

(1) 1. 客人出口處   6. 世界旅館
(2) 1. 檢查處   (3) 1. 停車場
    2. 旅行社   2. 運動場
    3. 航空學校   3. 鋪子
    4. 航空公司   4. 運動會
    5. 火車站   5. 百貨公司

(4) 1. 那間屋子裏   5. 廚房
     2. 書房裏   6. 客廳
     3. 壁櫥那兒   (5) 1. 醫院
     4. 飯廳

VIII. 你甚麼時候 ....? (p.128)

(1) 1. 心裏不痛快   5. 不放心
     2. 跟他見面   6. 幫人的忙
     3. 休息   (4) 1. 洗臉
     4. 檢查行李   2. 洗澡
     5. 温習句子   3. 沏茶
     6. 收拾屋子   4. 愛抽烟
(2) 1. 交給他錢   5. 給他接風
     2. 送朋友禮物   6. 看電視
     3. 聽無綫電   7. 吃水果
     4. 鎖上門   8. 睡覺
     5. 看報紙   (5) 1. 吃早點
     6. 寫日記   2. 約好了跟他一塊兒
     7. 做這個工作   去
     8. 出國   3. 來朋友
     9. 給人名片兒   4. 碰見他了
     10. 穿這套衣服   5. 辦這件事
(3) 1. 跟朋友閒談   6. 陪他去
     2. 經過日本   7. 能跟他通電話
     3. 非常痛快   8. 吃果子醬
     4. 出事的

IX. 我們用 …. 作甚麼? (p.128)

(1) 1. 生菜
    2. 生字

(2) 1. 名單
    2. 手提包
    3. 皮包
    4. 打字機
    5. 無線電
    6. 鑰匙
    7. 日記本兒

(3) 1. 玻璃杯

    2. 車箱
    3. 手提箱

(4) 1. 肥皂
    2. 洋火
    3. 打火機

(5) 1. 麵包爐
    2. 原子筆
    3. 衣櫃
    4. 書架子

X. 甚麼是 …. 的? (p.129)

(1) 1. 新
    2. 紅
    3. 生

(2) 1. 舊
    2. 亂七八糟

(3) 1. 運貨
    2. 非常好
    3. 太窄
    4. 很髒
    5. 很乾淨
    6. 西式
    7. 中式

    8. 講究
    9. 更貴
    10. 更便宜
    11. 不方便
    12. 很寬
    13. 不平

(4) 1. 冷
    2. 熱
    3. 黃
    4. 最主要
    5. 很費事

B. Narratives and Dialogues (p.129)

I.

昨天我到飛機場去接朋友.因為我去晚了,我到飛機場一看飛機來了都.我心裏想:"哎呀! 真糟糕.不知道客人下了飛機沒有.乾脆到客人出口處等着吧." 可是好像客人還沒下來.我又想還是看客人下飛機吧.在飛機場接客人的沒有我認識的,都是生人.那天天氣很熱.在飛機場簡直的熱死了.恨不得馬上離開飛機場.

II.

昨天學校報告了說下星期放假三天.高太太說過放假的時候就叫我到他們家裏頭去免得一個人在宿舍裏頭很寂寞.這是高太太的好心.其實我在宿舍並不寂寞.

III.

高先生,昨天我沒到您府上去.很對不起.現在我把沒去的原因告訴您.本來我是想去的.可是到了五點鐘的時候天氣很壞:下大雨,並且風也很大.很不容易開車.我恐怕汽車出事.所以沒去.其餘的事將來見了面再談.

IV.

昨天老張讓我請客.他讓我請他吃晚飯.你猜怎麼着.我就兩塊錢.你說我怎麼請? 沒法子.我說:"今天你請吧.將來我再請." 老張好像很不高興的樣子.

V.(p.130)

昨天我在三友書店看見一本書,很好,並且也不
貴,五塊錢就可以買.還有一張畫兒,那張畫兒畫的
實在好,就是太貴了.三百塊錢才可以買.因為我沒
有三百塊錢,所以我沒法子買.

VI.(p.130)

1
A：這幾天天氣很好哇.

2
B：噯!天氣真不錯.

3
A：我們去旅行好不好?

4
B：好哇,到那兒去?

5
A：你說吧.

6
B：還是你說吧.

7
A：我們自己人,幹麼客氣? 還是你說吧.

8
B：乾脆咱們到西湖.

9
A：一共有幾個人? 誰買吃的東西甚麼的?

10
B：這個我都不知道.一切一切的回頭王先生來了
11
再說.

12
A：要是人少就坐我的車去.要是人多就都坐公共
汽車了.

14
B：可惜你的車壞了,要不然你的車可以坐不少人.

15
A：其實我的車並不怎麼壞,可是一修理就得好些
日子.

16
B：你不是自己會修理車嗎?

17
A：瞎說.誰說我會修理車?

18
B：噯!老張告訴我你會麼.你倒是會不會呀?

19
A: 我實在不會. 老張說着玩呢.

VII. (p.131)

1
A: 王先生, 謝謝你來接我.
2
B: 別客氣, 你坐我的車回去吧.
3
A: 謝謝你. 我還是坐航空公司的車吧, 因為我的行
李太多.
5
B: 一共幾件行李你有?
6
A: 一共我有五件行李.
7
B: 我的車大, 可以.

VIII. (p.131)

A: 行李你一共有幾件?
B: 我一共有五件行李.
A: 都是你自己用的嗎?
B: 有的是我自己用的, 有的是送朋友的禮物.
A: 好, 你拿走吧

IX. (p.131)

A: 昨天我們每一個人給他兩百塊錢.
B: 怎麼? 你們都兩百塊錢呢? 我是五百塊錢.
A: 大概是看你有錢, 所以讓你多給點兒.

1	2	3	4	5	6
換	牌	躭	誤	戲	劇

7	8	9	10	11	12
樹	林	砍	贊	橾	反

13	14	15	16	17	18
矛	盾	需	春	葉	秋

19	20	21	22	23	24
遊	專	形	幸	系	布

25	26	27	28	29	30
景	努	育	賺	冬	溜

31	32	33	34	35	36
冰	夏	海	游	泳	照

37	38	39	40	41	42
誇	技	術	彩	輩	哥

43	44				
寄	貼				

1.	換	huàn	change, exchange (1)	23.	系	xì	system; department (32)
2.	牌	pái	signboard (4)	24.	布	bù	spread (33)
3.	躭	dān	procrastinate (5)	25.	景	jǐng	scenery (33)
4.	誤	wù	error; erroneous (5)	26.	努	nǔ	exert (36)
5.	戲	xì	drama, play (8)	27.	育	yù	nurture (37)
6.	劇	jù	drama, play (8)	28.	賺	zhuàn	earn (41)
7.	樹	shù	tree (9)	29.	冬	dōng	winter (42)
8.	林	lín	forest (10)	30.	溜	liū	slip away; slide (43)
9.	砍	kǎn	chop, cut down (12)	31.	冰	bīng	ice (44)
10.	贊	zàn	praise, approve (13)	32.	夏	xià	summer (46)
11.	棵	kē	(measure for trees) (15)	33.	海	hǎi	sea, ocean (47)
12.	反	fǎn	contrary (16)	34.	游	yóu	swim (48)
13.	矛	máo	spear, lance (19)	35.	泳	yǒng	swim (48)
14.	盾	dùn	shield (19)	36.	照	zhào	take photographs (49)
15.	需	xū	need (21)	37.	誇	kuā	praise, boast (52)
16.	春	chūn	the spring (22)	38.	技	jì	skill, talent (53)
17.	葉	yè	a leaf (23)	39.	術	shù	skill, art (53)
18.	秋	qiū	autumn (24)	40.	彩	cǎi	decoration (54)
19.	遊	yóu	travel, roam (25)	41.	輩	bèi	a generation (54)
20.	專	zhuān	special, specialized (26)	42.	哥	gē	elder brother (56)
21.	形	xíng	shape, form (28)	43.	寄	jì	send, mail (57)
22.	幸	xìng	fortune, luck (31)	44.	貼	tiē	to paste (58)

第七課　談過去的事情(p.135)

會話: 白文山,高美英一邊兒走路一邊兒談話

白: 美英,十點多了.我們現在就去吧.

美: 好.我去換件衣服.一會兒就來.

白: 高太太,華家在那兒?

太: 就在遠大對面兒那條小路上,路名子叫北湖
路,門牌十九號.美英認識.

白: 好.

美: 文山,我們走哇.

白: 好.高先生高太太回頭見.

太: 等着你們兩個人回來我們一塊兒吃午飯.

白: 我看不必等我們了.也許看房子躭誤的時候
太多,過了吃飯的時候了.我跟美英隨便在飯
館兒吃一點兒.

太: 晚點兒吃.等着你們.

高: 就讓他們在外邊兒吃點兒麼.

白: 回頭見.

高: 回頭見.

白: 美英,我們往那邊兒走?

美: 我們往前邊兒走是中山路.再往左拐就是北
湖路.華家在北湖路的北頭兒,離我們學校大

禮堂不遠.

22 白: 怎麼? 大學的大禮堂不是在大學的裏頭嗎?

23 美: 新大禮堂就在大學附近.去年才蓋好的.我們
24 開會演戲都在這個新的大禮堂.裏頭漂亮極了.

25 白: 中山路跟以前完全不一樣了.

26 美: 可不是麼.從前這兒是個大樹林子.你記得吧.

27 白: 記得.

28 美: 現在蓋了很多房子.可是樹林子沒了.樹都砍
29 了.

30 白: 我不贊成因為修路跟蓋房子把樹一棵一棵
31 的都給砍了.多麼可惜.

32 美: 我也反對這種辦法.

33 白: 可是話又說回來了.不砍樹怎麼修路蓋房子
34 呢?

35 美: 你這個人真矛盾.先說不贊成.現在又是贊成
36 了.是不是?

37 白: 我的意思是要是人口多需要房子也沒法子.

38 美: 我很喜歡樹.你看春天樹葉子長出來多麼漂
39 亮.聽說美國樹葉子秋天是紅的.是真的嗎?
40

41 白: 是真的.

42 美: 你看這兒改變不少吧?

43 白: 改變的太多了.

44 美: 公園裏還修了一個遊戲場呢.專為小孩子修的.
45

46 白: 那我們那天玩兒玩兒去好不好?

47 美: 我們也不是小孩子.

48
白： 我們去看看麼.

49
美： 那到可以.

50
白： 美英,我來到了以後老跟高先生談話了,沒得
機會跟你談.你把這三年的情形告訴我.好不 51
好? 52

53
美： 事情太多了.從那兒說起呢? 我想想啊,我從 54
考大學那兒說吧.

55
白： 我要聽聽你一切一切的事情.

56
美： 不是你走的那年我考大學嗎? 我告訴你吧,
在沒考以前哪,心裏頭害怕的不得了.我想要 57
是考不上你說多難看.幸而考上了. 58

59
白： 你一直的都念文學嗎?

60
美： 我一直的念文學系.我對文學很有興趣.

61
白： 你除了念書以外對甚麼有興趣?

62
美： 我除了念書以外對戲劇一方面有興趣.比方
說學校演戲佈景跟廣告甚麼的我也幫助畫. 63   64
你在美國的一切也告訴告訴我了.

65
白： 你還沒說完你的哪.

66
美： 很多的事情你讓我一時怎麼說的完呢?

67
白： 好,我說我從回去以後老想回中國來.又一想
回國念書來了.為甚麼老想回中國,得努力念 68
書哇. 69

70
美： 你為甚麼想回來?

71
白： 你說我為甚麼想回來.我念了一年的大學畢業 72
以後,我就念博士.在這三年裏我倒是很用功. 73

74
美： 你從前也很用功麼.

75
白： 以前沒有回到美國那麼用功. 美國的教育水 76
準現在又提高了. 非用功不可.

77
美： 你放假的時候都作甚麼呢?

78
白： 我放假的時候在一個公司做事賺一點兒錢.
有的時候跟弟弟妹妹朋友們出去玩兒玩兒. 79
冬天下午到溜冰場去溜一個鐘頭的冰. 夏天 80
到海邊兒上去游泳. 你呢? 81

82
美： 有時候幫着母親作點兒事. 我也沒很多的工 83
夫. 學校要是一演戲了, 畫布景廣告都要費很 84
多時候.

85
白： 我現在對照像很有興趣. 我覺得照像很有意 86
思. 我給弟弟妹妹他們照了很多像.

87
美： 像片兒帶來了嗎?

88
白： 帶來了. 回去給你看. 我不是自誇, 我最近照像 89
的技術很不錯. 尤其是彩色像, 我自己看照的 90
非常好. 我在美國就想, 回來我一定給你照幾 91
張像.

92
美： 我很喜歡照像.

93
白： 我還有一個禮物將來給你. 你猜是甚麼?

94
美： 我不知道.

95
白： 你猜.

96
美： 我怎麼猜得着呢? 是吃的是用的?

97
白： 用的.

98
美： 我猜不着. 你不說出來我一輩子也猜不着.

99
白　是照像本子.

100
美　美國的照像本子很漂亮.一個朋友他哥哥從
101
美國寄給他一本,真漂亮.

102
白　我希望那個照像本子你很喜歡.

103
美　我一定很喜歡我第一張像片先貼你的.

生字跟新語法的句子 (p. 137)

1.0 (3) 　　換

1.1 我得把車換地方,要不然該罰錢了.

1.2 王先生換錢去了.

1.3 昨天我買了一個帽子太小了,我得去換.

2.0 (5) 　　對面‧對面兒

2.1 我家的對面兒就是一個小學校.

2.2 他住在我的對面兒.

3.0 (5) 　　A 名子叫 B

3.1 那本書名子叫中國文學.

4.0 (6) 　　牌(子)

4.1 請問,府上門牌幾號?

4.2 你的狗怎麼沒帶牌子.

4.3 請你把行李牌子拿出來.

5.0 (11) 　　躭誤

5.1 昨天他來,說了很多沒有意思的話,躭誤我很多
的時候.

5.2 因為我病了耽誤了一年,要不然我已經大學畢
業了.

5.3 路上車太多,所以耽誤很多時候.

5.4 快點兒走,別耽誤了飛機.

6.0 (16)　頭　頭(兒)　月頭(兒)　年頭(兒)

6.1 他頭上戴的帽子很特別.

6.2 我家在這條路的西頭兒.

6.3 這是我頭一次看見他.

6.4 最好你是每個月的月頭兒給他錢.

7.0 (21)　大禮堂

7.1 我們學校的大禮堂能容三千人.

8.0 (24)　戲(劇)　舊戲　新戲　聽戲　看戲　戲劇學

8.1 那些演員祇演新戲.

8.2 中國舊戲很不容易演.

8.3 關於戲劇我一點兒也不懂.

8.4 我聽中國戲一點兒也聽不懂.

8.5 我們昨天看的外國戲.

8.6 我念戲劇學,你呢?

9.0 (26)　樹

9.1 美國沒有這種樹.

10.0 (26)　樹林子

10.1 這附近都是大樹林子.

11.0 (28)　沒了　ｖ 沒了

11.1 麵包沒了,再來一點兒.

11.2 我把錢買東西都買沒了.

12.0 (28)　砍

12.1 他到樹林子裏頭砍樹去了.

12.2 他每天的運動是砍半個鐘頭的樹.

13.0 (30)　贊成

13.1 我很贊成他的法子.

13.2 他不贊成你跟外國人結婚嗎?

14.0 (30)　的

14.1 他把書一本一本的都念完了.

14.2 他不快不慢的吃着.

14.3 他們幾個人很高興的談着.

15.0 (30)　棵

15.1 我家門口兒有兩棵大樹.

16.0 (32)　反對

16.1 你這麼作他一定反對.

16.2 他們不反對你到外國去念書嗎?

17.0 (32)　辦法

17.1 這件事我一點兒辦法也没有.

17.2 我反對他用這個辦法.

18.0 (33)　話又說回來了

18.1 話又說回來了他不用功也没法子.

19.0 (35)　矛盾

19.1 他真矛盾一會兒說好一會兒說不好.

19.2 他們說的話矛盾的地方很多.

20.0 (37)　人口(兒)

20.1 世界上的人口越來越多

21.0 (37)　需要

21.1 你不必給我錢，我不需要．

21.2 我需要買一枝鋼筆．

21.3 我很需要你幫助我．

22.0 (38)　春天

22.1 春天的天氣最好，不冷不熱的．

23.0 (38)　葉子

23.1 美國天氣一冷了，樹葉子就紅了．

24.0 (39)　秋天

24.1 到了秋天樹葉子都落下來了．

25.0 (44)　遊戲　遊戲場

25.1 中國小孩子最喜歡的遊戲是甚麼？

25.2 遊戲場是小孩子玩兒的地方．

26.0 (44)　專(門)　專門的　專門家　專門學校

26.1 這幾天我專念歷史．

26.2 在這三年裏頭我專門研究語言學．

26.3 他念專門學校．

26.4 對於中國語言他是個專門家．

26.5 他專門的學那個演員演戲．

27.0 (44)　為　為了　為着

27.1 他為國死的．

27.2 我是為着研究中國學問來到中國的．

27.3 這本書是為了外國人寫的．

27.4 我來這兒是為了念書．

28.0 (51)　情形

28.1 報上說那兒最近的情形不怎麼好.

29.0 (57)　　没 V 以前

29.1 你没去以前先打個電話給他.

30.0 (58)　　你說多(麼)

30.1 那個孩子長的你說多麼可愛.

31.0 (58)　　幸而

31.1 昨天那個飛機出事了.幸而我昨天没走.

32.0 (60)　　系

32.1 他是文學系畢業的.

32.2 我們那系的教授都很好.

33.0 (63)　　布景

33.1 昨天晚上我看的那個戲布景真好.

34.0 (63)　　廣告

34.1 報紙上的廣告太多.

35.0 (66)　　一時

35.1 開車必得注意.一時不小心就會出事.

35.2 他的名字我一時想不起來.

36.0 (69)　　努力

36.1 他作事倒是很努力.

36.2 我得很努力的念書.要不然我考不上.

37.0 (75)　　教育

37.1 我念大學的時候我學的是教育.

38.0 (76)　　水準

38.1 這個學校的教育水準很高.

39.0 (76)　　提高

39.1 這兒的教育不夠水準必得想法子提高.

40.0 (76)   非(得) V (不可)

40.1 你非得去嗎?

40.2 昨天我去買書,我不讓我弟弟跟我去,他非要去.

40.3 今天天氣不好我讓他住在這兒他非得走不可.

40.4 你何必非到中國去念書不可呢?

41.0 (78)   賺

41.1 他每月比我多賺五十塊錢.

42.0 (79)   冬天

42.1 冬天樹葉子都落了.

43.0 (80)   溜   溜下去   溜出去   溜出來

43.1 我不喜歡跟他說話.他來了我就溜了.

43.2 你在那兒走要注意別溜下去.

43.3 我父親今天不讓我出來.我是溜出來的.

44.0 (80)   冰   冰塊兒

44.1 這塊冰太大了.

44.2 請你拿幾塊冰塊兒來.

45.0 (80)   溜冰   溜冰場

45.1 我冬天每天到溜冰場去溜冰.

46.0 (80)   夏天

46.1 今年夏天這兒熱的不得了.

47.0 (81)   海   海邊兒   上海

47.1 這麼小的船不能在海裏走.

47.2 夏天我喜歡到海邊兒去玩兒.

47.3 上海這個地方的名子是到海的意思.

48.0 (81)　　游泳　　游泳衣

48.1 我們夏天到海邊兒去游泳.

48.2 糟糕！我忘了帶游泳衣.

49.0 (85)　　照像　　A 把 B 照下來　　A 給 B 照像
　　　　　　照像本子　　照像機

49.1 我不喜歡照像.

49.2 昨天王先生給我照了幾張像.

49.3 我有一個很漂亮的照像本子.

49.4 他的照像機是日本貨.

49.5 那棵樹很漂亮.把他照下來.

49.6 我照出像來真難看.

50.0 (87)　　像片兒

50.1 那張像片兒是誰?

50.2 那張像片兒是誰照的?

51.0 (88)　　自　　自來水　　自來水筆

51.1 城裏頭的房子都有自來水.

51.2 這枝自來水筆真好用.

52.0 (88)　　誇　　自誇

52.1 昨天我父親誇了我半天.

52.2 他常自誇他怎麼聰明.

53.0 (89)　　技術

53.1 你照像的技術沒他好.

53.2 我游泳的技術沒有你那麼好.

54.) (89)　　彩色

54.1 那部片子是彩色的嗎?

54.2 彩色像不容易照.

55.0 (98)　　輩子

55.1 我這輩子沒照過像

55.2 我一輩子中國話也學不好了.

56.0 (100)　　哥哥

56.1 他哥哥會英文.

57.0 (101)　　寄　寄出　寄給　寄信

57.1 我寄給我弟弟一本雜誌.

57.2 他去寄信去了.

57.3 他每個月寄給他母親一百塊錢.

57.4 我把我這張像片兒寄給我母親.

57.5 你把信寄出去了沒有？

58.0 (103)　　貼

58.1 我把地圖貼在牆上

溫習句子 (p.144)

1. 別忙,你慢慢兒的吃.

2. 昨天在路上耽誤了一會兒,所以到了飛機場飛機已經起飛了.

3. 我很需要一本很好的字典.

4. 他專門喜歡研究歷史.

5. 饅頭是專為他做的.

6. 那件事情必得我幫忙,所以非去不可.

7. 我不怎麼喜歡照像,因為我長的不漂亮.

8. 他沒甚麼學問,可是老自誇他有學問.

9. 他修理無線電的技術不怎麼好.

10. 昨天我寄給我弟弟一本書.

11. 他說那封信他早就寄出來了.

12. 我得去換錢.

13. 我贊成你學科學.

14. 他很反對女人戴首飾.

15. 報上的消息世界上的情形很不好.

16. 你沒說以前我就知道了.

17. 我的中國話一點兒也不流利.我得努力.

18. 我們主要的是要把教育提高.

19. 我家的對面兒是個大樹林子.

20. 這個東西名子叫電視.

單獨談話 (p.145)

今天吃了早點跟華太太約好了十一點鐘去看
房子.高先生讓美英跟我一塊兒去.我正希望着能
跟美英在一塊兒談談呢.

十點多鐘我就跟美英出去了.走的時候高太太
說等着我們回來吃午飯.我想跟美英在外頭吃飯,
我說不必等.高太太說等着我們,晚點兒吃.還是高
先生聰明,說就讓我們在外頭吃點兒.

我跟美英沒坐車,我們走着路談着話.今天我高
興極了.因為跟美英三年不見了,我們能在一塊兒
談談.你們念這本書的人想一想我心裏頭多麼痛快.

我們出了門往前邊兒走就是中山路.中山路可

改變了不少哇.那些大樹林子現在都沒了.完全是
路跟房子了.

　　我問美英這三年裏頭他一切的情形.他告訴我了
一點兒.美英是一個喜歡戲劇的女孩子.他除了念
書以外要是學校裏頭演戲的時候,他就畫布景跟
廣告.在這一方面他用了很多的時候.

　　我很關心他的一切.當然他也很關心我了,所以
我把在美國的情形也告訴他一些.雖然我在美國
的時候常給他寫信.可是還有很多的事情寫不完.
我告訴他我在美國放假的時候跟弟弟妹妹夏天
去遊泳,冬天我們就去溜冰.我也告訴他我對照像
現在很有興趣.並且照像的技術也不錯,尤其是彩
色的.他很想看看我照的像.

　　我在美國沒來以前,我就想回來以後給美英好
好兒的照點兒像.他是一個最漂亮的女孩子.他照
出像來你想該多麼好看.我以前也給他照過幾張
像,可是那個時候我對照彩色像的技術不怎麼好.
我還從美國帶來了一個照像本子是送給美英的.
我想將來我給美英照的像都貼在這個本子上.

問題(p.146)

1. 白文山去看房子是誰跟他一塊兒去的?
2. 他們要走以前美英去做甚麼?
3. 你知道華家在那兒嗎?

4. 他們要走的時候高太太跟文山説甚麼？

5. 華家那條路叫甚麼名子？他們家在那頭兒？

6. 為甚麼學校的大禮堂不在學校裏頭？

7. 中山路的樹林子為甚麼都没了？

8. 高小姐説白先生矛盾，他怎麼矛盾了？

9. 你住的這個地方人口多不多？你知道這兒有多少人口？

10. 大公園裏頭新修了一個甚麼？

11. 文山讓美英把三年的事情都告訴他，美英都告訴他了嗎？

12. 美英對甚麼有興趣？學校演戲的時候他都做甚麼？

13. 美英甚麼時候考的大學？他在没考以前怕甚麼？要是考不上怎麼了？

14. 你知道不知道白文山回去以後為甚麼老想回中國來？

15. 白文山為甚麼回到美國念書很用功呢？

16. 白文山告訴美英他在美國放假的時候都做甚麼？

17. 文山説他現在對甚麼很有興趣？

18. 白文山説他照的最好是甚麼像？

19. 文山還另外送給美英的甚麼？

20. 如果你會照像你都給誰照？

21. 你想高先生為甚麼叫美英跟文山去看房子？

22. 要是你家裏頭有朋友住他出去的時候你跟他説甚麼？

23. 要是你在朋友家裏頭住着,你出去的時候他們說等着你回來吃飯,你怎麼回答?

24. 要是你最好的朋友幾年不見,見面以後你要問他甚麼?

25. 要是朋友説要給你照像你説甚麼?

26. 要是你的女朋友你三年不見了,你第一次看見他你跟他説甚麼?

27. 要是你會照像了,你怎麼告訴他?

28. 一個朋友讓你猜一個東西或者一件事,你猜不着你怎麼説?

29. 要是你女朋友送你禮物的時候説希望你喜歡那個禮物,你怎麼回答他?

30. 要是你女朋友送你一個照像本子你對他説甚麼?

1	2	3	4	5	6
摁	鈴	伯	預	備	青

7	8	9	10	11	12
合	檯	適	彼	此	紀

13	14	15	16	17	18
搬	津	頓	煎	蛋	謂

19	20	21	22	23	24
偶	爾	底	攤	規	矩

25	26	27	28	29	30
掃	零	碎	添	吩	咐

31
攪

LESSON 8

1. 摁 èn — press down on (1)
2. 鈴 líng — (small) bell (2)
3. 伯 bó — father's elder brother (4)
4. 預 yù — beforehand (7)
5. 備 bèi — prepare (7)
6. 青 qīng — blue-green (8)
7. 合 hé — suit, fit (9)
8. 檯 tái — table, desk (11)
9. 適 shì — suit, fit (14)
10. 彼 bǐ — that; he (15)
11. 此 cǐ — this (15)
12. 紀 jì — record; era (18)
13. 搬 bān — move (20)
14. 津 jīng — moisten (24)
15. 頓 dùn — (measure for meals) (26)
16. 煎 jiān — fry (27)

17. 蛋 dàn — egg (28)
18. 謂 wèi — speak of (34)
19. 偶 ǒu — accidental (38)
20. 爾 ěr — thou (38)
21. 底 dǐ — bottom (39)
22. 攤 tān — apportion, share (40)
23. 規 guī — compasses; rule (42)
24. 矩 jǔ — carpenter's square (42)
25. 掃 sào — sweep (45)
26. 零 líng — zero; remnant (46)
27. 碎 suì — break; fragmentary (46)
28. 添 tiān — add, increase (48)
29. 吩 fēn — order (49)
30. 咐 fù — command (49)
31. 攪 jiǎo — stir, mix (53)

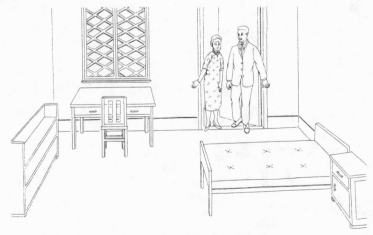

131

第八課　租房子 (p.157)

會話：白文山高美英跟華太太談租華
　　　家房子的一切問題.

³美： 文山,到了.

⁴白： 噢,就這兒啊.

⁵美： 是的,你摁門鈴兒.

⁶王： 誰呀?

⁷美： 我,王媽.

⁸王： 噢,高小姐,您好怎麼好久沒來呀? 這位是....?

¹⁰美： 這是白先生.

¹¹王： 白先生您好.請兩位進來坐吧.我們¹²太太等着
　　　您呢.

¹³太： 誰呀? 是美英啊? 美英,你父親母親都好?

¹⁴美： 很好.我父親母親讓我問您好.伯母,我給介紹
　　　¹⁵介紹.這是白文山.這位就是華太太.

¹⁷白： 您好.

¹⁸太： 白先生,久仰.高先生夫妻常跟我提到¹⁹你.

²⁰美： 伯母,您就叫他文山吧.

²¹太： 那怎麼好意思呢?

²²白： 我是晚輩.您就叫我名字得了.

²³太： 王媽沏茶!

24
王： 來了.

25
美： 伯母.我母親今天早晨已經跟您通過電話了. 26

27
太： 是的.他說讓白先生來看房子.

28
美： 是所以我父親母親讓我帶他來了.關於房子
的一切問題呢,您就跟他談吧.他中國話說的 29
很好您說甚麼他都懂.您就跟他說得了. 30

31
太： 好我們先喝點兒茶再說.來坐着坐着.

32
白： 您太客氣.謝謝您.

33
美： 伯母.您怎麼還預備這麼多點心呢？我們出 34
來以前吃過早點來的.

35
太： 再吃點兒麼.

36
美： 吃不下了.

37
太： 白先生吃點兒.

38
白： 我也吃飽了.謝謝您.您太客氣.太費事了.

39
太： 坐下談.你們不吃點心我們喝茶.

40
白： 關於這個房子....

41
太： 關於這個房子的事情啊,我想高太太已經跟 42
你說過了,是不是？大概的情形他已經告訴
你了.你知道最近我的二兒子死了,我心裏很 43
難過.

44
白： 是的高太太告訴我了.很可惜,您也別太難過
了. 45

46
太： 我們家人口很簡單.我大兒子每天上學去.我 47
們父妻兩個每天出去.華先生是個工程師.我 48
忙.有的時候兒出去到很遠的地方去作事.我 49

們就不回來，有的時候就住在外邊兒[50]，所以就我
想找個青年人跟我的這個孩子[51]做做伴兒。我
就請高先生幫我介紹青年[52]的朋友來住。你一
個人是不是？

[53]白：是的，我來念書，我跟高先生說了，要是住宿舍[54]，
有的時候覺得不怎麼方便，所以還是自己[55]找
一間房子住。高先生就告訴我您府上[56]有一間
房子可以讓我住。

[57]太：你先看看那間房子對你合用不合用。飯廳客[58]
廳麼，你隨便用。要是你請客甚麼的，你是高[59]家[60]
的朋友也就是我們的朋友。我看你這個人也
很好。反正我跟我先生也常不在家[61]。

[62]白：謝謝您，我還要看看嗎？

[63]太：當然的，你應該看看。

[64]白：好，我看一看。

[65]太：就這間。

[66]白：很好，這房子，房子很大呀。

[67]太：牀，書架子，寫字檯甚麼的你要是喜歡你就用。
[68]鋪蓋，牀單子我們都有，你不必買。

[69]白：那好極了，我是坐飛機來的，我沒帶鋪蓋，您借[70]
給我用我就不必買了。

[71]太：是啊，你別買了。

[72]白：請問，您這房子怎麼算呢？

[73]太：我剛才不是說了嗎？你是高家的朋友也[74]就
是我們的朋友。你住宿舍[75]多少錢就給我多少

錢得了.我不是為了錢.我主要的是找一個合
適的人來住給我那個孩子做伴兒.兩個青年
人在一塊兒談談一塊兒彼此研究研究功課.

白: 我很謝謝您.我住在您府上請您多照應.

太: 我二兒子年紀大概跟你差不多.你今年多大
了?

白: 我二十四了.

太: 比我大兒子小一歲.還有我們這個老媽子很
好.他也很會做事.你搬來以後哇,他可以給你
洗衣服收拾屋子.他作飯也不錯.如果你吃着
有甚麼不合你的口味的時候你只管說話.別
客氣.他也可以給你買買東西甚麼的.你每月
津貼他一點兒錢就是了.

白: 您看我應當給他多少錢?

太: 隨便給他幾塊錢.你每天三頓飯都在家吃嗎?
你早點吃甚麼?

白: 我早點吃烤麵包.咖啡.或者有的時候請用人
給我煎個雞蛋或是炒個雞蛋.中飯我想在學
校或是在外邊兒吃一點兒.晚飯我在家吃.

太: 給你單開呢還是跟我們一塊兒吃呢?

白: 隨您好了.您覺得怎麼樣方便?我無所謂.

太: 這麼着好了.我們在家呢,我們大家在一塊兒
吃熱鬧.要是我們不在,你跟我兒子你們兩個
人一塊兒吃好不好?

白: 好極了.飯錢我一個月應該給多少?

太: 飯不必給錢了吧.

白: 那怎麼成? 那兒能讓您天天請客呀? 不是偶而的吃一次.您別客氣.

太: 那麼等到月底我算一算你應當分攤多少就給多少得了.

白: 沒甚麼手續嗎?

太: 沒甚麼手續.這兒的規矩是上期交租.

白: 現在我把房租交給您.

太: 忙甚麼? 你搬過來再說麼.

白: 先給你吧.

太: 你甚麼時候搬來呀?

白: 我打算明天上午就搬來.可以嗎?

太: 可以.回頭我讓王媽給你打掃打掃....王媽來! 白先生明天就搬來了.你幫他收拾屋子.洗洗衣服,做早點.中飯他在外邊兒吃.晚飯在家吃,跟我們一塊兒吃.零零碎碎的事情你多幫白先生一點兒忙.

王: 是,太太.

白: 王媽,我來給你添麻煩.

王: 那兒的話呢.您叫我做甚麼事,您只管吩咐.

白: 謝謝你.華太太,我們現在走了.

美: 華伯母,我母親說了甚麼時候請您跟華伯伯到我們家玩兒去.

太: 好.我跟你母親通電話好了.

白: 我明天上午甚麼時候搬來好呢,您說?

125
太： 隨便幾點鐘都可以.
126
白： 我明天上午十點左右搬來吧?
127
太： 好的.
128
白： 打擾您.再見.
129
太： 再見.
130
美： 再見.

生字跟新語法的句子 (p.160)

1.0 (5)　　摁　摁壞

1.1 他一摁就把那張小棹子摁壞了.

2.0 (5)　　鈴(兒)　打鈴　摁鈴

2.1 別説話了.已經打鈴上課了.

2.2 你聽.是不是有人摁門鈴兒?

3.0 (7)　　媽

3.1 我們家的張媽真好.在我們家已經做了十五年了.

4.0 (14)　　伯母

4.1 昨天我在路上遇見張伯母了.

5.0 (21)　　好意思　　不好意思

5.1 他請客.我好意思不去嗎?

5.2 我不好意思讓你請客.

5.3 讓你一個人拿錢我們怎麼好意思呢?

6.0 (22)　　輩　晚輩　長輩

6.1 他比我大一輩.

6.2 我是他的晚輩.

6.3 他還是我父親的長輩哪.

6.4 我們這一輩人念書的機會比較多.

7.0 (33) 預備

7.1 天氣冷了.我們要預備冬天的衣服了.

7.2 他這幾天忙極了.他預備出國了.

7.3 你的東西都預備好了嗎?

8.0 (50) 青年 青年人 (男)青年會 女青年會

8.1 青年人應當努力念書.

8.2 男青年會離女青年會很近.

8.3 研究中國文學新青年那本雜誌很有幫助.

9.0 (57) 合用

9.1 你看這些家具都合用嗎?

10.0 (60) 反正

10.1 他要請客就讓他請吧.反正他有錢.

11.0 (67) 寫字檯

11.1 這個寫字檯賣多少錢?

12.0 (68) 鋪蓋

12.1 天氣太冷了.你的鋪蓋太少了.

13.0 (68) 單子 牀單子 開單子

13.1 昨天晚上到飯館兒去吃飯伙計把單子寫錯了.
五塊錢寫成五十塊錢了.

13.2 王媽真乾淨天天給我換牀單子.

13.3 你想買的東西開單子沒有?

14.0 (76) 合適

14.1 昨天買的那件衣服穿着不合適,我得去換.

15.0 (77)　彼此　彼此彼此

15.1 我們兩個人應當彼此幫忙.

15.2 噢王先生,我早就應該看您來,可是太忙了....彼此彼此.

16.0 (77)　功課

16.1 你的功課忙不忙?

16.2 今天我不出去,我的功課太忙了.

16.3 你在大學念幾門功課?

16.4 我對王教授教的中國歷史那門兒功課一點兒也沒興趣.

16.5 這本書裏每第六課是一個溫習功課.

17.0 (78)　照應

17.1 那個孩子太小了.請你多照應他.

18.0 (79)　年紀

18.1 看樣子他的年紀比我小的多.

18.2 他多大年紀?

19.0 (81)　老媽子

19.1 他們家有幾個老媽子?

20.0 (82)　搬　搬家

20.1 這個桌子太大了,恐怕一個人不能搬.

20.2 我今年搬了三次家了.

20.3 他的家搬到上海去了.

20.4 請你把寫字檯搬到書房裏去.

21.0 (84)　口味

21.1 每個人的口味都不一樣.

22.0 (84)   合

22.1 王媽做的菜很合我的口味.

23.0 (84)   只管

23.1 有甚麼問題你只管說出來.

24.0 (86)   津貼

24.1 我們公司每年都另外津貼我們一點兒錢.

24.2 學校給你的津貼是多少錢?

25.0 (86)   就是了

25.1 你把五塊錢給他就是了.

26.0 (88)   頓

26.1 我每天吃兩頓飯.

27.0 (91)   煎

27.1 我很喜歡吃煎餃子.

28.0 (91)   雞蛋   炒雞蛋   雞蛋湯

28.1 我每天早晨吃烤麵包炒雞蛋.

28.2 我們要個雞蛋湯好不好?

29.0 (91)   或是….或是

29.1 你們說好或是你去或是他去.

29.2 我或是今天或是明天走.

30.0 (91)   中飯   午飯

30.1 三點了都我還沒吃中飯呢.

31.0 (94)   單

31.1 你們先走吧.我另外單去.

32.0 (94)   開飯

32.1 府上幾點鐘開飯呢?

33.0 (95)　　隨　隨 A 的意思　隨 A (的)便　隨 A 好了

33.1 隨你的意思我們吃甚麼.

33.2 去不去隨你的便.

33.3 我們坐船或是坐火車?…… 隨你好了.

34.0 (95)　　無所謂

34.1 吃中國飯吃外國飯我都無所謂.

35.0 (96)　　一塊兒 v 熱鬧

35.1 我們在一塊兒喝茶熱鬧.

36.0 (101)　　成

36.1 勞駕你回來的時候給我帶本書成不成?

36.2 這件事我這麼辦成嗎?

36.3 老讓你請客怎麼成?

37.0 (101)　　那兒　那兒成　那兒的話

37.1 你一個人做很多事那兒成?

37.2 你說那兒的話呢,這是我應當作的麼.

37.3 你把他給摁壞了.我上那兒去買去?

37.4 沒有賣的,我那兒買得着?

37.5 那件事那兒能他一個人做?

38.0 (102)　　偶而

38.1 中國飯我不怎麼喜歡吃,可是偶而也吃一次.

38.2 我昨天在飛機場偶而遇見他了.

39.0 (103)　　底　底下　在 A 底下　到底　月底
　　　　　年底

39.1 我月底就有錢了.

39.2 他把那件事從頭兒到底跟我說了一次.

39.3 你到底搬家不搬家?

39.4 你找的雜誌在字典底下.

39.5 桌子底下有甚麼?

40.0 (103)   分攤

40.1 這次旅行每人分攤多少錢?

41.0 (105)   手續

41.1 學校的手續你辦了沒有?

41.2 出國的手續很麻煩.

42.0 (106)   規矩

42.1 那個飯館兒的規矩是不要小費.

42.2 那個孩子很規矩.

43.0 (106)   期   到期   過期   上期   下期

43.1 我得搬家因為我的房子到期了.

43.2 已經過了期了.你怎麼還不交錢?

43.3 我們這兒租房子都是上期給錢.

43.4 在美國做事都是下期給錢.

44.0 (106)   交租

44.1 我住的房子是每月交一次租.

45.0 (112)   打掃

45.1 請你把這間屋子打掃打掃.

46.0 (115)   零碎

46.1 我今天做的是零碎的事情.

47.0 (115)   零零碎碎   規規矩矩   痛痛快快

47.1 他的錢零零碎碎都用完了.

47.2 他每天規規矩矩做事.

47.3 我們昨天在那兒痛痛快快的玩兒了一天.

48.0 (118)   添   添上   添錢

48.1 要是錢不夠你再添上點兒.

48.2 那個東西再添兩塊錢就可以買了.

49.0 (119)   吩咐

49.1 你有甚麼事情吩咐我的孩子去做.

50.0 (122)   伯伯

50.1 王伯伯來了！您請進來.

51.0 (126)   左右

51.1 我看他好像三十左右.

52.0 (127)   好的

52.1 好的.我今天晚上一定來.

53.0 (128)   打攪

53.1 我走了.不多打攪您了.

温習句子 (p.166)

1. 他年年輕輕的就死了.
2. 你穿那套衣服合適不合適？
3. 隨你的便你想上那兒去我們就上那兒去.
4. 我把所有的傢具都借給他用了.
5. 房東說你住旅館多少錢就給他多少錢.
6. 那個地方很平安你只管去.

7. 那兒的話哪. 我應當的麼.
8. 隨便你寫字念書都可以.
9. 他讓我去. 我怎麼好意思不去呢?
10. 我把所有的功課都預備好了.
11. 電視壞了沒關係. 反正我也不喜歡看.
12. 我們二十年不見了. 見着以後彼此都不認識了.
13. 我們學校的功課水準提高了. 所以忙得不得了.
14. 我搬家的時候你可以幫我忙嗎?
15. 明天到那兒去或是你去或是我去現在我們説好.
16. 那個孩子太小了. 讓他一個人出去那兒成哪.
17. 你的房子甚麼時候到期?
18. 我讓我弟弟叫你是哥哥.
19. 吩咐王媽今天晚上有客人. 多做點兒飯.
20. 這個錄音機你看了半天. 到底買不買?

單獨談話 (p.167)

我跟美英到了華家. 華家的老媽子王媽給我們開門. 進去以後見了華太太. 美英給我們介紹了. 華太太很客氣. 看樣子有四十幾歲. 個子不很高不胖不瘦. 我想他年輕的時候一定很漂亮.

華太太叫老媽子給我們沏茶並且還給我們預備了點心. 我跟美英吃的很飽才出去的. 那兒能吃得下呢?

我們喝着茶談到房子的問題.華太太說他的二[8]
兒子死了以後他心裏頭很難過.他說他這間房子[9]
租給別人住主要的原因是給他的大兒子做伴兒.[10]
那間房子很大.華家很講究所以他們的傢具都很[11]
好.華太太還說客廳飯廳我隨便用.不但這些而且[12]
連鋪蓋都不用我自己預備.[13]

談到房租華太太說我是高家的朋友住宿舍多[14]
少錢就讓我給他多少錢又談到吃飯的問題開始[15][16]
他說吃飯不必給錢了.怎麼能那麼辦呢?我知道[17]
華太太這是一句客氣話.後來他說到月底大家分[18]
攤好了.

這個時候華太太又把王媽叫出來吩咐他我搬[19][20]
去以後讓他給我洗衣服,收拾屋子,甚麼的.王媽也[21]
很好.華太太說要是飯不合我的口味的時候叫我[22]
告訴他們我是甚麼都能吃.我想沒有甚麼不合我[23]
口味的.

我想早一點兒搬來所以馬上我就決定了明天[24]
上午搬來.[25]

問題 (p.168)

1. 王媽是華家的甚麼人?
2. 美英看見華太太他先說甚麼?
3. 美英為甚麼讓華太太叫白先生是文山?

4. 華太太說不好意思叫白先生的名字白先生說
   甚麼？

5. 為甚麼人家預備了點心白先生高小姐他們兩
   個人都不吃？

6. 華太太說他的二兒子死了他怎麼樣？

7. 華太太說他們家裏的人多不多？

8. 華先生是做甚麼事的？

9. 為甚麼他常不在家？

10. 華太太希望把房子租給甚麼人住？

11. 白先生為甚麼不喜歡住宿舍？

12. 白先生是來看房子他為甚麼華太太叫他看房
    子他又說"我還要看看嗎？"

13. 華太太說都給他甚麼用？

14. 老媽子是誰？老媽子是做甚麼的？

15. 白先生說他早點都吃甚麼？

16. 華太太說吃飯不必給錢了白先生說甚麼？

17. 白先生在華家吃飯他甚麼時候才給錢呢？給
    多少錢？

18. 白先生跟王媽說他來了給他添麻煩王媽都說
    甚麼？

19. 走的時候美英告訴華太太甚麼？

20. 白先生甚麼時候搬到華家去？

21. 要是你有房子出租人家來看房子你應該跟人
    家說甚麼？

22. 要是一位比你年紀老的人叫你是先生你應該

說甚麼客氣話？

23. 要是有兩朋友他們不認識可是你都認識你應當做甚麼？

24. 要是你看好了一間房子你想租,你要問房東多少錢你怎麼問？

25. 要是你租好了房子了你應當跟房東說甚麼客氣話？

26. 要是你的房東有用人他幫着你做事你跟他說甚麼客氣話？

27. 要是你問房東飯錢多少,房東要是跟你客氣說不要錢,你怎麼說？

28. 要是你有房子有人來租你說甚麼？

29. 要是你的房子租給別人了,你都告訴你的用人甚麼？

30. 你到人家家裏頭去躭誤人家很多時候你走的時候應當說甚麼客氣話？

1	2	3	4	5	6
議	達	脾	頂	態	度
7	8	9	10	11	12
矮	尺	寸	耳	朵	清
13	14	15	16	17	18
楚	聾	糊	論	鞋	破
19	20	21	22	23	24
髮	梳	眉	健	康	鏡
25	26	27	28	29	30
腳	胳	臂	粗	腿	指
31	32	33	34	35	36
壽	哭	勸	急	相	膚
37	38	39	40	41	42
細	嘴	鼻	鬼	按	認
43					
標					

1.	議	yì	discuss, criticize (2)	23.	康	kāng	peaceful (27)
2.	達	dá	attain, reach (3)	24.	鏡	jìng	mirror (29)
3.	脾	pí	spleen (5)	25.	腳	jiǎo	foot (30)
4.	頂	tǐng dǐng	top, pinnacle (6)	26.	胳	gē	arm (33)
5.	態	tài	attitude (9)	27.	臂	bèi	arm (33)
6.	度	dù	standard, degree (9)	28.	粗	cū	coarse, rough (34)
7.	矮	ǎi	low, short (12)	29.	腿	tuǐ	leg (35)
8.	尺	chǐ	foot; ruler (13)	30.	指	zhí	finger (37)
9.	寸	cùn	inch (14)	31.	壽	shòu	long life (40)
10.	耳	ěr	ear (16)	32.	哭	kū	cry (41)
11.	朵	duǒ	ear (16)	33.	勸	quàn	calm, soothe (42)
12.	清	qīng	clear, pure (18)	34.	急	jí	impatient, upset (43)
13.	楚	chǔ	clear (18)	35.	相	xiāng	mutually (45)
14.	聾	lóng	deaf (19)	36.	膚	fū	skin (46)
15.	糊	hú	muddled (20)	37.	細	xì	fine, detailed (47)
16.	論	lùn	discuss (21)	38.	嘴	zuǐ	mouth (48)
17.	鞋	xié	shoe (22)	39.	鼻	bí	nose (49)
18.	破	pò	break, broken (23)	40.	鬼	guǐ	devil, evil spirit (51)
19.	髮	fǎ	hair (24)	41.	按	àn	according to (52)
20.	梳	shū	comb (25)	42.	認	rèn	recognize (54)
21.	眉	méi	eyebrows (26)	43.	標	biāo	sign, mark (55)
22.	健	jiàn	healthy (27)				

第九課　談一家人 (p.179)

會話：白文山跟高美英離開華家以後,
　　　在路上談華家每一個人.

白：美英,我們先吃飯去,好不好?

美：你餓了嗎?

白：我不餓,我怕你餓.我早上吃得太多了,到現在
　　一點兒也沒餓哪.

美：我也不餓.

白：不吃飯我們到那兒去呢? 看電影兒時候又
　　不對.

美：我提議我們就在路上溜達溜達.

白：好.哎呀! 糟糕! 沒帶照像機來.今天天氣這
　　麼好我們應該照照像.

美：我在家走的時候也沒想起來.以後再照吧.

白：美英,華太太人很好.不知道華先生是怎麼樣
　　一個人?

美：華伯伯人好極了.脾氣才好哪,對誰都挺和氣
　　的.從來不發脾氣.他對人的態度真好.

白：有多大歲數了?

美：跟華伯母差不多大概五十歲左右中等個子
　　不高不矮的.大概有五尺八九寸那麼高.

21
白：你說的是英尺還是中國尺？　現在的尺很
22
多——有英尺,中國尺,公尺.
23
美：我說的是英尺.
24
白：那麼跟高先生差不多高了？
25
美：我父親比他矮一點兒,他比我父親胖一點兒.
26
他的耳朵有一點兒毛病,聽不大清楚.
27
白：他有一點兒聾嗎？
28
美：他有一點兒聾,可是有的時候你跟他說話他
29
想別的事情就沒注意.不要緊的事情他隨隨
30
便便馬虎虎的他對於穿衣服不怎樣講究.
31
衣服不論怎麼髒他也不知道換,必得華伯母
32
讓他換他才換.
33
白：華太太穿的很講究.
34
美：華伯伯的鞋破得不得了才買新的,頭髮老也
35
不梳眉毛很重.
36
白：你怎麼知道這麼清楚哇？
37   38
美：當然了.我父母跟華伯伯華伯母是老朋友了.
所以我們都常常見面.
39
白：他們兩個兒子是怎麼樣的人？
40
美：兩個兒子長得都很好,很健康也很聰明.
41
白：都很健康二兒子怎麼會死了呢？
42
美：就是呢,他忽然就病了.不到兩天就死了.
43
白：二兒子死了真可惜.
44
美：大兒子跟他父親一樣也是近視眼,戴眼鏡兒.
45
兩個兒子都是高個兒.

46 白： 有我這麼高嗎？

47 美： 跟你差不多，都有六尺高，他們兩個人的腳都很大，買鞋都得定做，沒有他們那麼大的尺寸。

50 白： 跟我一樣，我在中國買鞋也是得定做。

51 美： 他們都喜歡運動，胳臂很粗，腿很長，手很大，手指頭也很長，胳臂上都是毛，你說像不像外國人？

54 白： 你說的這個樣子真像外國人。

55 美： 二兒子脾氣很好，像華伯伯，很喜歡開玩笑。

56 白： "好人不長壽"

57 美： 他死了以後，華伯母難過得不得了，天天兒哭，我母親天天兒去勸他。

59 白： 現在怎麼樣？

60 美： 現在好的多了，你搬過去，要是他在家的時候兒，多找機會跟華伯母談談，免得他老想兒子。

62 白： 大兒子脾氣怎麼樣？

63 美： 大兒子脾氣有一點兒急，是個急性子。

64 白： 不知道他對別人怎麼樣？要是我將來住在他們府上相處的不好了怎麼辦？

66 美： 不會的，他就是急性子，他對朋友很好，急性子是他對甚麼事情都喜歡快點兒做，並不是對人發脾氣。

69 白： 大兒子叫甚麼名子？

70 美： 叫華學新。

71 白： 華我知道，是中華的華，學是不是學問的學？

可是新是那個新字呢?

73 美: 就是新舊的新.

74 白: 噢,我知道了.他名字的意思是學新的東西,對
不對?

76 美: 對了.

77 白: 華太太長得很年輕,你看他好像三十幾歲.

78 美: 是啊,他雖然差不多五十歲了,可是看不出來
皮膚又白又細,小嘴兒大眼睛高鼻子,很黑
的頭髮.

80 白: 你說高鼻子好看!

81 美: 當然了.高鼻子多麼好看呢!

82 白: 那不成了洋鬼子了? 你說我的鼻子好看嗎?
人家都叫我大鼻子.

84 美: 按着中國人的看法,高鼻子漂亮.

85 白: 這是中國人跟外國人的看法不一樣.我認為
鼻子太高了,不好看.

87 美: 我也沒說鼻子太高了好看.要是一尺多高的
鼻子,當然也不好看了.得高的合標準.

89 白: 美英,你猜誰的鼻子最標準?

90 美: 我不知道.

91 白: 你的鼻子最標準不高不矮.我認為你的鼻子
最漂亮.

93 美: 別瞎說了.噯呀 走到那兒來了? 我們一邊
說話,一邊兒溜達,不知不覺的走出這麼遠來
了.你說有幾里路了?

96
甸: 走出很遠了.你累了吧.我們先去吃飯去.這兒
附近有飯館兒嗎?   97

98
美: 有一個廣東飯館兒菜還不錯.

99
甸: 我們去吃廣東菜好不好?

100
美: 好哇.

生字跟新語法的句子 (p.181)

1.0 (5)　　　早上

1.1 我每天早上七點鐘起來.

2.0 (10)　　提議(說)

2.1 他在會上提議中學教育水準要提高.

2.2 我反對他的提議.

3.0 (10)　　溜達

3.1 我們溜達溜達吧.

3.2 王先生不在家.出去溜達去了.

4.0 (14)　　不知道

4.1 我想下星期請您吃飯.不知道您有工夫沒有?

4.2 我打算讓他教我念中文.不知道他的學問怎麼樣?

5.0 (16)　　脾氣　發脾氣　脾氣大

5.1 他好極了.一點兒脾氣也沒有.

5.2 王先生常常對人發脾氣.

5.3 那個人學問好.就是脾氣大.

6.0 (16) 挺 頂

6.1 他那個人挺好,對人客氣極了.

6.2 我想世界上他是頂好的一個人.

7.0 (16) 和氣

7.1 他跟誰說話都那麼和氣.

8.0 (17) 從來不 從來沒

8.1 我從來不穿紅衣服.

8.2 他從來沒看過電影兒.

9.0 (17) 態度

9.1 你對學生的態度應該改一改.

9.2 他對我的態度很壞.

10.0 (18) 歲數(兒)

10.1 王大夫多大歲數了?

10.2 你猜他的歲數有多大.

11.0 (19) 等(的) 頭等(的) 上等(的) 高等(的) 中等(的) 下等(的)

11.1 二等火車票多少錢?

11.2 這條船一共有幾等?…有三等—頭等,二等,三等.

11.3 我們不住上等的旅館,我們住中等的因為上等 的太貴了.

11.4 我們這兒的票只有高等跟中等的,沒有三等的.

12.0 (20) 矮

12.1 他長得很漂亮,就是太矮了.

13.0 (22) 尺 中國尺 英尺 公尺

13.1 一公尺有三英尺多.

13.2 英尺比中國尺小.

14.0 (20) 　　寸

14.1 中國尺一尺是十寸.

14.2 一公尺是一百公分.

15.0 (20) 　　A 有 B 那麼 SV

15.1 王先生有六尺二寸那麼高.

16.0 (25) 　　耳朵

16.1 中國人說大耳朵好.

17.0 (26) 　　毛病　　出毛病

17.1 我的眼睛有毛病.看多了書就不舒服.

17.2 我的車出毛病了.怎麼開也不走了.

18.0 (26) 　　清楚　看清楚　看得清楚　看不清楚
　　　　　　看得很清楚　看不大清楚　清清楚楚

18.1 我的話你聽清楚了嗎?

18.2 你坐在那兒看得清楚嗎?

18.3 你寫的字我看不清楚.

18.4 你坐在這兒就可以聽得很清楚.

18.5 先生你寫的字我看不大清楚.

18.6 他把單子開得清清楚楚的.

19.0 (27) 　　聾　聾子

19.1 請你再說一遍.我有點兒聾.

19.2 他是個聾子你跟他說話他聽不見.

20.0 (30) 　　馬虎　馬馬虎虎

20.1 那個人作事很馬虎.

20.2 他那個人老是那麼馬馬虎虎的.

21.0 (30)　　不論　無論

21.1 不論跟誰他都那麼和氣.

21.2 無論那天都可以.

22.0 (34)　　鞋

22.1 我的鞋穿着不合適.

23.0 (34)　　破　打破　穿破

23.1 我的帽子破了. 得買新的.

23.2 我衣服都穿破了.

23.3 誰把這個玻璃杯打破了？

24.0 (34)　　頭髮

24.1 有很多外國人頭髮是黃的.

25.0 (35)　　梳　梳子

25.1 你把頭髮梳一梳.

25.2 這把梳子是朋友送我的.

26.0 (35)　　眉毛

26.1 有的中國人想眉毛重聰明.

27.0 (40)　　健康

27.1 我母親雖然很老了可是很健康.

28.0 (44)　　視　近視(眼)　遠視(眼)

28.1 我的眼睛有點兒近視.

28.2 遠視眼能看遠不能看近.

29.0 (44)　　眼鏡兒

29.1 遠視眼近視眼都得戴眼鏡.

30.0 (47)　　腳

30.1 我的腳穿這種鞋不舒服.

31.0 (48)　　定　　定票　　定報(紙)　定一個時候
　　　　　　　定個日子　　定做

31.1 今天看電影兒得先定票,要不然買不着票.

31.2 我想定一個月中文報紙.

31.3 我們甚麼時候去看他先打電話跟他定個時候.

31.4 甚麼時候去旅行?現在先定個日子.

31.5 我想定做一套衣服.你說那個鋪子做的好?

32.0 (49)　　尺寸

32.1 你的鞋多大尺寸?…我穿十號半.

33.0 (51)　　胳臂　　胳膊

33.1 我們比一比我們兩個人誰的胳臂長.

34.0 (51)　　粗

34.1 他們現在用的紙都是很粗的.

35.0 (51)　　腿

35.1 他的左腿有一點兒毛病,所以走路不方便.

35.2 他一條腿長一條腿短.

36.0 (51)　　手

36.1 你猜我這隻左手裏頭有甚麼?

37.0 (52)　　指頭　　手指頭　　腳指頭

37.1 他的手指頭又粗又短.

37.2 你的那個腳指頭怎麼壞的?

38.0 (52)　　毛(兒)

38.1 你那條狗的毛兒真漂亮.

39.0 (55)　　玩笑　　開玩笑　　A 跟 B 開玩笑

39.1 我弟弟老跟我開玩笑.

40.0 (56)　　壽　萬壽

40.1 祝您萬壽.

40.2 明天王教授做壽.

41.0 (57)　　哭　哭起來

41.1 別哭了.哭也沒用.

41.2 那個孩子不知道為甚麼他忽然哭起來了.

42.0 (58)　　勸

42.1 他哭了半天了.怎麼勸也勸不好.

42.2 你勸他以後多用功念書.

43.0 (63)　　急

43.1 他的脾氣很急.

43.2 慢慢兒的做麼,你急甚麼?

43.3 他不喜歡人家跟他開玩笑.一跟他開玩笑他就急了.

44.0 (63)　　性兒　性子　急性子　慢性子

44.1 他性兒很急.

44.2 他不論甚麼事都想快做完.他性子急.

44.3 哥哥跟弟弟脾氣不一樣.哥哥是急性子.弟弟是慢性子.

45.0 (65)　(相)處　(相)處不來　(相)處得來

45.1 我跟他相處得很好.

45.2 我們兩個人處得不錯.

45.3 他脾氣很特別.我跟他處不來.

45.4 我們兩個人彼此相處不來.

46.0 (78)　　皮(膚)　打皮

46.1 我的皮包很貴因為是皮做的.

46.2 我夏天喜歡游泳所以皮膚很黑.

46.3 在這兒吃水果兒最好是打皮.

47.0 (79)　細

47.1 這本書的紙很細.

47.2 我沒聽明白你再細說一次.

47.3 那個字你念錯了,你再細細的看一看.

48.0 (79)　嘴　嘴兒

48.1 那個孩子嘴裏有甚麼?

48.2 他女兒小嘴兒大眼睛真好看.

49.0 (79)　鼻子

49.1 他的鼻子怎麼了?...碰壞了.

50.0 (89)　洋　大西洋　北冰洋　南冰洋　洋車
　　　　　洋火　西洋

50.1 你坐過洋車沒有?

50.2 西洋人很喜歡旅行.

50.3 美國的東邊兒是大西洋.

50.4 現在噴射機可以一直的從英國經過北冰洋到
中國.

51.0 (82)　鬼　鬼子　洋鬼子

51.1 你信有鬼嗎?

51.2 中國人叫外人是洋鬼子.

52.0 (84)　按　按着　按照

52.1 按你這麼一說他們兩個人相處得很不好哇.

52.2 按着你的意思這件事情你看應該怎麼辦?

52.3 那件事情我完全按照他的意思去做的.

52.4 我做事,他們是按鐘點給我錢.

53.0 (84)　　看法

53.1 你的看法跟他的看法差不多.

53.2 我的看法他的病好不了.

54.0 (86)　　認為

54.1 我認為我這輩子也學不會漢字了.

55.0 (88)　　標準　標準語　標準音　　A 拿 B 作標準

55.1 王工程師蓋的房子不合標準.

55.2 北京話是中國話的標準語.

55.3 他說的話倒是標準音.

55.4 王先生用甚麼作標準蓋那所兒房子?

56.0 (94)　　不知不覺的

56.1 時候過得真快.不知不覺的又是夏天了.

56.2 王先生很能做事,你不知不覺的他把事情就都
　　做好了.

温習句子 (p.188)

1. 你腳上穿的皮鞋是不是美國貨?

2. 我想請你吃中國飯.不知道你喜歡吃不喜歡吃?

3. 這條路只有半里長.

4. 我不好意思跟他開玩笑.

5. 我得預備功課了因為快要考試了.

6. 反正你也沒事,我們去溜達溜達吧.

7. 他說他跟你定一個時候,到底定了沒有?

8. 我定的鞋尺寸不對了,我得去換.

9. 我反對你這個提議.

10. 他那種辦法我認為不對.

11. 我的眼睛有點兒近視,需要戴眼鏡兒了.

12. 他們做的都很合標準,因為他們是專門家.

13. 我為了念博士所以到中國來.

14. 我買鞋沒有我這麼大的,非得定做不可.

15. 昨天寄給我弟弟一本頂好的故事書.

16. 他把我一切的事情都給我辦得很清楚.

17. 我得坐前邊兒,免得我聽不清楚.

18. 昨天我已經跟他通過電話了.

19. 我已經跟王先生約好了下午我們一塊兒去定做衣服.

20. 一公尺是多少公分你還記得吧?

單獨談話 (p.189)

我跟美英離開華家正是吃飯的時候,可是我們都不餓,美英提議說在路上溜達一會兒,今天天氣好得很,可惜沒帶照像機來給美英照照像啊.

我們兩個人溜達着就談起華先生這一家人來了,美英告訴我他們每一個人的脾氣跟長的樣子.

美英說華先生脾氣很好,從來不發脾氣,無論對誰
都是挺和氣的.我問美英華先生有多大年紀,他說
有五十左右.中等個子——不高不矮,跟高先生差不
多,比高先生胖.

美英說華先生對於穿衣服甚麼的一點兒也不
講究.衣服髒得不得了也不換,皮鞋破了也不買,頭
髮老也不梳.

我又問美英關於他們兩個兒子的一切.美英告
訴我兩個人個子都很高,差不多有六尺高.美英說
兩個兒子都很健康.我就想了他們都很健康怎麼
二兒子會死了哪.

美英說兩個兒子的手腳都很大.還說他們都喜
歡運動,所以胳臂很粗,手很大腳也很長買鞋都得定
做,沒有他們那麼大的尺寸.

美英又說他們兩個人的脾氣.他說大兒子是個
急性子可是他對人很好.二兒子的脾氣好像華先
生,從來也不發脾氣.美英說他死了華太太非常難
過.美英希望我搬過去以後常找機會跟華太太談談.

華太太雖然五十左右了,看起來好像三十幾歲
的樣子.美英說華太太的皮膚又白又細,高鼻子大
眼睛.美英一提到高鼻子我就跟美英說笑話兒了.
我說高鼻子有甚麼好看,像洋鬼子一樣.有的朋友
開玩笑叫我是大鼻子.美英說太高了也不好看,要
合標準.說高鼻子好看這是中國人的看法,跟外國
人不一樣.美英常說他的鼻子太矮,可是我認為美

英的鼻子最標準,不高不矮的,很好看[34]的,美英很有
意思.我一說他漂亮就說我瞎說[35].
　　我們[36]兩個人一邊兒溜達着一邊兒說話,不知不
覺的[37]走出很遠了.我想美英大概很累了.我們就在
附近[38]的一個廣東飯館兒去吃飯休息了一會兒.

問題 (p.191)

1. 白文山說請美英去吃飯,為甚麼他們先沒去呢?
2. 美英提議不吃飯到那兒去?
3. 白文山說今天天氣這麼好應該做甚麼?
4. 他們為甚麼沒照像呢?
5. 美英跟文山說華先生的脾氣怎麼樣?
6. 他說華先生有多大歲數? 有多高?
7. 你知道一公尺是多少公分嗎? 中國尺大還是
   英國尺大?
8. 華先生對於穿衣服講究嗎?
9. 華家兩個兒子的脾氣都一樣嗎? 請你說說他
   們兩個人的樣子.
10. 他們買鞋買得着買不着? 為甚麼買不着?
11. 他們兩個兒子都喜歡作甚麼?
12. 請你說說大兒子的名字是甚麼意思?
13. 二兒子死了以後華太太怎麼樣?
14. 華太太怎麼漂亮請你說一說.

15. 華太太有多大歲數了？看起來像多大年紀？

16. 文山跟美英走得遠不遠？

17. 美英為甚麼讓文山搬過去要常跟華太太談談？

18. 美英在路上溜達了半天他累了沒有？

19. 文山說人家都叫他是甚麼？

20. 你知道中國人叫外國人是甚麼？

21. 要是你跟你女朋友一塊兒出去到了吃飯的時候你怎麼辦？

22. 要是你女朋友說先不吃飯溜達那麼一會兒你還請不請他了？

23. 要是你想給你女朋友照像可是你忘了帶照像機了你跟他說甚麼？

24. 你要告訴你朋友說另外一個朋友的脾氣很好你怎麼說？

25. 要是有人告訴你一個人死了你說甚麼？

26. 要是你認識的一個太太人家問你長的甚麼樣子你怎麼告訴他？

27. 要是別人問你你的朋友的脾氣怎麼樣你怎麼回答？

28. 要是你的腳太大了買不着鞋你應該怎麼辦？

29. 要是你是近視眼怎麼辦？

30. 要是別人很難過你應該作甚麼？

1	2	3	4	5	6
刀	叉	週	末	炸	苦

7	8	9	10	11	12
瓜	辣	椒	碟	排	骨

13	14	15	16	17	18
鹽	胡	嘗	各	俗	鹹

19	20	21	22	23	24
川	藝	料	量	憑	傅

25	26	27	28	29	30
及	稍	微	討	厭	米

31	32	33	34		
蓮	羹	橘	聊		

1.	刀	dāo	knife (2)	18.	鹹	xián	salty (25)
2.	叉	chā	fork (3)	19.	川	chuān	river (27)
3.	週	zhōu	a cycle (5)	20.	藝	yì	skill, art (31)
4.	末	mò	end (5)	21.	料	liào	materials (32)
5.	炸	zhá	fry (7)	22.	量	liáng	to measure (33)
6.	苦	kǔ	bitter (9)	23.	憑	píng	proof, support (35)
7.	瓜	guā	melon (10)	24.	傅	fù	tutor (36)
8.	辣	là	hot, pungent (11)	25.	及	jí	reach, attain (39)
9.	椒	jiāo	pepper (11)	26.	稍	shāo	a little (41)
10.	碟	dié	plate, dish (14)	27.	微	wēi	tiny (41)
11.	排	pái	line up (15)	28.	討	tǎo	ask for (45)
12.	骨	gǔ	bone (15)	29.	厭	yàn	disgusted (45)
13.	鹽	yān	salt (17)	30.	米	mǐ	rice (grain) (48)
14.	胡	hú	barbarian (18)	31.	蓮	lián	lotus (49)
15.	嘗	cháng	taste (20)	32.	羹	gēng	thick soup (50)
16.	各	gè	each, every (22)	33.	橘	jú	orange (51)
17.	俗	sú	vulgar (24)	34.	聊	liáo	chat (53)

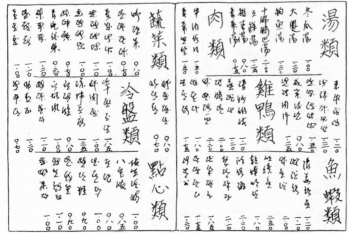

第十課　吃飯館兒 (p.203)

會話：白文山跟高美英在一個廣東飯
　　　館兒吃中飯.

3 伙：兩位來了!

4 白：有座兒嗎?.

5 伙：您幾位?

6 白：就兩個人.

7 伙：有.您請,您請.

8 白：我們就在這兒坐吧?

9 美：很好.

10 伙：您看菜單兒.我給您沏茶去.

11 白：好....

12 伙：您要刀叉嗎?

13 白：謝謝你,我用筷子.你們這兒的生意很好哇.

14 伙：可不是嗎! 一到週末就這麼忙得不得了.

15 白：美英請你點菜廣東菜我不大懂,我不會點. 16

17 美：你看着菜單兒隨便點一個.

18 白：勞駕.完全你點得了.

19 美：我們要一個炸大蝦,一個炒青菜.要甚麼炒青 20
菜呢? 你吃苦瓜不吃?

21 白：我不大喜歡吃.你呢?

22
美： 我也不怎麼喜歡,太苦了.那麼我們要一個牛
23
肉炒辣椒湯呢,來一個火腿冬瓜湯.吃飯.
24
白： 伙計,給我們來這兩個菜,再來一點兒開水.
25
伙： 是,先生.
26
美： 我們先吃一點兒點心.伙計,先來一碟兒排骨
27
一碟兒千層糕,再把鹽跟胡椒面兒拿來.
28
伙： 是,小姐.
29
白： 怎麼,先吃點心?
30
美： 廣東飯館兒隨時都有點心.你嘗嘗這個排骨
31
很好吃.
32
白： 排骨很好吃啊.
33
美： 廣東吃的有名.你知道嗎?"吃在廣州".
34
白： 中國飯各有各的好.
35
美： 也可以這麼說.
36
白： 中國人東南西北的口味都不一樣.
37
美： 俗語說:"南甜,北鹹,東辣,西酸".
38
白： 意思就是說南方人喜歡吃甜的,北方人喜歡
39
吃鹹的,東邊兒人喜歡吃辣的,西邊兒人喜歡
40
吃酸的,是不是?
41
美： 其實也不一定.像湖南四川並不是中國的東
42
部.人都喜歡吃辣的.都吃辣椒吃得很厲害.
43
白： 我也是喜歡吃辣的.
44
美： 你是湖南人是四川人?
45
白： 你不知道嗎?我父親母親,一位是湖南人,一
46
位是四川人.

美: 怪不得你愛吃辣的呢！

白: 美英,你認為那兒的菜好吃?

美: 不是好吃不好吃的問題,是各人口味的問題.

白: 中國人對於吃可真講究.

美: 做中國菜可以說是一種藝術.

白: 真是一種藝術.那兒的菜也比不了.

美: 還有.做中國菜不像西菜作料都一定的分量
都得量出來.中國菜全憑經驗.大師傅做菜用
作料沒有量分量的.

白: 可是很準.

美: 做中國菜最要緊的是時候的長短.要是廚子
做菜都得量分量那兒來得及呀?

白: 怎麼來不及呢?

美: 比如說炒菜要火大炒得快.有的東西稍微多
炒一下兒就不好吃了.

白: 做中國飯可真不容易.

美: 其實也不見得難.

白: 這麼一說你現在很會做飯了?

美: 也沒有.不過常看母親做稍微知道一點兒就
是了.

白: 你對做飯有興趣嗎?

美: 我倒是不討厭做飯.

白: 中國人吃飯的習慣是不是都一樣?

美: 先吃飯後喝湯都是一樣的.不一樣的是北方
人喜歡吃麵.他們拿餃子麵當飯吃.南方人拿

餃子麵做點心,正式吃飯是吃米飯.

73
白: 今天的菜不錯,我們來點兒甚麼甜點心呢?

74
美: 問伙計都有甚麼.

75
白: 伙計,你們都有甚麼甜點心?

76
伙: 有蓮子羹橘子羹.

77
白: 來兩個橘子羹.美英,橘子羹可以吧?

78
美: 可以.

79
白: 飯吃完了我們到那兒去玩兒玩兒去?

80
美: 己經三點了.我們回去吧.你明天早晨就搬走⁸¹
了.回去跟父親聊聊天兒.晚上不是還有客人⁸²
嗎?

83
白: 早一點兒回去也好.我們改天再玩兒去.

生字跟新語法的句子 (p. 205)

1.0 (4)　座兒　定座兒

1.1 今天晚上去吃飯我們得先定個座兒.

2.0 (12)　刀　刀兒　刀子

2.1 這把刀不乾淨.

2.2 吃水果兒用小刀兒打皮.

2.3 中國人做飯用刀子.吃飯不用刀子.

3.0 (12)　叉(子)　刀叉

3.1 中國人吃點心有的時候用叉子.

3.2 用刀叉容易還是用筷子容易?

4.0 (13)　　生意

4.1 請問,你是做甚麼生意的?

5.0 (14)　　週末　本週末　上,下(一個)週末

5.1 本週末我們去旅行.

5.2 上一個週末我們家請客.

5.3 下兩個週末我可能都不在家.

6.0 (15)　　點　點名　點菜　點到 A 的名字

6.1 別說話,老師點名了.

6.2 張先生,請您點菜.

6.3 先生點到你的名字了.你沒聽見嗎?

7.0 (19)　　炸

7.1 油多是炸的,油少是煎的.

8.0 (19)　　青菜

8.1 多吃青菜對人很有好處.

9.0 (20)　　苦　苦工　做苦工　吃苦　苦味兒

9.1 怎麼這個菜是苦味兒的?

9.2 他做的是苦工,一天做到晚.

9.3 他很能吃苦.

10.0 (20)　　瓜　冬瓜　西瓜　黃瓜

10.1 我很喜歡喝冬瓜湯.

10.2 西瓜是夏天的水果.

10.3 豬肉炒黃瓜是非常好吃的菜.

11.0 (23)　　辣椒

11.1 辣椒炒雞非常好吃.

12.0 (23)　　火腿

12.1 中國火腿跟美國火腿味兒不一樣．

13.0 (24) 開水　燒開水　水開了

13.1 我們要喝茶．…好,我去燒開水去．

13.2 水開了沒有?…還沒有哪．

14.0 (26) 碟兒　碟子

14.1 我要一碟兒甜點心．

14.2 昨天我朋友送我兩個碟子.很漂亮．

15.0 (26) 排骨

15.1 炸排骨紅燒排骨都是菜,不是點心．

16.0 (27) 糕　千層糕　雞蛋糕

16.1 你吃過千層糕嗎?

16.2 雞蛋糕有兩種.一種是點心,一種是菜．

17.0 (27) 鹽

17.1 做雞湯不放醬油,就放鹽．

18.0 (27) 胡椒面　胡椒面兒

18.1 你再放一點兒胡椒面兒就好吃的多了．

19.0 (30) 隨時

19.1 這兒的公共汽車很方便.隨時都有．

20.0 (30) 嘗

20.1 請你嘗嘗這個菜的味兒怎麼樣?

20.2 我嘗不出來那個菜的味兒好不好．

21.0 (33) 廣州

21.1 廣州飯館兒有很多特別的點心．

22.0 (34) 各　各種各樣兒(的)　各式各樣兒(的)
　　　　各人　各各(兒)

22.1 各人的興趣不一樣.

22.2 各套衣服的樣子都不一樣.

22.3 那個大公司裏頭賣各式各樣兒的女人衣服.

22.4 王小姐喜歡戴首飾,他各種各樣兒的首飾都有.

22.5 他們幾個人各各的看法不一樣.

23.0 (34)　　各 V 各的　各有各的 N

23.1 今天我們誰也別請客,各吃各的.

23.2 他們兩個人各有各的長處.

24.0 (37)　　俗語

24.1 各國都有各國的俗語.

25.0 (37)　　鹹

25.1 菜不要做的太鹹了.

26.0 (37)　　辣

26.1 我最喜歡吃辣的.

27.0 (41)　　四川

27.1 我在四川住過八年.

28.0 (42)　　部　東部　西部　南部　北部　中部

28.1 中國中部的天氣沒有北部那麼冷.

29.0 (42)　　利害

29.1 這兒的東西貴得利害.

30.0 (47)　　怪　不怪　怪不得　難怪

30.1 他車壞了.不怪他來晚了.

30.2 噢,王先生病了.怪不得昨天他沒來哪.

30.3 他考得不好....難怪他他病了.

31.0 (51)　　藝術　藝術家

31.1 他是一位很有名的大藝術家.

32.0(53)　作料(兒)

32.1 這個菜都放甚麼作料兒?

33.0(54)　分量

33.1 這個分量夠不夠?

34.0(54)　量

34.1 你量一量這張桌子有多長?

35.0(54)　憑

35.1 他書念得那麼好並不是他聰明是憑他用功.

36.0(55)　大師傅

36.1 我家的大師傅就會做廣東菜.

37.0(57)　長短　寬窄　快慢　大小　高矮　冷熱
　　　　遠近　輕重　胖瘦

37.1 你量量這張書桌的長短.

37.2 這個桌子的寬窄不夠.

37.3 他們兩個人做事的快慢差不多.

37.4 我們兩個人腳的大小都一樣.

37.5 那個小姐很漂亮,就是高矮不合標準.

37.6 你覺得這個屋子的冷熱怎麼樣?

37.7 我找房子最要緊的是注意他的遠近.

37.8 請你把這兩個錄音機的輕重比一比.

37.9 他的胖瘦正合標準.

38.0(58)　廚子

38.1 你們家廚子菜做的真不錯.

39.0(58)　來得及　來不及

39.1 你三點鐘到車站一定來得及.

39.2 那個飯館兒的生意真好.三個大師傅炒菜都來不及.

40.0 (60)　　火　　點火

40.1 煎雞蛋不要太大的火.

40.2 別讓小孩子點火.

41.0 (60)　　稍微

41.1 他很聰明.就是不用功.要是稍微用功一定考得
很好.

42.0 (61)　　下(兒)　一下兒

42.1 我打了十幾下兒門也沒人開.

42.2 你跟他說一下兒我走了.

42.3 不要給我沏茶.我坐一下兒就走.

43.0 (63)　　不見得

43.1 今天要下雨……不見得吧.

44.0 (65)　　不過

44.1 他的個子不過五尺四寸.

44.2 你中國話說得很好哇……不好,不過我常說就
是了.

44.3 看他的樣子他不過有二十幾歲

45.0 (68)　　討厭

45.1 我最討厭那個孩子了.他老哭.

45.2 他說話我很討厭.

45.3 他說的話很討厭.一點兒意思都沒有.

46.0 (71)　　當　　A 拿(把) B 當(做) C

46.1 他對我太好.他把我當他的弟弟一樣.

46.2 我拿鹽當糖了.

46.3 我把他當做他弟弟了.

47.0 (72)　正式

47.1 我們學校三號才正式上課哪.

48.0 (72)　米

48.1 中國人南方人吃米,北方人吃麵.

49.0 (76)　蓮子

49.1 在美國蓮子很少吃得着.

50.0 (76)　羹

50.1 蓮子羹是糖跟蓮子做的.

51.0 (76)　橘子水

51.1 我每天早上喝一杯橘子水.

52.0 (81)　天兒　談天兒

52.1 天兒很好,我們出去玩兒玩兒.

52.2 沒事,我們談天兒哪.

53.0 (81)　聊　聊天兒

53.1 你有工夫嗎? 我們兩個人聊聊.

53.2 你們兩個人怎麼老聊天兒不念書哇?

54.0 (83)　改時候　改(一個)時候　改日子　改(一天)

54.1 今天晚上那個會改了時候了,改八點鐘開了.

54.2 五點鐘我有事,改一個時候到您那兒去好不好?

54.3 我們定的是今天去旅行,因為天氣不好改日子了.

54.4 這個改天再說,我們先做別的.

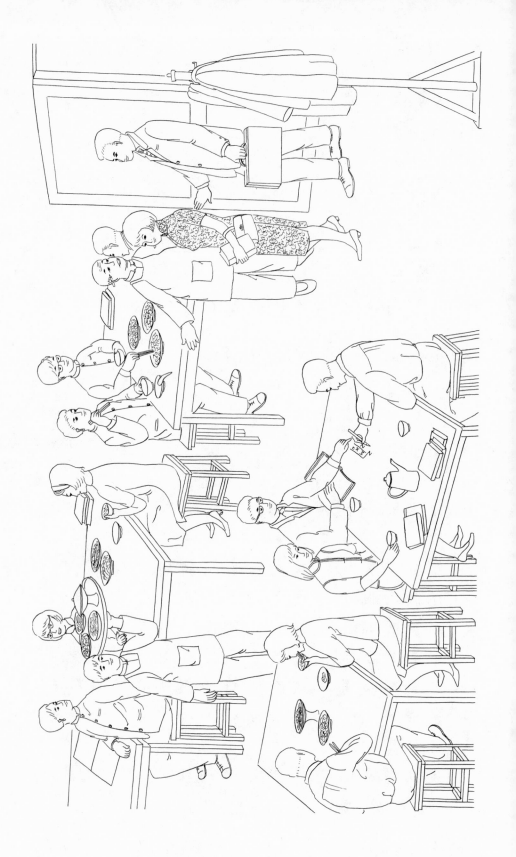

温習句子 (p. 211)

1. 這個週末我們學校開運動會.
2. 因為名單兒上沒有我的名字,所以老師沒點我的名.
3. 他很能吃苦.雖然沒錢他還是很高興.
4. 給我來一碟兒辣椒炒豬肉.
5. 美國電影兒院買了票隨時都可以進去看.
6. 你嘗嘗這個獅子頭是不是太鹹了?
7. 我們各人走各人的誰也別等誰.
8. 中國東北部的天氣冷得不得了.
9. 現在中國的人口多得利害.
10. 噢,他去溜冰去了.怪不得他沒來哪!
11. 來,我們量一量這間屋子有多少尺長多少尺寬.
12. 我這次搬家全憑王先生幫忙了.
13. 飛機要起飛了.你馬上走還來得及.
14. 請你稍微等一會兒他就來.
15. 王先生來了,他坐一下兒就走了.
16. 從三友書店到我家不過三里路.
17. 你們都討厭他,我看他還不錯.
18. 昨天我拿錯了書.我拿歷史書當英文書了.
19. 他今天晚上為我請客,意思是大家在一塊兒聊聊天兒
20. 明天我們學校正式開會.

單獨談話 (p. 212)

我跟美英走得很累了,這個時候也覺得有點兒餓了.我們兩個人就在附近的一個廣東飯館兒去吃飯,這個飯館兒生意好極了.吃飯的客人多得不得了,因為大學快上課了,並且今天又是週末,各地方的學生都來了.

伙計把菜單兒拿過來以後我一看上邊兒都是特別的菜名子.我就請美英點菜,美英點兩個菜一個湯.他點的是牛肉炒辣椒,炸大蝦,火腿冬瓜湯.他點完了以後就叫伙計先拿點心來吃,廣東飯館兒隨時都有點心.我們吃飯以前吃的是排骨跟千層糕,吃飯以後又吃了一個甜點心橘子羹.

伙計看我是個外國人問我要刀叉不要.其實我開始吃中國飯的時候先學用筷子.要是吃中國飯用刀叉不但不好吃而且不好看.如果吃外國飯用筷子吃你說好看不好看?

吃着飯的時候美英就跟我談起來中國人吃飯的習慣跟各地方人的口味不一樣甚麼的.美英說廣東吃的講究.他說俗語說:"吃在廣州".

我還是喜歡吃北方菜.我吃廣東菜老覺得他們放得作料兒不夠.有人說做廣東菜注意菜原來的味兒,北方菜吃的都是作料兒的味兒.那兒的菜好吃是各人口味的關係.

我很喜歡吃辣的.美英跟我開玩笑說你是那兒

的人這麼愛吃辣的? 我跟他說我父母是湖南人
25   26
跟四川人.我很喜歡吃麵飯像饅頭,餃子,麵甚麼的
27   28
中國人吃飯後喝湯美國人吃飯先喝湯這是中
國人跟外國人吃飯的習慣上不一樣.中國飯好吃
29
是好吃,可是做起來費的時候太多了.
美英這三年裏頭對於做飯他懂得很多了.
30
我很希望跟美英在一塊兒多談談所以我想跟
31
美英到那兒去玩兒玩兒去.可是美英說時候已經
32
不早了,讓我回去跟高先生多談談.我想也對並且
33   34
今天晚上高先生還為我請了幾位客人,所以我們
35
就從飯館兒回家了.

問題 (p. 214)

1. 白文山跟高美英他們兩個人在那兒吃的飯?
2. 白文山覺得這個飯館兒的菜單兒怎麼樣?
3. 吃廣東飯館兒跟北方飯館兒有甚麼不一樣?
4. 全中國人的口味都一樣嗎? 請你說一說中國
   東西南北各地方的人他們都喜歡吃甚麼味兒?
5. 關於吃,中國有句俗話怎麼說?

6. 美英跟文山他們兩個人吃的甚麼點心？

7. 這個飯館兒的伙計説他們甚麼時候最忙？

8. 美英對做飯有興趣嗎？

9. 南方人北方人吃飯不一樣的是甚麼？

10. 南方人拿甚麼當飯吃？

11. 做中國飯作料兒有一定的分量嗎？

12. 中國大師傅做菜他們沒有一定的分量他們怎麼知道放多少作料兒呢？

13. 美英點的甚麼菜？

14. 白先生問美英那兒的菜好吃美英怎麼回答他？

15. 美英對做中國飯他怎麼懂那麼多？

16. 你喜歡吃中國菜嗎？你喜歡吃那兒的菜？

17. 文山跟美英吃完了飯以後要甜點心伙計説他們這兒都有甚麼甜點心．

18. 他們兩個人吃的甚麼甜點心？

19. 美英跟文山吃完了飯又到別的地方去了沒有？他們為甚麼不到別的地方去了？

20. 美英説回家去做甚麼？

21. 要是你去吃飯館兒他們很忙你説甚麼？

22. 要是伙計看你是個外國人他問你要不要刀叉你怎麼回答他？

23. 中國東西南北吃的口味不一樣他們有一個俗語你會説嗎？

24. 要是你朋友他很懂做飯的法子你應當跟他説甚麼？

25. 吃完了飯跟伙計要甜點心你怎麼要？
26. 要是你吃飯館兒去，茶都喝完了你還想喝，你跟伙計說甚麼？
27. 要是你跟朋友一塊兒去吃飯吃完了以後他說到別的地方去可是你不想去了你怎麼說？
28. 你喜歡吃辣椒嗎？辣椒是青菜還是水果兒呢？
29. 你知道甚麼是作料嗎？
30. 中國人跟外國人吃飯的習慣有甚麼不一樣？

1	2	3	4	5	6
滿	靜	涼	願	衝	鄉

7	8	9	10	11	12
戚	庭	制	組	織	待

13	14	15	16	17	18
孫	兄	妥	姑	娘	喲

19	20	21	22	23	24
績	任	燈	初	樂	唱

25	26	27	28	29	30
歌	福	養	辛	藥	花

31					
入					

1.	滿	mǎn	full (1)	17.	娘	niáng	young lady (27)
2.	靜	jìng	quiet (3)	18.	喲	yōu	Gosh! (30)
3.	涼	liáng	cool, chilly (4)	19.	績	jī	work done (33)
4.	願	yuàn	willing (5)	20.	任	rèn	duty (34)
5.	衝	chòng	face toward (10)	21.	燈	dēng	light, lamp (36)
6.	鄉	xiāng	the country (11)	22.	初	chū	beginning (40)
7.	戚	qī	relatives (12)	23.	樂	yuè	music (42)
8.	庭	tíng	courtyard (13)	24.	唱	chàng	sing (43)
9.	制	zhì	system (14)	25.	歌	gē	song (44)
10.	組	zǔ	organize (15)	26.	福	fú	good fortune (47)
11.	織	zhī	weave (15)	27.	養	yǎng	raise (48)
12.	待	dài	treat (people) (17)	28.	辛	xīn	fatigued (49)
13.	孫	sūn	grandchild (18)	29.	藥	yào	medicine (53)
14.	兄	xiōng	elder brother (20)	30.	花	huā	flower; spend (54)
15.	妥	tuǒ	secure, sound (23)	31.	入	rù	enter (57)
16.	姑	gū	girl, miss (27)				

185

第十一課 談家事 (p.225)

會話: 白先生回到高家以後跟高先生
高太太閒談.

3
高: 文山回來了.
4
白: 高先生,回來了.
5
高: 怎麼樣,房子滿意吧?
6
白: 房子很好,地點很安靜,而且那間屋子夏天一[7]
定很涼快,華太太人也好,他很願意我去住.[8]
9
高: 手續都辦好了嗎?
10
白: 沒甚麼手續,我把房租已經交給華太太了,我[11]
跟華太太說好了明天就搬過去.
12
高: 忙甚麼? 在這兒多住幾天麼.
13
白: 謝謝您.早點兒搬過去準備準備關於學校的
14
功課一切問題.
15
高: 離上學還早着哪.
16
白: 也不早了.我想還是早點兒搬,老在府上麻煩
17
高太太,心裏頭也是不安.
18
高: 那倒沒甚麼,我內人他是很歡迎你在這兒住
19
的.相信你住在華家你們能相處得很好你住
在那兒我們也放心.[20]
21
白: 華太太對我客氣也是衝您兩位的面子.

高: 也不是.他人是那麼好.華先生跟我是同鄉.我
們從小在一塊兒長大的.我們還有點兒親戚
的關係哪.

白: 華先生也是杭州人呢?

高: 是的.華家是個大家庭,幾輩人都住在一塊兒.

白: 我知道中國以前是大家庭制度.現在呢?

高: 現在差不多都組織小家庭了.我小的時候華
先生的祖父祖母都很喜歡我,待我跟他的孫
子孫女兒一樣.

白: 您說的是很多年以前的事情了.

高: 可不是麼,幾十年了.日子過得真快.我們這一
輩都成了老頭兒了!

白: 華太太是那兒的人呢?

高: 他也是杭州人.華先生有一個哥哥兩個姐姐.
他們弟兄姐妹都很有本事.

太: 文山回來了.房子說妥了嗎?

白: 講妥了.很運氣.房子很好.

太: 吃點兒點心吧.

白: 謝謝您.我們才吃完飯.

太: 那麼我給你們泡點兒茶來.

白: 高太太今天晚上都是誰來呀?

太: 都是你認識的幾個朋友——錢先生夫妻.毛先
生夫妻,還有毛家的三個小孩子.

白: 我記得他們原來有兩個孩子.

太: 去年又生了一個男孩子噢.還有錢家的親戚

王大姑娘,他才從鄉下來.

白: 今天晚上人很多又夠您忙的了.

太: 沒甚麼美英啊,現在很能幫我的忙了.噯喲,時候不早了,你跟高先生喝茶聊聊,我跟美英到廚房去預備飯.

白: 真是麻煩您.

高: 文山,你弟弟妹妹都很大了吧?

白: 可不是麼.弟弟個子跟我一樣高了,比我胖一點兒.

高: 念大學了沒有?

白: 今年高中畢業了,可是還沒決定呢.提起我這個弟弟來,我們兩個人的脾氣完全相反.他對念書哇,一點兒興趣也沒有,成績很不好.

高: 那將來怎麼辦呢?

白: 可是他另外有一種本事.家裏頭任何東西壞了──比如說電視,電燈,冰箱,或者傢具甚麼的壞了──他都能修理.

高: 他既然對這方面有興趣讓他學專科麼.

白: 他可能上專科學校.

高: 妹妹念中學了嗎?

白: 妹妹初中今年畢業了,這學期念高中一了.妹妹喜歡音樂唱歌兒.

高: 女孩子學音樂不錯.

白: 妹妹有音樂天才.將來也許學音樂.

高: 你父母很有福氣.

71
句： 提起父母，教養我們也很辛苦，尤其是母親，不
72
但要管家而且還教書。
73
高： 你父親也是教員，是不是？
74 75
句： 父母原來都是教員，母親生了我們弟兄姐妹
76
以後，就不做教員了。可是有一年我父親病得
很利害，病了很久，請了好幾個醫生，吃了很多 77
藥，所以醫藥費花了很多，我們的生活很苦沒 78
法子，母親又去教書，增加一點兒收入。
79
高： 這麼一說你母親是很辛苦。

生字跟新語法的句子(p.227)

1.0 (5)　　滿意
1.1 我做的事情他很滿意。
1.2 我對那個房子很滿意，對那些傢具不滿意。

2.0 (6)　　地點
2.1 這個地點不錯，買東西上學校都方便。
2.2 府上的地點真好，公共汽車電車都從那兒經過。

3.0 (6)　　安靜
3.1 己經上課了，請你們安靜一點兒。
3.2 這兒很安靜，都是住宅。

4.0 (7)　　涼　涼快
4.1 他喜歡用涼水洗澡。
4.2 這兒的天氣夏天很涼快。

5.0 (7)　　願意

5.1 我不願意單獨一個人去吃飯館兒.

5.2 你父母願意讓你到中國去念書嗎?

6.0 (13)　　準備

6.1 快要考試了.主要的功課我都得準備.

6.2 開會的一切都準備好了.

6.3 我準備離開這兒.

7.0 (15)　　離 A ＋ Time expression

7.1 離上課還有多少時候?

7.2 我們快一點兒走離起飛就有十分鐘了.

7.3 離冬天還早着哪.你幹麼就買冬天的衣服了?

7.4 你現在就餓了! 離吃飯還早着呢.

8.0 (17)　　不安

8.1 他開車開得太快了.他一開車我心裏就不安.

9.0 (19)　　相信

9.1 我很相信王先生.

9.2 我相信這兒的教育水準一定很高.

10.0 (21)　　衝

10.1 中國人想大門衝南最好.

10.2 他的房子是衝西蓋的.

10.3 他們對我好都是衝您的面子.

11.0 (23)　　同鄉

11.1 王先生跟我是同鄉.

12.0 (24)　　親戚

12.1 我不是這兒的人所以我這兒沒親戚,只有朋友.

12.2 張先生跟王先生他們是親戚.

13.0 (26)　　家庭

13.1 他有很好的一個家庭.

14.0 (27)　　制度

14.1 那個學校的制度跟別的學校不一樣.

15.0 (28)　　組織

15.1 我們組織一個學生會.

15.2 這個組織誰管?

16.0 (29)　　祖　　祖父　　祖母　　祖父母　　外祖父
　　　　　　外祖母　　外祖父母

16.1 我的祖父很早就死了.

16.2 他的外祖母年紀很老了.

17.0 (29)　　待　　A 待 B 好

17.1 我祖父母待我非常好.

18.0 (29)　　孫　　孫子　　孫女兒

18.1 我的祖母一共有七個孫子九個孫女兒.

19.0 (33)　　老頭兒　　老頭子

19.1 那個老頭兒很和氣.

20.0 (36)　　弟兄　　兄弟

20.1 那兩位王先生是弟兄.

20.2 你們兄弟幾個?

20.3 我兄弟十四歲.

21.0 (36)　　姐妹

21.1 他們姐妹兩個長的一樣.

22.0 (36)　　本事

22.1 我可沒你那麼大的本事,甚麼都會做.

23.0 (37)   妥   辦妥   說妥   做妥   租妥

23.1 那件事情我已經辦妥了.

23.2 賣多少錢說妥了沒有?

23.3 衣服都做妥了,甚麼時候去拿都可以.

23.4 那個房子沒租妥,讓別人給租去了.

24.0 (38)   講   講到   講話   講妥

24.1 我們正講到你你就來了.

24.2 現在請王教授講話.

24.3 那個電視講妥了一百塊錢他賣了.

24.4 他的歷史講話很受歡迎.

25.0 (38)   運氣

25.1 我的運氣真好一到這兒馬上就有事做.

25.2 我很運氣能遇見您.

26.0 (46)   生   生病

26.1 昨天晚上王太太生了個男孩子.

26.2 中國人生小孩子朋友都是送雞跟雞蛋甚麼的.

26.3 前幾天他生病了.

27.0 (47)   姑娘

27.1 王二姑娘三十九歲了還沒結婚哪.

28.0 (47)   鄉下   鄉下人

28.1 住在鄉下比住城裏頭安靜.

28.2 鄉下人的生活比城裏頭人的生活簡單.

29.0 (48)   A 够 V (的)   A 够 SV (的)   A 够 B V (的)(了)

            A 够 B SV (的)(了)

29.1 飯够吃的嗎?

29.2 飯够熱的嗎?

29.3 這些事情太多,真够我做的.

29.4 這麼多的菜還不够你吃的嗎?

29.5 這麼多的事情真够您累了.

29.6 我們來了够您忙的.

30.0 (50)　　嗳喲

30.1 嗳喲! 七點多了,我還沒做晚飯哪.

31.0 (56)　　提起 A (來)

31.1 提起那件事來他就不高興.

32.0 (57)　　相反　　A 跟 B 相反

32.1 這個問題你看錯了,你答的跟問題完全相反.

32.2 王先生跟王太太他們兩個人的脾氣相反.

33.0 (58)　　成績

33.1 我這次考試的成績不怎麼好.

34.0 (60)　　任何

34.1 他對任何人從來不發脾氣.

34.2 張先生很喜歡做事,任何事情他都自己去做.

35.0 (61)　　比如(說)

35.1 那本書真好,比如你不買我也買.

35.2 明天的運動會比如說下雨我可就不去了.

35.3 他學中文學得各方面都好,比如四聲,輕重音,發
　　音,甚麼的.

35.4 比如你不去我也要去.

36.0 (61)　　燈　電燈　開燈

36.1 電燈壞了. 得找人修理.

36.2 為甚麼這麼黑了還不開燈？

37.0 (61)　冰箱

37.1 請你把水果兒放在冰箱裏.

38.0 (63)　既然

38.1 既然沒錢為甚麼要買好傢具？

39.0 (63)　專科

39.1 我中學畢業以後打算學專科.

39.2 這一帶有很多專科學校.

40.0 (66)　初中

40.1 因為他們家沒錢他初中畢業就不念書了.

40.2 我弟弟今年才念初中一.

41.0 (66)　學期　上學期　下學期

41.1 因為我病了上學期我沒念書.

41.2 下學期我打算念專科學校.

42.0 (67)　音樂　音樂會　音樂家

42.1 今天晚上九點鐘遠大有音樂會.

42.2 我在電視上看見過那位音樂家.

43.0 (67)　唱

43.1 我很喜歡聽他唱.

44.0 (67)　歌　歌兒

44.1 那個姑娘唱歌兒唱得真好.

45.0 (69)　天才　A 有 B 天才　A (對) B 有天才

45.1 他很有語言天才.

45.2 我妹妹唱歌兒真有天才.

46.0 (70)　　父母

46.1 我的父母都在那個飯館兒裏頭做事.

47.0 (70)　　福氣

47.1 那個老頭兒真有福氣孫子孫女兒都對他非常好.

48.0 (71)　　養　　養雞　　養家　　教養

48.1 我們在鄉下住的時候養了很多雞.

48.2 你賺這麼多錢幹麼不去旅行?…我的錢得養家.

48.3 教養孩子不是容易事.

49.0 (71)　　辛苦　　辛苦辛苦　　N 很辛苦　　V 很辛苦

49.1 他教養他的孩子很辛苦.

49.2 他們的用人很辛苦.

50.0 (75)　　做

50.1 他沒有做教員的本事.

51.0 (76)　　好幾

51.1 我好幾年沒吃中國飯了.

51.2 他家我去過好幾次了.

52.0 (76)　　醫生

52.1 我祖父病的很利害請了兩位醫生來看病.

52.2 王醫生是在英國念書的.

53.0 (77)　　藥　　吃藥

53.1 他的病沒關係一吃藥就好了.

53.2 這個藥每四個鐘頭吃一次.

54.0 (77)　　花　　花錢　　花光

54.1 這學期買書大概要花多少錢?

54.2 他今天到百貨公司買東西把五十塊錢都花光了.

55.0 (77)　　費　　學費　　電費　　修理費　　醫藥費
　　　　　　花……費

55.1 我今年交了兩千塊錢的學費.

55.2 我們每月交一次電費.

55.3 他哥哥會修理傢具.他們家不必花修理費.

55.4 他們家的人常病所以每年醫藥費花得不少.

56.0 (77)　　生活　　生活費

56.1 他最近的生活不太好因為他沒做事.

56.2 我們的生活費越來越用得多.

56.3 我一個月兩百塊錢不夠生活.

57.0 (78)　　收入

57.1 我每月的收入不夠我家的生活費.

温習句子 (p.234)

1. 這個職務我很滿意.
2. 我願意住安靜一點兒的地方.
3. 那件事情說妥了沒有？
4. 今天張教授的講話講得非常好.
5. 我每月五十塊錢不夠用的.
6. 任何雜誌我都喜歡看.
7. 我真不好意思讓你花很多錢.
8. 來得及時候早得很.
9. 對不起請你稍微等一等.

10. 王家的祖父母把我當做他們自己的孫子一樣.
11. 按着你的意思這件事情你說怎麼辦?
12. 他還在念小學哪我認為他已經初中畢業了哪.
13. 無論你怎麼說我也不願意去.
14. 我從來也沒住過鄉下.
15. 他雖然不願意來可是不好意思不來.
16. 那件事情很難辦非得你去辦不可.
17. 他們不贊成大家庭制度.
18. 我對唱歌兒沒甚麼天才不過我很喜歡唱就是了.
19. 我病了就誤了一個學期.
20. 我很忙我現在準備考試哪.

單獨談話 (p.235)

我跟美英回家以後高先生很關心的問我房子滿意嗎我把房子已經租妥的一切情形都告訴了高先生.我跟高先生說明天就搬過去高先生說讓我在他府上多住些日子我要早搬的原因有兩個第一我不願意老在高家麻煩高太太第二離上課沒有幾天了.我得準備準備功課並且也得到大學去看看將來上課的一些事情

我的房東華太太他也是杭州人原來華先生跟高先生是同鄉也是親戚怪不得對我那麼客氣哪.是衝着高先生高太太兩個人的面子我運氣不錯.

那間房子很好.我一看就很滿意.很容易就把房子
租妥了.

高先生說華家是個大家庭.幾輩人都住在一塊
兒.高先生說他小的時候華先生的祖父母都很喜
歡他.待他像他們的孫子孫女兒一樣好.高先生說
到這兒.又說從前是孩子.現在成了老頭兒了.

大家庭有好處有短處.好處是可以彼此幫助.短處是
──比如說一個家庭裏年輕的人跟老人大家都住
在一塊兒──年輕的人跟老人看法不一樣日子久
了很容易大家心裏不痛快.

高太太聽見我回來從廚房也到客廳來了.要給
我們做點心.我說我們才吃完飯.

高先生今天晚上為我請了幾位朋友.我不知道
都有誰.我問高太太都是誰來.高太太說就是錢先
生.錢太太,毛先生,毛太太.還有毛家的三個孩子.另
外還有一位才從鄉下來的王大姑娘.這幾位客人
裏頭除了王大姑娘以外我都認識,可以說也都是
我的好朋友.

毛家原來有兩個孩子.我回國以後他們又生了
一個孩子.他們那兩個大孩子長的很可愛.這個小
孩子一定長的也不錯.

我記得從前有一次我們去旅行去遇見毛家一
家人也去了.那兩個孩子很胖,皮膚很白,大眼睛,很
有意思.我很喜歡那兩個孩子.兩個孩子現在看見
我大概不認識我了.

高先生問我弟弟妹妹他們念書的情形,我告訴
高先生弟弟的本事是修理各種東西,我們家的東
西壞了不必花錢找人修理,可是念書的成績太壞
了.對於念書一點兒興趣也沒有.妹妹書念得不錯
而且對音樂唱歌兒這方面也有天才.

高先生說我父母有福氣,別人也這麼說,可是我
想我的父母是太辛苦了.

問題 (p.236)

1. 白文山他滿意華家的那間房子嗎?
2. 他跟高先生說那間房子怎麼好?
3. 白先生說明天就搬,高先生說甚麼?
4. 文山為甚麼要早點兒搬?
5. 高先生說文山住在華家怎麼樣?
6. 文山說華太太為甚麼對他客氣?
7. 高先生說他跟華家都有甚麼關係?
8. 中國從前的家庭是甚麼制度?華家以前是甚麼樣的家庭?
9. 高先生說他小的時候華家誰待他最好?待他像誰一樣?
10. 高先生說他自己現在成了甚麼了?你想他說的對嗎?
11. 高先生說華家的弟兄姐妹幾個都怎麼樣?

12. 毛家不是有兩個孩子嗎？為甚麼高太太告訴
    白文山他們有三個孩子呢？

13. 高家今天晚上還請了錢家的親戚是誰？他從
    那兒來？

14. 文山說他弟弟現在高不高？

15. 白先生說他弟弟的脾氣跟他相反,請你說一說
    怎麼跟他相反.

16. 白先生說他弟弟有甚麼本事？

17. 文山說打算讓他弟弟念甚麼學校？

18. 白先生的妹妹除了念書以外還喜歡甚麼？他
    有甚麼天才？

19. 高先生說文山的父母怎麼樣？

20. 白先生的母親生了他們弟兄姐妹以後就不做
    教員了,為甚麼又去做教員？

21. 要是你的朋友去看房子回來你應當問他甚麼？

22. 如果你找房子你希望地點怎麼樣,房子怎麼樣？

23. 比如朋友家裏頭有很多客人很忙你跟他說甚
    麼？

24. 要是你弟弟不好好兒念書,朋友問你你怎麼說
    呢？

25. 如果朋友告訴你他們弟兄姐妹的情形,他也有
    父母,你應該說甚麼？

26. 比如人說你父母有福氣你怎麼回答？

27. 你的朋友住在你家出去,下午回來了你應該做
    甚麼？

28. 你說一說要是三輩人在一塊兒住都是甚麼人？

29. 要是朋友的朋友待你很好你跟這個朋友怎麼說？

30. 比如朋友住在你家說他要搬走了你說甚麼？

第十二課　溫習 (p. 246)

A. Substitution Frames

I 你怎麼知道....?

(7)
1. 有人摁鈴兒
2. 他溜出去了
3. 樹林子都砍完了
4. 他住在我對面兒
5. 這條路西頭兒沒房子
6. 那兒人口很多
7. 他需要這本書
8. 那兒的情形不好
9. 他不努力作事
10. 桌子底下有東西

(8)
1. 飯還沒預備好哪
2. 牀單子是新買的
3. 那個學校的手續很
   麻煩
4. 他年底出國
5. 他們老媽子很乾淨
6. 他已經搬家了
7. 我功課太忙
8. 他是青年人

9. 他是我的晚輩

(9)
1. 他有六尺高
2. 他天天在樹林子裏
   頭溜達
3. 他左手有六個指頭
4. 他對我態度不好
5. 他們相處的不好
6. 他是個聾子
7. 他近視眼
8. 我汽車出了毛病
9. 他從來不發脾氣

(10)
1. 他忘了定座兒
2. 他不量分量
3. 胡椒面兒沒了
4. 他不喜歡吃西瓜
5. 那個菜不夠鹹
6. 他喜歡吃辣的
7. 東部比西部好
8. 他能吃苦

9. 他不過有五塊錢

6. 他不能作數學家

(11) 1. 那所兒房子沒電燈

7. 他下學期不念書

2. 冰箱裏沒冰塊兒

8. 他念初中二

3. 他念專科

9. 他有數學天才

4. 他的成績太壞

10. 他的運氣不好

5. 他不滿意那個地點

11. 他有那種本事

II.　你為甚麼 .... ? (p. 247)

(7) 1. 換衣服

3. 說他的鼻子不好看

2. 躭誤那麼多時候

4. 老跟他發脾氣

3. 需要那麼多錢

5. 從來不梳頭髮

4. 不努力念書

6. 跟他相處得不好

5. 寄給他你的像片兒

(10) 1. 每週末去旅行

6. 不喜歡游泳

2. 不打他一下兒

7. 常用自來水筆

3. 說他們生意不好

(8) 1. 不好意思問他

4. 不放作料兒

2. 不住女青年會

5. 不去燒水

3. 不預備功課

6. 不喜歡去廣州

4. 不讓老媽子買鋪蓋

(11) 1. 不相信他

5. 一天就吃兩頓飯

2. 跟你親戚處得不好

6. 不月底交租

3. 衝北蓋房子

7. 不按着規矩做

4. 不給父母寫信

8. 一天打掃幾次屋子

5. 不願意住那個地點

(9) 1. 買三等票

6. 說他們脾氣相反

2. 近視眼不戴眼鏡兒

7. 好幾天沒來

8. 說他的成績不好
9. 不找安靜一點兒的 房子
10. 不跟姐妹一塊兒去
11. 不請王博士講話
12. 不願意買這個寫字 檯
13. 說 "嗳喲"
14. 說喝涼水不好

B. Exercise in Tonal Distinctions (p. 248)

1. 戲西	年級	19. 頂定	29. 火活	38. 費飛
2. 樹書	10. 搬半	20. 腳叫	30. 羹更	39. 生剩
3. 砍看	11. 合喝	21. 急難	31. 橘子	40. 福氣
4. 標課	12. 煎見	22. 洋樣	句子	夫妻
5. 磚賺	13. 矮愛	23. 刀到	32. 安按	41. 歌兒
6. 冰病	14. 鞋寫	24. 叉茶	33. 燈等	個兒
7. 海還	15. 粗醋	25. 苦哭	34. 唱長	42. 涼亮
8. 輩子	16. 手熟	26. 瓜掛	35. 歌各	
杯子	17. 細西	27. 鹽烟	36. 養樣	
9. 年紀	18. 挺聽	28. 量兩	37. 花畫	

C. Exercise in Homonyms (p.249)

1. 旬字	5. 等等	9. 毛毛	13. 點點	17. 下下
2. 成城	6. 單單	10. 壽瘦受	14. 糕高	18. 涼量帶
3. 添天	7. 沏七	11. 細戲系	15. 憑平	19. 待藥要
4. 煎間	8. 梳書	12. 嘗常	16. 鹹閒	20. 藥生聲
				21. 生聲

D. Synonyms and Antonyms (p.250)

I. Synonyms

(7) 辦法, 法子
非……不可, 一定要

(8) 寫字檯, 寫字桌
無所為, 隨便
成, 可以
左右, 差不多

(9) 挺, 頂
歲數, 年紀
不論, 無論

(10) 聊天, 聊天兒, 談天兒

大師傅, 廚子
碟兒, 碟子
難怪, 怪不得

(11) 姑娘, 小姐
準備, 預備
醫生, 大夫
說妥, 講妥
弟兄, 兄弟
比如說, 比方說
比如, 要是

II. Antonyms

(7) 反對, 贊成
有辦法, 沒法子
非……不可, 不必
幸而, 可惜
春天, 秋天
冬天, 夏天

(8) 長輩, 晚輩
單一, 塊兒

(9) 粗, 細
高, 矮
哭, 笑

早上, 晚上
急性子, 慢性子

(10) 討厭, 有意思
正式, 隨便
來得及, 來不及
今天, 改天
現在, 改時候

(11) 老頭兒, 青年人
鄉下, 城裏頭
花錢, 賺錢

E. What's the Connection? (p. 251)

(7) 牌子,狗
大禮堂,戲劇
樹,葉子
遊戲場,孩子們
佈景,戲劇
教育,學校
溜冰,溜冰場
彩色像片兒,照像

(8) 鈴兒,聲音
伯伯,伯母
長輩,晚輩
寫字檯,書房
鋪蓋,睡覺
老媽子,用人
中飯,雞蛋

(9) 公尺,公分
聾子,耳朵
鞋,腳
梳子,頭髮
眼睛,眼鏡兒
指頭,手
鼻子,味兒
洋鬼子,外國人

(10) 蓮子,橘子
米,麵
排骨,千層糕
刀子,叉子
藝術家,畫兒
大師傅,廚房
火腿,豬
碟子,點心
青菜,辣椒
鹽,作料兒
胡椒面兒,醬油
開水,火

(11) 祖父,祖母
孫子,孫女兒
弟兄,兄弟
姐姐,妹妹
弟兄,姐姐
姑娘,小姐
冰箱,牛奶
父母,孩子
醫生,藥
收入,津貼
音樂,聲音
夫妻,朋友

F. Narratives and Dialogues

I. p. 251)

我的祖父人家都叫他是張老頭兒.今年己經八
十一歲了.可是他很健康.他的頭髮眉毛都是白的.
無論甚麼他都能吃.專門喜歡吃炸的東西.雖然他
的年紀那麼老了,還是喜歡跟人家開玩笑說笑話
甚麼的.

我父親他們一共弟兄四個人,所以我祖父有十
幾個孫子孫女兒.

有一天他提議說要跟我們一塊兒去旅行.我們
大家都認為他太老了,走不了很多的路.你猜怎麼
着?他比我們年輕人走得還快呢.

不知不覺的走出三里路了.我們說:"祖父哇您
一定太累了吧?要不要休息一會兒?"你猜他說
甚麼?"隨你們的意思我無所謂我這輩子也不懂
甚麼叫累."讓他這麼一說我們年輕人都不好意
思了.我們還是往前溜達.走到一個樹林子裏頭他
一時高興了唱起歌兒來了.他唱的歌兒很好聽我
們怕他太累了.所以在樹林子裏頭稍微坐了一會
兒.因為是夏天天氣很熱樹林子裏頭很涼快.

他又給我們說故事.他說了很多他小的時候的
事情.

祖父說他父母只生他一個人.現在他有這麼多
的孫子孫女兒.他說:"將來你們都結婚以後組織
了家庭,都生了孩子你瞧我們姓張的該有多少人!"

II. (p. 252)

我們家的老媽子六十幾歲了,是一個鄉下人,沒念過書,一個字也不認識,他的記性很不好,要是我們不在家,有人打電話找我們,他一定把人家姓甚麼給記錯了,他就有一種本事——做饅頭做的非常好,可是做的菜都不合我們的口味,所以差不多都是母親做飯,要是母親有的時候出去了,偶而的叫他做一次飯,我們誰都不吃,可是他有他的長處——母親吩咐他的事情他都按着母親的意思去作,並且他也很喜歡我們,我們無論怎麼麻煩他,他也不發脾氣,雖然他作事不怎麼很好,可是話又說回來了,我們家人很多,每天收拾屋子洗衣服,還有很多零零碎碎的事情也夠他忙的了。

他剛從鄉下來的時候有一個笑話兒:有一次我父親抽烟找不着洋火了,我們老媽子說:"您怎麼不在燈上點呢?"我們鄉下人點火都是在燈上。"父親怕他在電燈上點火,告訴他電燈上不能點火。

III. (p. 253)

時候過的很快,不知不覺的已經又是冬天了。

我很喜歡溜冰,一到了冬天,我就跟朋友們一塊兒常常到溜冰場去溜冰,有一次有一個同鄉,他們學校放假的時候,到我們家來了,我請他們去看溜冰的,因為我的老家是南方,冬天不太冷,沒有冰,所以他們沒看見過冰,他們看了以後覺得很有意思,他們也想溜,他們既然想溜,只好讓他們溜了,可

是溜冰不是一會兒就學會了的.我們溜了兩個多
鐘頭他們很喜歡.我想反正今天是星期天,我也沒
事.多玩兒一會兒沒關係.

同鄉問我甚麼時候可以走? 我告訴他們隨時
都可以走.走的時候同學的衝着我的面子要請我
的同鄉去吃晚飯.我說不好意思我們一塊兒去吃
飯可是各吃各的誰也別請客.我們吃完了把賬單
拿來大家分攤.

IV. (p. 253)

我弟弟是很喜歡運動的男孩子.所以很健康—
胳膊很粗.腿很長.皮膚很黑.

溜冰游泳任何運動他都喜歡.對於功課是馬馬
虎虎.他最討厭念書了.將來也許是一個最有名的
運動員.雖然我跟他脾氣相反可是我們弟兄兩個
彼此相處得很好.

有時候我勸他少運動多用功.他嘴裏頭只管說
着:"好的,好的." 可是他還是不念書.

他常跟我說:"哥哥,我贊成各學校關於運動的
水準要提高.學校的制度要改變,少念書多運動."
你說我弟弟說的話可笑不可笑?

V. (p. 254)

張: 噢,老王來了,請坐.

王: 你昨天上那兒去了?我來了兩次你都不在家.

張: 對不起,我去看房子.

王： 看妥了嗎？

張： 沒有,我認為那個房子的長短,寬窄都不合適,
地點也不好.

王： 這兒的房子很難找.

張： 有的時候我也很矛盾,有的時候想找好一點
兒的房子,安靜一點兒的地點,有的時候又想
找便宜一點兒的.

王： 找房子不是一件容易的事情.

張： 這幾天找房子找得我真辛苦.

王： 慢慢兒的找麼.

張： 是的.

王： 再見了,我要走了.

張： 忙甚麼？

王： 我打攪你半天了,並且也該吃飯了.

張： 現在才五點鐘,離吃飯還早着哪.

VI. (p. 254)

華： 你上那兒去？

萬： 我看我女朋友去.

華： 你這幾天怎麼天天兒看女朋友去？

萬： 他這幾天病了.

華： 老聽你提道你的女朋友,有機會你給我介紹
介紹我瞧瞧.

萬： 好的,說實在的我的女朋友真不錯.

華： 怎麼不錯？你說給我聽聽.

萬：　好.他是一個很聰明的女孩子.

華：　長得漂亮不漂亮呢？

萬：　我看是很漂亮.不但漂亮而且人好極了.脾氣
特別好.我把他一切的情形告訴你.

華：　你說吧.

萬：　我先告訴你他長的樣子—高鼻子.大眼睛.黃
頭髮.五尺五寸高.不胖也不瘦.如果再胖一點
兒就覺得太胖了.要是瘦一點兒又覺得太瘦
了.

華：　這麼一說你的女朋友高矮胖瘦正合標準.

萬：　可以這麼說.我再告訴你他是怎麼樣兒一個
人.

華：　好.

萬：　他的弟兄姐妹很多.他的父母為了生活很辛
苦.我的女朋友一下了課就幫着他母親作零
碎的事.

華：　甚麼叫零碎事？

萬：　比如說收拾屋子.幫着他母親收拾傢伙甚麼
的.

華：　要是還有這樣的女孩子你也給我介紹一位.

萬：　我聽說你有女朋友.

華：　那兒有呀？他們瞎說.

萬：　不見得吧？

華：　真的沒有.你只管給我介紹就是了.

1	2	3	4	5	6
響	爺	失	騎	廂	設

7	8	9	10	11	12
之	厠	遣	臥	佈	置

13	14	15	16	17	18
建	築	板	磚	潮	濕

19	20	21	22	23	24
咪	整	磅	鼠	竈	造

25	26	27	28	29	30
煤	堆	輛	擱	顧	留

1.	響	xiǎng	make a sound (3)
2.	爺	yé	old gentleman (6)
3.	失	shī	lose (8)
4.	騎	qí	ride (astride) (10)
5.	廂	xiāng	side room (11)
6.	設	shè	establish (12)
7.	之	zhī	(subordinating particle) (14)
8.	厠	cè	toilet (15)
9.	遣	qiǎn	dispatch (23)
10.	臥	wò	lying down (24)
11.	佈	bù	spread (25)
12.	置	zhì	establish (25)
13.	建	jiàn	erect, build (26)
14.	築	zhú	construct (26)
15.	板	bǎn	a board (29)

16.	磚	zhuān	brick (30)
17.	潮	cháo	damp (32)
18.	濕	shī	wet (32)
19.	咪	mī	here kitty! (34)
20.	整	zhěng	whole; exactly (36)
21.	磅	bàng	a pound (37)
22.	鼠	shǔ	rat, mouse (38)
23.	竈	zào	stove (42)
24.	造	zào	make, build (43)
25.	煤	méi	coal (44)
26.	堆	duī	a pile (45)
27.	輛	liàng	(measure for vehicles (46)
28.	擱	gē	put, place (49)
29.	顧	gù	take care of (51)
30.	留	liú	retain (55)

213

第十三課　搬家 (p. 259)

會話： 白先生搬到華家以後,華太太帶
　　　他看看房子

美： 怎麼叫了這麼半天沒人開門呢?

白： 大概沒聽見,要不然就是門鈴壞了.

美： 你再摁兩下兒試試看

王： 來了,來了.誰呀?

美： 王媽,我.

王： 噢,高小姐白先生來了.是不是摁了半天門鈴
　　兒了? 因為我在廚房洗傢伙自來水響得聲
　　音挺大.

美： 沒有,摁了一會兒.

王： 我幫你提嘍箱子.

白： 謝謝你幫我拿別的箱子太重了.我自己拿.

王： 白先生真客氣.小姐,今天早晨我七點鐘就去
　　買菜去了.

美： 幹麼那麼早哇?

王： 為着早點兒回來等着白先生啊.

美： 你瞧王媽多歡迎你.太太在家嗎?

王： 在家.先生跟大少爺出去了,說一會兒就回來.

太： 白先生美英來了.

美: 來了,伯母早.

白: 您早.

太: 白先生,華先生因為有一個約會吃了早點就出去了.他讓我跟你說一聲兒,他失迎對不起.他說他一會兒就回來.

白: 華先生太客氣.

太: 學新哪去騎馬去了.他走的時候説你來以前他一定回來,不知道為甚麼還沒回來哪.大概他也快回來了.我昨天告訴他白先生住在我們這兒,跟他住在廂房,他高興得不得了.

白: 華太太您叫我文山得了.別叫我白先生.

太: 以後我真的叫你名字了?

白: 您應該叫我名字.

王: 白先生高小姐喝茶,兩位吃點心了嗎?

美: 吃過了,王媽.

白: 將來麻煩王媽的地方多着哪.

王: 您有甚麼事只管吩咐我.

白: 華太太這房子設計得真好哇.

太: 這都是華先生自己設計得.我們這個房子外表完全是中式的,華先生給人家蓋的房子十分之九都是西式的,可是自己住哪他喜歡中式的房子.

白: 我也喜歡中國房子.

太: 這房子外表是中式的,可是裏頭哪—比方説廚房,廁所,洗澡房—都是西式的.你看院子挺

大可是房子不多.因為我們人口兒少,不需要
很多的房子.我跟華先生住的這三間是正房.

白: 您這是北房吧.

太: 是的.你跟學新住得是西廂房.東廂房是廚房
跟王媽的屋子.我們這是三合兒房.

白: 設計得真好.

太: 華先生他喜歡種花兒.一有空兒或是休息的
日子就在院子裏頭種花兒.

白: 花兒真不少.

太: 我老說他:"有工夫休息休息,好不好?"

白: 種花兒是一種消遣也可以說是運動.

太: 文山,你看看我們的房子.

白: 好.

太: 這間是我跟華先生的卧房.

白: 您佈置得真好.

太: 那兒啊,亂七八糟.我也沒工夫收拾屋子....這
間是華先生的書房.

白: 華先生書真多.

太: 是啊.現在的建築方法常常改變,所以得常看
新書.他的書大部分是關於建築的書.這些書
都是幾位在外國的朋友從外國寄來的.

白: 您這房子鋪的都是地板.中國房子差不多都
是用磚鋪地.

太: 華先生說磚鋪地潮濕,所以鋪的地板.

白: 美英,你看小貓兒—咪,咪,咪.這隻貓很肥.

74
太: 這隻貓整十二磅重. 我們養了五年多了. 你也
喜歡貓嗎?

76
白 我最喜歡貓了. 我們家也有小貓兒.

77
太 這兒老鼠很多, 所以必得養貓. 你看這個是洗
澡房.

79
白 佈置的真好. 一開門對面牆上就是一個大鏡
子.

81
太 我們每間屋子的門都能自動關上.... 那間是
學新的屋子. 這間是你住的.

83
白 這間我昨天看過了.

84
太 廚房也是西式的. 中國竈是用磚造的. 燒煤. 我
們用電竈. 華先生說又乾淨又方便. 這個小屋
子是堆東西的.

87
白 這兒有一輛自行車.

88
太 這是我二兒子的. 弟兄兩個一人一輛自行車.
兒學新的騎出去了. 這輛將來你騎吧. 反正擱
着也沒用.

91
白 好極了.

92
太 你上學校來回不是方便點兒?

93
白 謝謝您.

94
太 美英啊. 我只顧着跟文山說話了. 伯母還沒跟
你談談哪. 生氣了吧.

96
美 沒有伯母.

97
太 你父親母親都在家嗎?

98
美 都在家.

太： 美英,在我這兒吃午飯,啊.中午我請文山吃飯. 我也請你.

美： 伯母,謝謝您,我不在您這兒吃飯了,我一會兒 就得走,因為父親的朋友結婚,我們必得去道 喜.

太： 那麼我不留你了.

美： 時候不早了,我要走了.

太： 再坐一會兒.

美： 改天我再來瞧您.

白： 美英,晚上我們通電話.

美： 好,伯母,您別送我.

太： 好,我不送了,文山送送吧.

美： 伯母,再見.

太： 再見,美英,來玩兒,啊.

美： 好.

生字跟新語法的句子 (p. 262)

1.0 (3)　　叫(門)

1.1 快開門去.有人叫門哪.

2.0 (5)　　試　試試

2.1 這個點心真好吃.你吃點兒試試.

2.2 那個工作很難.不知道我能不能做.我試試看.

3.0 (9)　　響

3.1 外邊兒甚麼響？你聽見没有？

3.2 這個鈴兒不很響.

4.0 (12)　　提嘍

4.1 那個力夫一個人能提嘍兩隻大箱子.

4.2 這個皮包太大了.我可提嘍不了.

4.3 請你把打字機提嘍到書房去.

4.4 給我把手提箱提嘍到外頭去.

5.0 (13)　　謝謝

5.1 謝謝你把打火機遞給我.

6.0 (19)　　少爺

6.1 您有幾位少爺呀？

7.0 (25)　　聲兒

7.1 你看着點兒老師來了告訴我們一聲兒.

7.2 請您跟王先生說一聲兒我要走了.

7.3 多叫他兩聲.

8.0 (25)　　失迎

8.1 對不起,昨天您到我那兒去我失迎了.

9.0 (28)　　馬　馬車

9.1 馬先生的二少爺也是醫生嗎？

9.2 從前的人都是坐馬車.

10.0 (28)　　騎

10.1 我小的時候很喜歡騎馬.

10.2 他是騎馬到那兒去的.

11.0 (31)　　廂房

11.1 他住東廂房我住西廂房.

12.0 (39)　設計　設計 A 的樣子　設計 V A

12.1 這個寫字桌子的樣子是我設計的.

12.2 那個房子的設計對我們不合用.

12.3 他的職務是設計汽車的樣子.

12.4 他最喜歡設計蓋房子.

13.0 (41)　外表　外表上

13.1 這所房子外表看着很不錯.

13.2 你看他外表上長得很聰明,可是他很笨.

14.0 (42)　之　A 分之 B

14.1 他的病很重.他活的希望只有百分之一.

15.0 (46)　廁所　男廁所　女廁所

15.1 男廁所在樓下.女廁所在樓上.

16.0 (46)　院子

16.1 他們院子裏有很多大樹.

16.2 這所房子倒不錯,可惜院子太小了.

17.0 (49)　正房

17.1 衝着大門的房子叫正房.

18.0 (52)　合(兒)　三合(兒)　四合(兒)房

18.1 我們家住的是四合兒房.南房北房東房西房都有.

19.0 (54)　種　種菜

19.1 那個大公園裏最近種了很多的玫瑰.

19.2 我祖父在園子裏種了很多的菜.

20.0 (54)　花(兒)

20.1 我們院子的花兒真好看,有紅花兒,黃花兒,白花兒.

21.0 (54)　　空兒

21.1 他很喜歡看電視,一有空兒他就看.

22.0 (57)　　說　　A 說讓 B V

22.1 別老說他

22.2 老師常說讓我們多用功.

23.0 (58)　　消遣

23.1 我們這個週末作甚消遣呢?

23.2 我的消遣就是聽聽音樂看看電視甚麼的.

24.0 (61)　　臥房

24.1 昨天我看的那所房子真不錯,是西式的,有個大
　　　院子,有客廳飯廳還有兩個大臥房.

25.0 (62)　　佈置

25.1 學校要開會了,我們得把大禮堂佈置佈置.

25.2 他很會佈置房子,你看他家裏頭佈置得多麼漂
　　　亮.

26.0 (66)　　建築　　建築師　　建築學

26.1 這個大樓才建築了一年.

26.2 他父親是個建築師.

26.3 學建築學必得數學好.

27.0 (67)　　大部分

27.1 這是我書的一部分,大部分都在家裏頭哪.

28.0 (70)　　鋪　　鋪牀　　把 A 鋪在 B　　用 A 鋪 B

28.1 我們家雖然有老媽子,可是每天都是我自己鋪
　　　牀.

28.2 王媽請你把那個新單子鋪在牀上.

28.3 別用舊單子鋪牀.

28.4 你要不要鋪新單子?

29.0 (70) 地板 鋪地板

29.1 中國房子鋪地板的很少.

30.0 (71) 磚 鋪磚

30.1 建築中式房子用磚的多.

30.2 他一個鐘頭能鋪幾十塊磚.

31.0 (71) 地 種地 鋪地 一塊地

31.1 我們是鄉下人,我父親種地.

31.2 我的工作是給人家用磚鋪地.

31.3 那一塊地可以種很多青菜.

32.0 (72) 潮濕

32.1 我不喜歡這個地方,天氣潮濕得利害.

33.0 (73) (小)貓(兒)

33.1 我妹妹很喜歡貓,我們家養了三隻小貓兒.

34.0 (73) 咪,咪,咪

34.1 中國人叫小貓來叫咪,咪,咪.

35.0 (73) 肥

35.1 我不喜歡吃肥肉.

35.2 你們這兒的地很肥.

36.0 (74) 整

36.1 我整一年沒看見他了.

36.2 現在整十二點鐘.

36.3 今年他整二十歲.

37.0 (74)　　磅

37.1 昨天我買兩磅猪肉,打算做獅子頭.

38.0 (77)　　老鼠

38.1 中國的西南部老鼠最多.

39.0 (80)　　鏡子

39.1 我屋子的牆上掛着一個大鏡子.

40.0 (81)　　自動

40.1 現在很多的東西都是自動的.

41.0 (81)　　關　　關上　　關燈

41.1 那個百貨公司因為不賺錢關門了.

41.2 謝謝你把車門關上.

41.3 你怎麼拿完吃的不把冰箱門關上呢?

41.4 你從屋子裏出來的時候別忘了關燈.

42.0 (84)　　竈　　電竈

42.1 我們家的竈是中式的.

42.2 電竈又方便又不髒,可是做中國飯不怎麼好用.

43.0 (84)　　造

43.1 那所房子造得很合標準.

43.2 所有王建築師設計造的房子都很漂亮.

43.3 他們家人多.所以造了一所兒很大的房子.

44.0 (85)　　煤　　煤竈　　燒煤

44.1 用煤竈很髒廚房的牆甚麼的都是黑的.

44.2 我們家每一個月燒煤燒得很多.一個月要燒五
　　百磅煤.

45.0 (86) 堆

45.1 桌子上那堆東西是誰的?

45.2 冬天了.樹葉子都落下來了.院子裏堆了一堆樹葉子.

45.3 你瞧那堆人做甚麼呢?

45.4 把這些東西堆在壁櫥裏.

46.0 (87) 輛

46.1 那個停車場停了五百多輛汽車.

47.0 (87) 自行車(兒)

47.1 我父親說要是弟弟考第一他送他一輛自行車.

48.0 (88) 一(個)人一....

48.1 我們弟兄姐妹五個人.我父親一個人送我們一枝新鋼筆.

49.0 (89) 擱

49.1 媽,我把打字機擱在那兒啊?

49.2 這個菜不夠鹹.再擱點兒鹽.

49.3 我今天餓了.到家以後擱下書馬上就吃飯了.

50.0 (92) 來回 來回票

50.1 請問到紐約坐汽車來回要多少時候?

50.2 到上海的飛機票來回多少錢?

50.3 我買兩張到紐約去的來回票.

51.0 (94) (只)顧 顧得 顧着 顧不得

51.1 我只顧了念書了.他來了我都不知道.

51.2 快要考試了.忙得連飯我都顧不得吃了.

51.3 他只顧着跟那位漂亮小姐說話了.我叫了他半天他都沒聽見.

51.4 我忙極了.那兒顧得看戲?

52.0 (95)　氣　氣死　生氣

52.1 今天考試可真把我給氣死了.有一個問題我怎麼想也想不起來了.

52.2 他的脾氣真好.無論怎麼說他他也不生氣.

52.3 我看錯了題目.我氣得要死.

53.0 (99)　啊

53.1 我出去了.你們看家,啊.

53.2 明天下午三點鐘我請你喝茶,啊.

54.0 (102)　道喜　A 給 B 道喜

54.1 張先生的二兒子今天結婚.我們得給他道喜去.

55.0 (103)　留　留不住

55.1 我一會兒就回來要是王小姐來了留他在這兒吃飯.

55.2 他一定要走.怎麼留也留不住他.

55.3 用不了十塊錢.您留五塊錢就夠了.

56.0 (108)　送

56.1 別送我了.您請回去吧..

56.2 再見,我不送您了.

56.3 對不起我來晚了因為送一個朋友上飛機.

56.4 別送,別送....那我就不送你了.再見,再見.

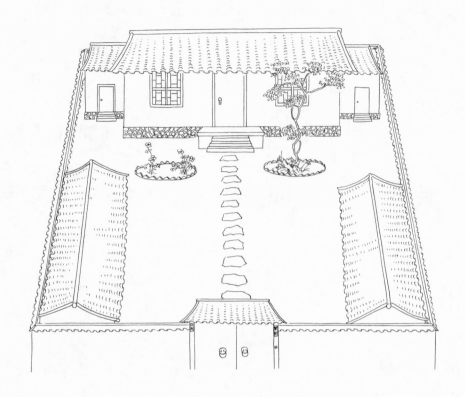

溫習句子(p. 269)

1. 老師,這個句子我不會念.....你試試看麼.
2. 這個大禮堂設計得真好,隨便坐在那兒都聽得
   清楚看得清楚.
3. 你瞧這個表的外表很好,可是走得一點兒也不準.
4. 我們房子後頭的那塊地種了不少的青菜.
5. 我一天忙得要死一點兒空兒也沒有.
6. 他的本事是專門會佈置房子.
7. 我大部分的行李叫船運走了.
8. 他整年也不看一次電影兒.

9. 出來進去請你關門.

10. 那兩個孩子哭得挺利害.我給他們一個人一個
橘子才不哭了.

11. 請問你這張桌子擱那兒啊？

12. 他忙得不得了.那兒顧得看電影兒啊？

13. 他非走不可.怎麼留也留不住他.

14. 他打算將來騎着自行車旅行全國.

15. 今年這兒的人口增加了百分之十五.

16. 這塊地將來要建築二十多層的高樓.

17. 我爸爸是種地的.

18. 你看那個小山上新造了一所兒西式小房子.

19. 火車站堆了很多貨.不知道是往那兒運的.

20. 你請回去吧.別送我了.

單獨談話(p.270)

我今天十點鐘就從高家到華家了.還是美英開
着三友書店的車送我來的.到了華家以後我們叫
了半天的門.沒人來開門.我想是沒聽見或者門鈴
不響了.又摁了一會兒.王媽來開門了.他說自來水
的聲音很大.他問我們摁門鈴兒好久了.我們不好
意思說摁了半天門鈴兒了.美英說摁了一會兒.王
媽說要給我提嘍大皮包.可是我不能讓女用人拿
那麼重的東西.

我們見了華太太他客客氣氣的說華先生因為有約會出去了,馬上就回來了,華學新去騎馬去了.

華太太的年紀比我大了幾十歲可以說是一位長輩,老叫我白先生真不好意思,今天我又跟他說以後他叫我的名子.

今天華太太帶我看看他們的房子,他們這個房子設計的可真不錯,我很喜歡華先生的書房,書架子上放着很多的書,牆上掛着很多房子像片兒,佈置得好極了.

華太太說這所房子都是華先生設計的.

華家的房子外表是中式的,可是裏頭哇廚房洗澡房甚麼的都是西式的,中國房子差不多都是三合兒房四合兒房,華家的房子是三合兒房,甚麼叫三合兒房呢?就是有正房東西兩邊兒有廂房,前面兒沒有房子,是牆,我跟華學新住西廂房,院子裏頭種了很多的花兒,他們房子還有一個好處—地都是用地板鋪的,差不多中國房子都是用磚鋪地.

在堆東西的小房子裏頭我看見一輛自行車,華太太說是他二兒子的,他說以後叫我騎,華太太說的時候我不知道我應該怎麼說,我想華太太一看見這輛自行車,又想他的二兒子了,要是我騎這輛自行車增加他的難過你說怎麼辦?以後我是騎好呢,還是不騎好呢?

華家養了一個很可愛的小貓兒,很肥很大,華太太說因為老鼠太多所以養一隻貓.

今天高先生的朋友結婚.高家全家都得去道喜³⁵去.所以華太太留美英在這兒吃午飯,美英不在這³⁶兒吃,他必得回去跟他父母一塊兒去道喜.我心裏³⁷頭很希望他不走,在這兒吃飯,可是没法子.我把他³⁸送到門口兒.³⁹

問題(p. 271)

1. 白先生跟高小姐到了華家,他們叫門是怎麼叫的？

2. 白文山說是為甚麼没人開門？

3. 王媽開門以後先問他們甚麼？

4. 因為甚麼文山美英叫了半天門王媽沒聽見？

5. 王媽要幫白先生作甚麼？

6. 白先生讓他作了嗎？為甚麼？

7. 王媽早晨幾點鐘去買菜？他為甚麼那麼早去買菜？

8. 文山跟美英到了華家的時候誰在家誰出去了？

9. 華先生出去作甚麼？他讓華太太告訴白文山甚麼？

10. 誰是大少爺？他出去幹麼去了？

11. 文山搬到華家以後他住在那間房子裏頭？

12. 白文山為甚麼不讓華太太叫他白先生呢？

13. 文山說華家的房子怎麼樣？華太太說他們的房子是甚麼樣的？

14. 華太太說華先生給別人造房子都是造甚麼樣的？

15. 華太太說他們的房子外表是中式的裏頭都是甚麼房子是西式的？

16. 華太太說為甚麼他們有很大的一個院子可是只蓋幾間房子？

17. 華太太說華先生喜歡作甚麼消遣？

18. 華先生的書多不多？他的書都是關於那一方面的書？

19. 中式房子用甚麼鋪地？西式房子用甚麼鋪地？磚鋪地有甚麼短處？

20. 中國人要是看見小貓兒叫小貓兒怎麼叫？美

國人怎麼叫？

21. 華太太帶白文山看那間堆東西的小房子的時候,文山看見甚麼了？

22. 華太太他為甚麼沒跟美英說話？

23. 華太太留美英吃飯美英為甚麼不在那兒吃？

24. 要是有女人說要幫你提嘍東西你說甚麼？

25. 要是你知道一個朋友今天到你家來可是你有事出去了,你應當告訴家裏頭的人跟那位朋友說甚麼？

26. 要是一位比你年紀大的人叫你先生你應該說甚麼？

27. 一個朋友請你看看他家的房子你看完以後說甚麼？

28. 要是一個朋友看完了你的房子說你佈置得好你應當說甚麼客氣話？

29. 如果你到朋友家去你要走了朋友留你再坐一會兒你怎麼說？

30. 你到朋友家去朋友出來送你,你說甚麼？

1	2	3	4	5	6
裳	襯	衫	絹	雙	襪

7	8	9	10	11	12
宅	省	河	倆	娶	媳

13	14	15	16	17	18
婦	嫁	丈	塔	鐵	拉

19	20	21	22	23	24
登	輪	農	仗	兵	傷

25	26	27	28	29	30
敵	殺	戰	據	窮	畝

31	32	33	34	35	36
村	掙	佩	勉	強	普

37	38	39	40	41	
例	窗	戶	擦	藉	

1.	裳	shāng	clothes (2)		24.	傷	shāng	wound, injury (29)
2.	襯	chèn	be lined with (3)		25.	敵	dí	enemy (30)
3.	衫	shān	shirt (3)		26.	殺	shā	kill (31)
4.	絹	juàn	silk (4)		27.	戰	zhàn	battle, war (32)
5.	雙	shuāng	a pair (5)		28.	據	jù	basis; to base (34)
6.	襪	wà	socks, stocking (6)		29.	窮	qióng	poor (35)
7.	宅	zhái	residence (7)		30.	畝	mǔ	acre (36)
8.	省	shěng	province, state (8)		31.	村	cūn	village (37)
9.	河	hé	river (9)		32.	掙	zhèng	earn (money) (38)
10.	倆	liǎ	two (11)		33.	佩	pèi	admire (40)
11.	娶	qǔ	marry (12)		34.	勉	miǎn	exert oneself (41)
12.	媳	xí	daughter-in-law (13)		35.	強	qiǎng	compel (41)
13.	婦	fù	woman (13)		36.	普	pǔ	universal (43)
14.	嫁	jià	marry (14)		37.	例	lì	example (47)
15.	丈	zhàng	elderly person (15)		38.	窗	chuāng	window (50)
16.	壻	xù	son-in-law (16)		39.	戶	hù	door; household (50)
17.	鐵	tiě	iron (17)		40.	擦	cā	rub, polish (51)
18.	拉	lā	pull (20)		41.	藉	jiè	by means of (52)
19.	登	dēng	mount, step on (22)					
20.	輪	lún	a wheel (23)					
21.	農	nóng	agriculture (26)					
22.	仗	zhàng	battle, war (27)					
23.	兵	bīng	soldier (28)					

233

第十四課　跟用人談話 (p. 283)

會話：白先生跟王媽一邊兒收拾東西
　　　一邊兒談話.

3
王：白先生,來.您交給我.我來給您收拾.

4
白：謝謝你.將來每天都得麻煩你.

5
王：應該的.您有甚麼事只管說.噢,您有該洗的衣 6
裳沒有?

7
白：我有一件襯衫幾條手絹兒兩雙襪子.我自己 8
洗.你就把我那件襯衫洗洗得了.

9
王：幹麼您自己洗呀?您都交給我得了.一會兒
吃完了飯,下午就給您洗出來了. 10

11
白：王媽,你在華家幾年了?

12
王：我在這兒二十多年了.

13
白：你今年多大歲數了?

14
王：我呀,五十五了.我們鄉下人吃苦,所以長得老. 15
您瞧我好像六七十歲了.

16
白：不像六七十.

17
王：我的年紀跟我們太太差不多.您瞧我們太太 18
長得多年輕啊.

19
白：你是那兒的人呢?

20
王：我是河北省三河縣人.

21
白　你家裏頭都有甚麼人呢？

22
王　我有倆兒子一個女兒，兒子娶了媳婦兒了都，
23
　　女兒也出嫁了，還有兩個孫子兩個孫女兒，

24
白　你很有福氣的，你丈夫呢？

25
王　我丈夫早死了。

26
白　你兒子跟你女婿都做甚麼事啊？

27
王　我大兒子在工廠做工，二兒子在鐵路上當工
28
　　人修理鐵路的，我女婿原來是拉車的，現在在
29
30
　　這城裏頭登三輪車，我女兒住的離這兒不遠，

31
白　你兒子他們不在這兒嗎？

32
王　他們不在這兒咳，白先生，提起從前我養活我
33
　　這幾個兒女呀，可真不容易，

34
白　你丈夫本來是做甚麼的？

35
王　我丈夫本來是農人，是種地的，跟日本人打仗
36
　　的時候兒他當兵打仗去了，第一次受傷了，好
37
　　了以後又去打仗讓敵人給殺了。

38
白　我父親在第二次世界大戰的時候也去當兵
39
　　去了，他雖然打了不少次的仗，可是他沒受傷，
40

41
王　那個時候您父親一定很年輕吧。

42
白　相當年輕，不過二十幾歲據說中國抗戰的時
43
　　候死了不少的人。

44
王　可不是麼，那個時候兒您瞧我一個女人家裏
45
　　又窮又沒本事，帶着幾個孩子您說多不容易
46
　　呀？

47
白　真是不容易。

48
王： 那個時候兒我的孩子都小家裏租了人家幾
欵地得給人家租錢沒法子村子裏的人勸我
到城裏頭幫工掙一點兒錢.

51
白： 你的孩子誰管呢? 地怎麽種呢?

52
王： 我有個親戚跟他媳婦兒我就讓他們到我家
裏頭來連管孩子帶種地.

54
白： 我很佩服你.現在你兒女都長大了可以養活
你了.

56
王： 那兒啊? 他們各人顧各人的生活勉勉強強
都剛够吃.白先生您家裏頭有幾個用人呢?

59
白： 連一個也沒有.

60
王： 怎麽? 您家裏頭不用用人呢?

61
白： 美國的工錢高普通的家庭用不起用人.

62
王： 您客氣呢您家裏頭那兒能用不起用人呢?

63
白： 是真的.

64
王： 給人家做用人很苦哇每天早起晚睡,一天做
到晚.但是我們主人對我是例外.他們向來不
讓我晚睡吃完晚飯一收拾完了就讓我睡覺去.

68
白： 我聽朋友説過華先生華太太他們是最好的
人.你的工作他們當然也很滿意了所以他們
待你好.

71
王： 他們待我真好您還沒瞧見我們先生呢? 待
會兒先生回來您瞧他跟太太一樣那麽和氣.

74
白： 先生跟少爺我都沒見着

75
王： 大概一會兒就回來了.

76
白: 王媽你去做別的事吧.我自己收拾.

77
王: 您自己收拾?那我做飯去.我把您的屋子又
78
打掃一次.您瞧我把窗戶擦得多乾淨.

79
白: 玻璃擦得真亮.

80
王: 白先生您早晨甚麼時候兒起來呀?

81
白: 我七點鐘就起來.

82
王: 八點鐘吃早點成嗎?

83
白: 可以.

84
王: 因為少爺也是七點鐘起來差不多八點吃早 85
點.你們兩位一塊兒吃好不好?

86
白: 好極了.我們藉着吃早點的機會可以談談.

87
王: 有人摁門鈴兒多半兒是先生跟少爺回來了.

生字跟新語法的句子(p.285)

1.0 (3)　　來
1.1 我來.太重了.你拿不了.
1.2 太太.來.我給您提嘍.

2.0 (6)　　衣裳
2.1 今天天氣太冷.你多穿點兒衣裳.

3.0 (7)　　襯衫
3.1 這件襯衫兩塊六毛錢.

4.0 (7)　　手絹兒
4.1 我忘了帶手絹兒了.

4.2 請你把這兩條手絹兒給我洗洗.

5.0 (7)　　雙

5.1 我的鞋壞了.我得買一雙新的了.

6.0 (7)　　襪子

6.1 他給我買了兩雙襪子.

6.2 那雙襪子破了一隻不能再穿了.

7.0 (11)　　宅　王宅

7.1 喂這兒是王宅您找誰說話？

8.0 (20)　　省　東三省

8.1 我們那省今年就沒下雨.

8.2 東三省在中國東北部.

9.0 (20)　　河　黃河　河南　河北

9.1 我們冬天在河上溜冰,夏天在河裏游泳.

9.2 中國北部有一條大河叫黃河.

9.3 河北省在黃河的北邊兒,河南省在黃河的南邊兒.

10.0 (20)　　縣　三河縣

10.1 每一省裏頭取消了幾個縣.

10.2 三河縣是中國北部的一個小縣.

11.0 (22)　　倆

11.1 王媽,請你拿倆碟兒來.

11.2 我們倆人一塊兒去好不好？

12.0 (22)　　娶　娶太太

12.1 他這麼大的歲數了怎麼還不娶太太？

13.0 (22)　　媳婦　媳婦兒

13.1 他兒子今年冬天娶媳婦兒.

14.0 (33)　嫁　出嫁　嫁給　嫁出去

14.1 我女兒去年就嫁出去了.

14.2 王家二小姐嫁給張家三少爺了.

14.3 下星期我妹妹出嫁.

15.0 (24)　丈夫

15.1 張媽回家了因為他丈夫病得很利害.

16.0 (26)　女婿

16.1 聽說王太太跟他女婿相處得不好.

17.0 (27)　鐵路

17.1 這麼大一個省就有一百多里鐵路.

17.2 從上海到南京那條鐵路是甚麼時候修的?

18.0 (27)　工　做工　幫工　工人　工錢　工廠

18.1 你是做甚麼工的?

18.2 我兒子是給人家鋪磚的工人.

18.3 我們的工錢是按月拿.

18.4 那個工廠裏頭有一千多人做工.

18.5 他是給張家幫工的.

19.0 (27)　當

19.1 他哥哥在飯館兒當廚子.

20.0 (28)　拉

20.1 我不贊成人拉車.

20.2 我的車不走了.請把你的車開來幫我拉到城裏
　　頭去.

21.0 (28)　V O 的　拉車的　種地的

21.1 拉車的很辛苦.

21.2 我們家幾輩人都是種地的.

22.0 (29)　登

22.1 這張畫我得登着椅子掛.

23.0 (29)　三輪車

23.1 登三輪車沒有拉車那麼辛苦.

24.0 (32)　養活

24.1 他養活五個人.

24.2 我的錢得養活我的父母.

25.0 (33)　兒女

25.1 他的兒女都長大了.

26.0 (35)　農人

26.1 中國人是不是四分之三是農人?

27.0 (36)　仗　打仗

27.1 中國跟日本打了八年仗.

28.0 (36)　兵　當兵

28.1 打仗的時候青年的男人都得去當兵.

29.0 (37)　傷　受傷　碰傷　傷風

29.1 昨天有一輛汽車出事了.車裏頭五個人都受傷了.

29.2 我弟弟開車不小心碰傷了一個人.

29.3 你傷風了嗎?

29.4 我這兩天有點兒傷風.

30.0 (37)　敵人

30.1 敵人都跑了.

31.0 (37)　殺

31.1 客人很多. 得多殺幾隻雞.

32.0 (38)　戰　大戰　世界大戰　抗戰

32.1 我這一輩子經過兩次大戰了.

32.2 第一次世界大戰是一九一四年到一九一八年.

32.3 中國跟日本打仗叫抗戰.

33.0 (42)　相當

33.1 我作那個事情對我不怎麼相當.

33.2 這本字典相當好.

34.0 (42)　據　據說

34.1 據我知道他是沒錢.

34.2 據說王先生病得很利害.

35.0 (45)　窮

35.1 我這幾天窮得不得了. 那兒有錢看電影兒啊?

36.0 (48)　畝

36.1 我們家那幾畝地都種的是水果.

37.0 (49)　村(子)　王家村

37.1 我們村子裏頭差不多都種菜.

37.2 我是王家村的人.

38.0 (50)　掙

38.1 他每月掙錢不多.

39.0 (53)　連 A 帶 B

39.1 我連吃飯帶坐車每月用不少的錢.

39.2 他學中文學得很快因為他每天連聽錄音帶上課.

39.3 我連國文帶歷史都考得不好.

40.0 (54)　　佩服

40.1 我這一輩子就佩服馬教授.

41.0 (56)　　勉強

41.1 昨天開會他去得很勉強.

41.2 我不願意做.你不能勉強我呀.

41.3 我沒錢了.今天勉勉強強把房租交了.

42.0 (57)　　A 剛够 (B)　V　A　B 剛够 A

42.1 你做的飯不多不少剛够五個人吃.

42.2 這個飯我們三個人剛够吃.

42.3 時候剛够到火車站.

43.0 (61)　　普通　普通話

43.1 這種電視不是特別好的,是普通的.

43.2 那個鋪子的傢具太貴了.不是普通家庭可以買
的.

43.3 普通話是所有的中國人都懂的語言.

44.0 (61)　　起　用不起　買不起　念不起　看不起

44.1 他看不起我.他以為我不知道哪.

44.2 我們家可用不起用人.

44.3 我那兒買得起汽車?

44.4 那個孩子因為家裏窮念不起書.中學還沒畢業
哪就不念書了.

44.5 我今天沒錢.看不起電影兒.

45.0 (65)　　但是

45.1 你去可以,但是得早點兒回來.

46.0 (65)　主人

46.1 那條狗有主人沒有？

47.0 (65)　例外　例外(的)　A (是)例外

47.1 這件事得用例外的辦法.

47.2 我們的工錢都一樣只有你是例外.

48.0 (66)　向來　向來不沒

48.1 我向來沒聽過戲.

49.0 (72)　待　待(一)會兒　待着

49.1 去念書去.別在這兒待着.

49.2 忙甚麼？再待一會兒.

49.3 人家都很忙你別待着.作事啊.

50.0 (78)　窗戶

50.1 我那間屋子有兩個大玻璃窗戶.

51.0 (78)　擦　擦乾淨

51.1 你瞧你的鞋多麼髒啊得擦擦了.

51.2 吃完了飯得把桌子擦乾淨.

52.0 (86)　藉着

52.1 我藉着放假的機會到中國旅行了一次.

52.2 藉着這幾天不上課有工夫.我得收拾屋子.

53.0 (87)　多半(的)　多半兒(的)　一多半兒(的)
　　　　　多一半兒(的)

53.1 我多半的書都是關於語言的書.

53.2 他每天多一半兒的時候都是在學校.

53.3 他多半兒不來了.

温習句子 (p. 291)

1. 老王在造打字機的工廠裏頭做工.
2. 在美國的中國飯館兒當大師傅掙錢很多.
3. 請你把那把椅子拉到這邊兒來.
4. 我掙的錢得養活我的父母.
5. 我最佩服張先生.他真有本事.
6. 我傷風已經好些日子了.還沒好哪.
7. 他中國話説得相當流利.
8. 據報紙上説這幾天很多汽車出事.
9. 我們家的王媽每天連洗衣裳帶做飯這麼多人
   真够他忙的了.
10. 你要是不喜歡吃別勉强吃.
11. 我可吃不起烤鴨子.
12. 他對誰都不好對你好是例外了.
13. 王教授真好向來不説人.
14. 來.我幫你的忙反正我待着哪.
15. 我藉着這個機會給他接風.
16. 我的無綫電多半兒讓我弟弟給拿去了.
17. 下星期六老王要娶太太了.
18. 這幾天的消息不好.據説又要打仗了.
19. 昨天王先生的汽車出事了.他的腿受傷了.
20. 對不起.我今天可不能請客我這點兒錢剛够我
    一個人吃的.

單獨談話 (p. 292)

我跟華太太談了一會兒就到我那間屋子去想把東西收拾收拾我把箱子打開了在這個時候王媽也進來了他想我進來一定要收拾東西他是來幫我的忙並且問我有該洗的衣服沒有我就把今天早晨換下來的襯衫襪子還有幾條手絹兒交給王媽了我想襪子手絹兒我自己洗可是王媽他不讓我洗

王媽是一個五十幾歲的人個子不高很瘦頭髮都白了我問問他家裏頭的情形他告訴我很多關於他丈夫兒女的事情

原來他丈夫是個農人中國跟日本打仗的時候他丈夫去當兵打仗讓敵人給殺了他説他家裏很窮地是租人家的孩子又很小沒法子只好到城裏給人家幫工掙點兒錢養活幾個孩子

現在他的兒女已經長大了兒子結婚了女兒也出嫁了而且兒子女婿都有工作我跟他説兒女都能養活他了他説他們掙的錢不多勉勉強強各人剛夠吃的他説完了我一聽我很佩服他一個鄉下女人沒學問家裏頭又沒有錢給人家幫工把兒女都養大了而且中國的工人錢掙得很少真是不容易

王媽還問我家裏頭有幾個用人我告訴他我們家連一個用人也沒有他不信他想我家裏頭一定很有錢其實我們不是有錢的人那兒用得起人哪

26
王媽真有意思.
27
　　他還談到關於主人對工人的問題.他說他的主
28
人對他好,那是例外的.他一邊兒跟我說着一邊兒
29
幫着我掛衣服.我怕他因為幫着我躭誤了別的事
30
情.我說讓他做別的事去,不必幫着我.已經到做飯
31
的時候了.他說那麼他就做飯去.

問　題 (p. 293)

1. 白先生到他那間屋子去了.王媽也進來了.他跟
　　白先生說甚麼?

2. 王媽問白先生有該洗的衣裳沒有.白先生有沒
　　有? 他都有甚麼該洗的?

3. 王媽說甚麼時候給他洗?

4. 王媽說他們鄉下人為甚麼長得老?

5. 王媽說為甚麼華太太比他長得年輕?

6. 王媽是那兒的人?

7. 他說他兒子跟他女壻都是做甚麼的?

8. 王媽有丈夫沒有? 他丈夫是做甚麼的? 怎麼
　　死的?

9. 王媽為甚麼給人家當用人?

10. 他去給人家當用人.家裏頭誰管孩子種地呢?

11. 白先生說他的兒女都大了可以養活他了.王媽
　　說甚麼?

12. 王媽問白先生家裏頭有幾個用人,白先生說甚麼?

13. 王媽為甚麼不信白先生家裏沒有用人?

14. 王媽說給人家做用人很苦,夜裏睡的很晚,可是他的主人對他怎麼樣呢?

15. 王媽說華太太甚麼時候讓他睡覺?

16. 王媽告訴白先生他把那間屋子怎麼收拾了?

17. 王媽為甚麼問白先生八點吃早點成嗎?

18. 白先生願意跟大少爺一塊兒吃早點嗎?為甚麼?

19. 華宅的門鈴響你猜誰回來了?

20. 要是你的朋友或者房東的用人要幫着你收拾東西,你跟他說甚麼客氣話?

21. 你跟朋友的用人談話應該談甚麼?

22. 要是有人告訴你他有兒女還有孫子,孫女兒,甚麼的你說甚麼?

23. 要是一個女人告訴你他家裏頭有孩子可是他得出去做事你應該跟他說甚麼?

24. 要是一個女人家裏頭又窮又沒本事還要養活兒女,你跟他說甚麼呢?

25. 要是你家裏沒有用人別人問你有幾個用人,你怎麼回答?

26. 要是你住在人家家裏頭用人說讓你跟他們家裏人一塊兒吃早飯你願意嗎?

27. 你是一個美國學生,要是每天跟一個中國學生在一塊兒吃飯有甚麼好處？

28. 要是房東用人告訴你他把你的屋子收拾乾淨
了,你說甚麼客氣話？

29. 要是朋友的用人幫你的忙,你怕他有別的事你
跟他說甚麼？

30. 要是一個用人跟你說主人待他好你說甚麼？

1 慣	2 聚	3 參	4 寓	5 橋	6 政
7 蒙	8 古	9 疆	10 藏	11 內	12 沙
13 漠	14 江	15 壁	16 僑	17 歐	18 洲
19 亞	20 材	21 塌	22 草	23 池	24 亭
25 模	26 型	27 確	28 觀	29 德	30 俄
31 聯	32 羨	33 慕			

1. 慣 guàn to string (5)
2. 聚 jù gather (8)
3. 參 cān take part in (9)
4. 寓 yù residence (10)
5. 橋 qiáo bridge (13)
6. 政 zhèng political affairs (17)
7. 蒙 měng Mongolia (18)
8. 古 gǔ ancient, old (18)
9. 疆 jiāng border, boundary (19)
10. 藏 zàng Tibet (20)
11. 內 nèi interior (21)
12. 沙 shā sand (23)
13. 漠 mò vast (23)
14. 江 jiāng large river (27)
15. 璧 bì piece of jade (28)
16. 僑 qiáo reside abroad (31)
17. 歐 ōu Europe (33)
18. 洲 zhōu island, continent (33)
19. 亞 yǎ Asia (34)
20. 材 cái material (36)
21. 塌 tā collapse (41)
22. 草 cǎo grass (43)

23. 池 chí pond (44)
24. 亭 tíng pavilion (45)
25. 模 mó model (46)
26. 型 xíng model (46)
27. 確 què true (48)
28. 觀 guān observe (49)
29. 德 dé virtue
30. 俄 ē, é, è Russia (54)
31. 聯 lián unite (56)
32. 羨 xiàn envy (57)
33. 慕 mù admire (57)

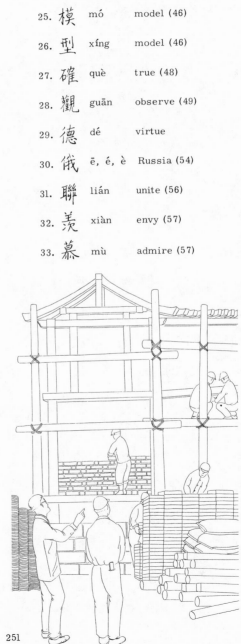

第十五課　跟工程師談話 (p.303)

會話：華先生跟白先生兩個人談工程.

太: 你回來了.我給你們介紹介紹.這是白文山先
　　 生.這就是華先生.

華: 白先生,對不起,失迎了,因為我有個約會不能
　　 不去.

白: 華先生,您客氣.我到府上來打攪您.將來請您
　　 多指教.

華: 住在一塊兒就是一家人.並且我跟老高的關
　　 係大概老高也告訴過你.不是外人.

白: 高先生跟我談過您.

華: 你這是第二次來中國了,啊.

白: 是的.我以前在這兒念書來着.

華: 聽說你的中國學問很好.老高常誇獎你.

白: 那兒啊.高先生客氣哪.

華: 怎麼樣,中國的生活習慣你過得慣嗎?

白: 過得慣.並且我對中國的文化相當喜歡.

華: 白先生你餓了吧?

白: 我不餓.您以後叫我文山吧.

華: 好.大家以後不客氣.

白: 您少爺也快回來了吧?

23 華：快回來了。他叫學新。你以後叫他學新。

24 白：華先生您每天都很忙吧？

25 華：可不是麼。每天得去看工程。我們還有個工程[26]
學會每禮拜聚會一次。這兒的工程師[27]差不多
都參加這個會。

28 白：您一定造了很多的房子了吧。您對那種工程
[29]最有興趣？

30 華：我對蓋住宅，公寓，學校，旅館有興趣。換句話說[31]
就是我喜歡蓋樓。對於修鐵路，修公路，造橋[32]這
幾種工程沒興趣。

33 白：高先生說您是留法的。

34 華：是的，我是抗戰以前從法國回來的。那個時候
[35]我在華北一帶作事。蓋了幾所中國北方的四[36]
合房子。

37 白：您都到過華北甚麼地方？

38 華：中國西北部我到過的地方不少。那個時候我
[39]給政府做事。我是修公路。我也到過蒙古，新疆，[40]
西藏這些地方跟中國內部不同。像蒙古[41]有沙
漠地帶，是一個大平原。

42 白：這些地方我都沒去過。

43 華：將來有機會各處去看看去。

44 白：您也在南方做過工程嗎？

45 華：我在蘇州杭州蓋過不少的房子。上海也蓋過[46]
幾處房子。抗戰的時候我在四川。

47 白：長江一帶的建築跟華北一帶的不一樣吧？

華: 有點兒不同.比方説上海蓋房子吧,差不多都是大樓.住宅也都是西式的.北方差不多都是造四合兒房子.

白: 您喜歡甚麼樣的房子?

華: 我喜歡中西合璧的房子.就是半中半西的樣子.在中國的西方人喜歡這種樣子的房子.屋頂是中式的.門跟窗戶都是西式的.華僑們也喜歡這種樣子的房子.以前我給華僑跟外國人蓋過不少這種樣子的房子.

白: 您這所房子設計的多好啊.

華: 這個房子我是拿他作試驗沒按規矩,隨便造的.

白: 您隨便造的都這麼好.把歐洲的長處跟亞洲的長處都合在一塊兒了.

華: 你説的好.我喜歡歐洲的建築是喜歡他們用得材料跟建築的方法.尤其是大樓都是用鋼鐵.現在的建築比較結實.以前常發生房子塌的事情.

白: 最近您蓋甚麼樣的房子呢?

華: 最近的工程是蓋公寓房子有草地.花園.噴水池小亭子甚麼的.我書房裏有個模型一會兒你看看.

白: 您對工程相當有經驗了.

華: 經驗談不上,不過的確蓋了不少的房子了.

白: 您在法國一定參觀了不少的新式的建築吧?

74
華: 對了,我在法國畢業的前後啊,參觀了不少的
大小工程,並且也得參加工作──這也是我們
工程系功課的一部分.

77
白: 您也看過別的國家的建築嗎?

78
華: 我畢業以後,也到別的國家去看了一點兒,像
英國,德國,我都去過了.然後經過俄國從西伯
利亞鐵路坐火車回來的.

81
白: 噢,您是經過蘇聯那邊兒回來的,您中國外國
走的地方真多,我很羨慕您.

生字跟新語法的句子(p.305)

1.0 (8)   指教
1.1 以後請您常常指教.
1.2 我寫的這本書您看了以後請您指教.

2.0 (10)   外人
2.1 這件事情外人誰也不知道哇.

3.0 (13)   V 來着
3.1 他來的時候我吃飯來着.
3.2 昨天晚上你給我打電話的時候,我正跟幾個朋
友聊天兒來着.

4.0 (14)   誇獎
4.1 今天老師誇獎了他半天.

5.0 (17)   V 慣

5.1 西洋音樂我現在聽慣了也不錯.

5.2 我吃慣了中國飯了您不必給我特別預備了.

5.3 你在這兒住的慣嗎?

5.4 毛筆我老也用不慣.

6.0 (26)　　學會　會員

6.1 今天晚上八點鐘歷史學會開會.

6.2 你是不是中文學會的會員呢?

7.0 (26)　　禮拜

7.1 今天禮拜幾了?

7.2 我們禮拜三念歷史禮拜四幹麼呢?

8.0 (28)　　聚　聚會　聚在一塊兒

8.1 禮拜天我們大家聚一聚.

8.2 我們過幾天得聚會聚會.

8.3 你看很多人都聚在一塊兒幹麼?

9.0 (27)　　參加

9.1 昨天那個會你參加了嗎?

9.2 我們下禮拜去旅行你參加不參加?

10.0 (30)　　公寓　公寓房子

10.1 王先生住的是公寓房子.

11.0 (30)　　換句話說

11.1 那個孩子考試的成績很不好換句話說就是他
　　書念得太糟糕了.

12.0 (31)　　公路

12.1 美國的公路修得真好.

13.0 (32)　　橋

13.1 從河西到河東他們打算要造一座大橋.

14.0 (33)   留   留美   留學   留學生

14.1 張大夫是留美的.

14.2 我在日本留學的時候就認識他了.

14.3 才到外國的留學生都很想家.

15.0 (33)   法(國)   法文

15.1 王小姐是一個法國留學生,所以他的法文很好.

16.0 (35)   華北   華南   華西   華東   華中

16.1 華北一帶常常不下雨.

16.2 華南的山水很漂亮.

16.3 華西大學在四川.

16.4 華東就是中國的東部.

16.5 華中的天氣不冷不熱.

17.0 (39)   政府

17.1 據報紙上說政府要把這個辦法改變了.

17.2 政府最近為窮人蓋了不少的宿舍.

18.0 (39)   蒙   蒙古

18.1 蒙古人吃馬奶.

19.0 (40)   新疆

19.1 新疆省在中國的西北部.

20.0 (40)   (西)藏   (西)藏文

20.1 世界最高的山在西藏.

20.2 蒙藏兩個地方各有各的語言.

20.3 蒙文藏文他都研究過.

21.0 (40)   (中國)內部   (中國)內地

21.1 中國內部的人口最多.

21.2 內地人很少到西藏蒙古.

22.0 (40)　　同　　不同　　同學　　同學會　　同樣　　同姓

　　　　　　同年　　同鄉　　同事　　同歲

22.1 他們夫妻兩個人的脾氣不同.

22.2 我們兩個人從小的時候就同學.

22.3 並不是所有的學校都是同樣的制度.

22.4 他也姓王.我們兩個人同姓.

22.5 我跟他是同年生的.

22.6 下禮拜五下午三點鐘我們開同鄉會.

22.7 我們都在航空公司作事.我們是同事的.

22.8 你跟我同歲.

22.9 我們留美同學會每一個月開一次會.

23.0 (41)　　沙漠

23.1 蒙古多半兒是沙漠.

24.0 (41)　　地帶

24.1 你們到西北去旅行到過沙漠地帶沒有？

25.0 (41)　　平原

25.1 黃河一帶是平原.

26.0 (43)　　處　　各處　　處處　　到處

26.1 他在兩處教書.

26.2 房子我看了幾處都不合適.

26.3 中國東南西北各處吃東西的口味都不同.

26.4 美國處處有中國飯館兒.

26.5 西藏到處都有高山.

27.0 (47)　　江　　江北　　江南　　江西　　長江

27.1 江北是一個地方的名字, 也是江的北邊兒.

27.2 江南是上海附近的地方.

27.3 我有個親戚是江西人.

27.4 我跟江先生是同學.

28.0 (52)　　合璧　　中西合璧　　中外合璧

28.1 他們的房子是中西合璧.

28.2 王家客廳的傢具是中外合璧的.

29.0 (53)　　西方　　東方

29.1 東方的文化比西方的文化老的多.

30.0 (54)　　屋頂

30.1 那個旅館屋頂上就是飯館兒.

31.0 (55)　　華僑

31.1 在美國的華僑多半兒都是廣東人.

32.0 (59)　　試驗　　做試驗　　拿用 A 做試驗

32.1 每禮拜我們做兩次試驗.

32.2 他用這些材料做試驗.

33.0 (61)　　歐(洲)　　西歐

33.1 歐洲文化在中國歷史上也很重要.

33.2 法國是西歐的國家.

34.0 (62)　　亞　　亞洲　　亞西亞　　歐亞　　東亞
　　　　　　亞洲學會

34.1 歐亞航空公司最近造了一個新飛機.

34.2 東亞學會下禮拜開三天會.

34.3 亞洲學會明年在那兒開會?

34.4 那個雜誌的名子是新亞西亞.

35.0 (62)　　　合　　合起來　　合在一塊兒　　合買　　合用
　　　合作

35.1 把兩個桌子合起來.

35.2 把雞跟辣椒合在一塊兒炒.

35.3 我們兩個人合在一塊兒吃,好不好?

35.4 我們倆人合買了一輛汽車.

35.5 你們大家可以合用這本字典.

35.6 他們兩個人不能合作,因為他們相處得不好.

35.7 我跟江先生合作寫一本書.

36.0 (64)　　材料(兒)

36.1 做外國女人衣服比較做中國女人衣服用的材
　　料兒多.

37.0 (65)　　鋼

37.1 造大橋多半兒用鋼.

38.0 (65)　　鐵

38.1 這個桌子不容易壞,是鐵做的.

38.2 建築房子,造船,跟造汽車都得用鋼鐵.

38.3 中國煤鐵都不少.

39.0 (65)　　結實

39.1 我們不買這個房子,這個房子蓋得不結實.

39.2 你看那個孩子長得多結實.

40.0 (65)　　發生

40.1 你聽聽外面兒發生甚麼事情了? 怎麼這麼亂
　　七八糟的?

40.2 奇怪怎麼會發生這種事情呢？

40.3 今天有一件事情發生了.

41.0 (66)　　塌　　塌得了　　塌不了　　塌下去　　塌下來

41.1 那個房子不結實,快塌了.

41.2 這個大樓造得很結實,一定塌不了.

41.3 大禮堂的屋頂塌下來了,死了不少的人.

42.0 (48)　　花園兒　　花園子

42.1 我家後邊兒有一個小花園兒

43.0 (68)　　草地

43.1 美國房子前面兒差不多都有草地.

44.0 (69)　　噴水池

44.1 噴水池好看是好看,可是用得水太多.

45.0 (69)　　亭子

45.1 杭州西湖裏邊兒有幾個小亭子.

46.0 (69)　　模型

46.1 蓋房子有的時候得先做一個模型.

46.2 那個大桌子上就是將來我們宿舍的模型.

47.0 (72)　　上　　談得上　　看不上

47.1 他談不上有錢,不過吃飯不成問題就是了.

47.2 你簡直的瞎説,我那兒談得上有學問哪.

47.3 好的我買不起,壞的我看不上.

48.0 (72)　　的確

48.1 那個飯館兒的菜的確好.

48.2 我知道的確有這麼一件事.

49.0 (72)　　參觀

49.1 明天我們到一個學校去參觀.

49.2 我在歐洲參觀了不少最新式的建築.

50.0 (74)　前後

50.1 房子前後都有草地.

50.2 他到中國兩次了.他前後住了有二十年了.

51.0 (77)　國家

51.1 你說歐洲亞洲最大的國家都是那國?

52.0 (79)　德(國)　德文

52.1 他在德國留學六年.

52.2 德文學起來不太難.

53.0 (79)　然後

53.1 我先到你那兒去然後再到張家去.

54.0 (79)　俄(國)　俄文　中俄

54.1 請問,你懂俄文嗎?

54.2 這本中俄字典現在那兒也買不着.

55.0 (79)　西伯利亞

55.1 西伯利亞這條鐵路是從俄國通到中國.

56.0 (81)　蘇(聯)　中蘇　蘇俄

56.1 蘇聯一半在歐洲一半在亞洲.

56.2 他研究中蘇的關係.

56.3 你去過蘇俄嗎?

57.0 (82)　羨慕

57.1 他人長得漂亮,書念得好,所以很多人羨慕他.

温習句子 (p. 312)

1. 我叫了半天的門,你怎麼不開呀?⋯⋯ 我睡覺來着,我沒聽見.
2. 他不是留英的,是留美的.
3. 我們兩個人的脾氣完全不同.
4. 這個箱子鎖得上鎖不上?
5. 就是我搬走的前後他搬來的.
6. 你必得參加那個會.
7. 修橋是一種專門的工程.
8. 他整個禮拜都沒到學校去了.
9. 據說那個路口兒上將來要有兩個警察.
10. 我連吃飯帶住房子一個月得一百五十塊錢.
11. 我每月掙的錢剛够我一個人用.
12. 長輩坐上座兒.
13. 他最近考試的成績不太好.
14. 一年有兩個學期——有上學期跟下學期.
15. 你說他會說中國話? 不見得吧?
16. 請你把那個菜少微多放一點兒鹽.
17. 我得定一本中文雜誌.
18. 我提議咱們去吃廣東飯館兒.
19. 你出國的手續辦好了沒有?
20. 他的職務是幹麼?

單獨談話(p.313)

王媽正跟我說着話哪,聽見門鈴響,王媽說大概
是先生回來了.真是華先生回來了.這個時候我也
到客廳去了.

我一看華先生長的樣子跟美英說的一點兒也
不錯.這個時候華太太來給我們介紹.華先生很客
氣,也很和氣.他說因為他跟高先生的關係,所以看得
我是自己人一樣.而且還問我中國的生活我過得
慣麼.我心裏想:"中國的生活我太喜歡了.乾脆您
就把我看作中國人得了."

我問華先生對那種的建築有興趣.他說他喜歡
蓋樓.他不喜歡修橋修公路.可是他在中國的西北
部也修過公路.那個時候是給政府作事.華先生全
中國去的地方可真不少.他去過中國的蒙古,新疆,
西藏,蘇州,杭州,上海.他造的房子不少.這都是長江
地帶.

華先生對建築是相當有經驗.聽他一說他的確
蓋了不少的房子.他現在蓋的是一處公寓房子,讓我看
草地,噴水池,亭子甚麼的.華先生說一說中西合璧的房子
模型.他也說給華僑造了不少的中的房子是半中
他特別喜歡這樣的房子.怪不得他的房子是蓋着玩兒.
半西的樣子哪.華先生說他的房子是蓋着玩兒.

華先生是留法的.法國的藝術是相當有名.我相
信他設計的房子都很漂亮的.

他 說他回國的時候也到英國德國去看了一看,
然後經過西伯利亞鐵路坐火車回來的.我聽華先
生說他去過很多地方我很羨慕.不知道將來能不
能我也有機會到各處旅行.

問題 (p.314)

1. 華先生回來了以後華太太給白文山介紹華先
   生對白文山說甚麼?
2. 華先生跟白先生說客氣話白先生怎麼回答的?
3. 華先生怎麼知道白先生的學問很好?
4. 華先生問白先生對於中國的生活習慣怎麼樣?
   白先生怎麼回答?
5. 華先生對白先生說他很忙他都忙甚麼?
6. 華先生說他對那種工程有興趣? 他說他對那
   種工程沒興趣?
7. 華先生是在那國念書的? 他回來先在那兒蓋
   房子呢?
8. 請你說一說西北部他到過那兒啊?
9. 你知道那兒是沙漠地帶?
10. 南方華先生都在那兒蓋過房子?
11. 上海一帶蓋房子跟華北一帶有甚麼不同?
12. 華先生喜歡甚麼樣的房子?
13. 甚麼叫中西合璧的房子?

14. 甚麼人喜歡中西合璧的房子？ 你呢？

15. 白先生說華先生的房子設計得好，華先生說甚麼？

16. 華先生最近蓋甚麼樣的房子呢？ 他說他一會兒讓白先生看看甚麼？

17. 白先生說華先生對工程有經驗，華先生怎麼回答？

18. 白先生跟華先生說華先生他一定在法國參觀了不少的新式的建築，華先生怎麼說？ 他並且說在甚麼時候參觀的？

19. 白先生說華先生蓋的房子把甚麼合在一塊兒了？

20. 鋼鐵是作甚麼用的？

21. 要是你第一次看見一位長輩你應該跟他說甚麼話？

22. 如果有一位朋友介紹一個人來你家住，他要是跟你很客氣你應該跟他說甚麼？

23. 要是有人說你的學問很好你應該說甚麼？

24. 要是一個長輩叫你是先生你應該怎麼說？

25. 要是你第一次看見一個工程師你應該問他甚麼？

26. 要是你遇見一位工程師，他說他造了不少的房子了，你應該跟他說甚麼客氣話？

27. 要是有人告訴你別人常誇獎你，你怎麼回答？

28. 要是有人說你對一件事有經驗你說甚麼？

29. 要是你出去了你回來看見有朋友在這兒哪,你應該說甚麼客氣話?

30. 要是有人跟你說他在外國學建築你應該問他甚麼?

1	2	3	4	5	6
膠	步	洞	厥	推	賽

7	8	9	10	11	12
選	否	則	基	金	括

13	14	15	16	17	18
質	資	代	朝	亥	革

19	20	21	22	23	24
命	立	洽	足	球	季

25					
燕					

1. 膠 jiāo   glue, gum (1)
2. 步 bù   step, pace (4)
3. 洞 dòng   hole, cavity (7)
4. 厰 chǎng   factory (8)
5. 推 tuī   push (9)
6. 賽 sài   compete (13)
7. 選 xuǎn   choose, elect (15)
8. 否 fǒu   no, not so (16)
9. 則 zé   principle, rule (16)
10. 基 jī   foundation (17)
11. 金 jīn   gold (17)
12. 括 kuò   include (22)
13. 質 zhì   substance, matter (24)

14. 資 zī   resources (29)
15. 代 dài   generation (33)
16. 朝 cháo   dynasty (34)
17. 亥 hài   12th Earth's Branch (35)
18. 革 gé   remove (36)
19. 命 mìng   life (36)
20. 立 lì   set up (39)
21. 洽 qià   agreement (44)
22. 足 zú   foot (45)
23. 球 qiú   ball (45)
24. 季 jì   reason (47)
25. 燕 yàn   a swallow (bird) (52)

269

第十六課　談學(p.325)

會話：華學新白文山見面以後兩個人
　　　談彼此研究的情形

學： 爸爸.

華： 來,你們兩個人認識認識.

學： 我叫華學新.

白： 我叫白文山.

華： 你怎麼這麼晚才回來呀?

學： 自行車兒的膠皮輪子壞了.修理自行車兒去了.

華： 在那兒壞的?

學： 從馬場出來走了幾步車輪子沒氣了.發現車輪子上有個洞.

華： 車輪子上怎麼會有洞了呢?

學： 不知道哪.馬場附近也沒有修車廠.我把車一直的推到很遠了.才有一個修車廠.

華： 怪不得你這麼晚才回來.

學： (對白文山)對不起早來了吧?

白： 來了一會兒了.你很忙啊.

學： 今天本來沒事.我學騎馬哪.因為教騎馬的教師明天有事.叫我提前一天今天去學

白： 你在那兒騎馬?

21
學：就在遠大的後頭，離這兒有三四里路走，請到
22
我的屋子去談談。
23
白：參觀參觀你的屋子。
24
學：你看了我的屋子一定笑話我亂七八糟髒得
很。
25
白：別客氣，彼此，彼此。
26
學：我相信你的屋子一定比我的乾淨得多。
27
白：將來我們兩個人比賽好不好？
28
學：比賽乾淨還是比賽髒呢？
29
白：當然比賽乾淨了。.... 誒！你的屋子並不太
髒麼。
30
學：母親告訴我你今天搬來，昨天晚上稍微的收
31
拾了一下兒。
32
白：謝謝你，因為我來你還特別收拾屋子。
33
學：你的中國話說得這麼好，在那兒學的？
34
白：我的中國話是在美國念中學的時候學的，因
35
為我喜愛中國的文化，所以在大學就選了中
36
國文學跟語言學這兩門功課了。
37
學：你第一次來可惜我們沒機會見面，否則我們
38
早就認識了。
39
白：可不是麼。
40
學：你這次來還是念書嗎？
41
白：是因為基金會給了我一個獎學金，我這次來
42
就是用這筆獎學金來的。
43
學：你得到的獎學金是一部分還是全部分呢？

44
白： 是全部的生活費,旅費,學費都包括在內.
45
學： 這個獎學金是怎麼一種性質的?
46
白： 是讓學生研究中國文化,考試在頭十名以內[47]
的有,十名以外的沒有.
48
學： 你還是研究文學跟語言學嗎?
49
白： 我這次還是,並且為作博士論文找找資料.聽[50]
美英說你也念博士呢?
51
學： 其實博士不博士倒沒多大關係,希望多知道
52
一點兒東西.
53
白： 你是學歷史的啊?
54
學： 是.
55
白： 你研究古代史還是近代史呢?
56
學： 我研究近代史,我研究清朝到辛亥革命的歷史.[57]
58
白： 你是一位史學家呀.
59
學： 那兒够得上史學家呀.
60
白： 最近遠大是不是成立了一個歷史研究院?
61
學： 最近成立了兩院——一個歷史研究院,一個
62
國文語言研究院.
63
白： 國文語言研究院的院長是誰呀?
64
學： 是馬教授.
65
白： 馬教授很好,各地方的方言他都有研究.從前[66]
我最喜歡上他的課了.
67
學： 你入學的手續都辦好了嗎?
68
白： 在美國已經寫信接洽好了,在沒開學以前得[69]
到學校去一次.

70
學：你今天下午有事沒有？

71
白：我沒事你有事嗎？

72
學：沒事．你對看運動會有興趣沒有？

73
白：我很喜歡看．

74
學：那麼吃完了飯我們去看足球比賽去．

75
白：那兒啊？是誰跟誰？

76
學：今天是遠大跟聯大足球比賽．運動會昨天已 77
經開了一天了．今天是第二天了．

78
白：這是秋季運動會嗎？

79
學：是的．遠大每年在開學以前照例的開秋季運 80
動會．

81
白：你說得那個聯大是不是抗戰的時候那個西 82
南聯合大學呢？

83
學：不是當初抗戰的時候那個西南聯大那個聯 84
大是清華．北大．燕京──不對．燕京是私立的．西 85
南聯大都是國立大學組織的．還有甚麼大學． 86
我記不清楚了．我說的這個聯大只是用聯大 87
兩個字作學校的名子．

88
白：今天的運動會幾點鐘開？

89
學：下午三點鐘我們吃完了飯去正好．

生字跟新語法句子 (p. 327)

1.0 (8)　　膠皮　膠皮鞋

1.1 打仗的時候膠皮做的東西很難買.

1.2 下雨了.出去的時候別忘了穿膠皮鞋.

2.0 (8)　　輪子　(膠皮)輪子

2.1 他們造的是六個輪子的貨車.

2.2 一個自行車膠輪子多少錢?

2.3 我的汽車輪子壞了一個.我得去換.

3.0 (10)　　馬場　跑馬場

3.1 我每天早晨到馬場去學騎馬.

3.2 那個跑馬場現在改成運動場了.

4.0 (10)　　步　一步一步(的)

4.1 離這兒沒多遠.一出門口兒走幾步就到了.

4.2 教育水準要一步一步的提高.

5.0 (10)　　氣　煤氣　空氣

5.1 我的自行車的輪子沒有氣了.

5.2 我們家用的是煤氣爐子.

5.3 這間屋子的空氣太壞了.請你把窗戶開開.

6.0 (10)　　發現

6.1 我昨天才發現我的書在他那兒.

6.2 最近這一帶發現一種奇怪的病.

7.0 (11)　　洞　弄個洞　山洞

7.1 你看那個牆上有個洞.是誰弄的.

7.2 抗戰的時候他們把工廠搬到山洞裏頭去了.

8.0 (13) 修車廠

8.1 你能不能把我的車拉到修車廠?

9.0 (14) 推　推開

9.1 你幹麼推我呀?

9.2 請你把這個門推開.

10.0 (19) 教師

10.1 王先生是游泳教師.

11.0 (19) 提前

11.1 馬教授的講話要提前半個鐘頭.

11.2 因為要開會了我們提前半點鐘下課.

11.3 那個飛機提前起飛十分鐘.

11.4 今天的晚飯我們提前吃好不好?

11.5 四點半的歷史課提前到三點鐘.

12.0 (24) 笑話

12.1 我寫的不好請你別笑話我.

13.0 (27) 比賽　比賽(看)　Sentence　比賽 V (O)

　　　　有 V (O) 比賽

13.1 我們兩個人比賽誰跑得最快.

13.2 明天我們學校比賽打字.

13.3 北湖那個溜冰場下禮拜有溜冰比賽.

13.4 你打算參加唱歌兒比賽嗎?

13.5 中國的數學比賽是在那兒開始的.

14.0 (35) 喜愛

14.1 王先生很喜愛文學.

14.2 我對於藝術非常喜愛.

15.0 (35)　　選　　選上

15.1 下學期我打算念四門功課,我選歷史,數學,英文,
中文.

15.2 這次你看老王選得上選不上?

16.0 (37)　　否則(的話)

16.1 要是你們都去我就去,否則的話我就不去了.

17.0 (41)　　基金　基金會　教育基金

17.1 那個大學最近得到的基金是為了研究原子能.

17.2 研究中國語言的錢是政府給的還是基金會給
的?

17.3 張老太太的錢完全作了教育基金了.

18.0 (41)　　獎　得獎　獎金　獎學　獎學金

18.1 那個孩子每次考試都得獎.

18.2 最近他又得到獎金了.

18.3 他為了獎學把自己的錢都送給基金會了.

18.4 他是得到了獎學金才出的國.

19.0 (42)　　筆　一筆錢　一筆收入

19.1 這一筆錢是為了蓋圖書館用的.

19.2 他把車賣了所以得到了一筆收入.

19.3 你這筆獎學金是那個基金會給的?

20.0 (43)　　(A) 全部　全部(的) A　全部學生

20.1 他的學費跟生活費全部是他自己作事賺來的.

20.2 我們學校今天全部學生都去旅行.

21.0 (44)　　旅費

21.1 從中國到美國這筆旅費可真不少.

22.0 (44)　　包括　　A 包括在 (B) 裏頭

22.1 這一百塊錢甚麼都包括了.

22.2 買書的錢也包括在學費裏頭嗎?

23.0 (44)　　內　　內蒙　　內蒙古　　內外蒙古

23.1 包括你在內有十個人了.

23.2 我這次旅行花了一百塊錢,吃飯不在內.

23.3 有內外蒙古,內蒙古是中國的一部分.

24.0 (45)　　性質

24.1 這兩種材料的性質不同.

25.0 (46)　　名　　V 第....(名)

25.1 單子上第三名是你.

25.2 我弟弟這次考第一名.

26.0 (47)　　以內　　A 在 B 以內

26.1 那本書十塊錢以內我就買.

26.2 吃飯坐車都包括在六十塊錢以內.

27.0 (47)　　以外　　在 B 以外　　除了 A 以外

27.1 買書在學費以外.

27.2 我明天晚上請的客人除了王小姐跟你以外沒
　　　別人.

28.0 (49)　　論文　　博士論文

28.1 我這幾天忙着寫論文哪.

28.2 我的博士論文還沒寫完哪.

29.0 (49)　　資料

29.1 我準備寫一本書,我正在找資料哪.

30.0 (51)　　N 不 N

30.1 工程師不工程師倒沒關係.我是對建築有興趣.

30.2 我是無所謂博士不博士.我就是希望多念一點兒書.

30.3 錢不錢的事情倒很小.他把我的錄音機弄壞了應當告訴我.

31.0 (51)　　沒(有)多大 N

31.1 沒有多大時候他就來了.

31.2 你去不去沒多大關係.

32.0 (55)　古　古人　古時候　上古　中古

32.1 我們要知道古人的事情就得念歷史.

32.2 古時候人們穿的衣服跟現在不同.

32.3 中國上古的時候就已經有了很好的文化了.

33.0 (55)　代 (時)代　古代　近代　古代史
　　　　　近代史　上古時代　中古時代　一代一代(的)

33.1 現在是原子時代.

33.2 近代的建築跟古代的不同.

33.3 我是研究古代史的.

33.4 歷史是歷史家一代一代的寫下來的.

33.5 我看上古時代的藝術比中古的好.

33.6 那個房子是中古時代的樣子.

34.0 (56)　朝　漢朝　清朝

34.1 中國最後的那一朝叫甚麼名子?

34.2 你知道在漢朝的時候中國有多少人口?

34.3 清朝一共有二百多年的歷史.

35.0 (56)　辛亥　辛亥年

35.1 我哥哥是辛亥年生的。

36.0 (56)　　革命　辛亥革命

36.1 那個地方雖然已經革命了還是跟以前一樣。

36.2 革命那年他們跑到外國去了。

36.3 辛亥革命發生在一九一一年。

37.0 (58)　　史學家　歷史家

37.1 張教授是最有名的史學家。

38.0 (59)　　夠得上(是)　夠不上(是)

38.1 他夠不上史學家。

38.2 我那兒夠得上是文學家呀？

39.0 (60)　　成立

39.1 在我們那個縣裡頭成立了一個大學。

39.2 革命以後就成立了一個新政府。

40.0 (60)　　院　五大院　考試院　研究院

40.1 兩院都取消了。

40.2 考試院是五大院的一部分。

40.3 我畢業以後再到研究院去研究。

41.0 (63)　　長　院長　校長　村長　縣長

41.1 不知道這位新院長的學問怎麼樣？

41.2 我們校長才從歐洲回來。

41.3 村長管全村子的事情。

41.4 這位縣長不是本地人。

42.0 (65)　　方言

42.1 中國東南部的方言很多。

43.0 (67)　　入　入學　入口(處)

43.1 那個孩子十五歲就入了大學了.

43.2 他弟弟已經十七歲了還沒入中學哪.

43.3 那個大門就是運動會的入口處.

44.0 (68)　　接洽(好)　　A 跟 B 接洽(好) C

　　　　　　　　　　　A 把 C 跟 B 接洽(好)

44.1 我在電話裏頭跟張校長接洽了那件事情.

44.2 我已經把那件事情跟他接洽好了.

44.3 這件事情請你跟他接洽一下好不好?

45.0 (74)　　足球　足球比賽

45.1 下星期我們學校跟第一中學足球比賽.

46.0 (76)　　聯合　聯合起來　聯合國　西南聯合大學

　　　　　　聯大

46.1 他們跟我們聯合不聯合都沒關係.

46.2 我們幾個人聯合起來跟他說這件事情.

46.3 世界上差不多所有的國家都參加了聯合國.

46.4 西南聯合大學是抗戰的時候成立的.

46.5 西南聯合大學簡單的名子叫聯大.

46.6 大家聯合起來作那件事情就容易.

47.0 (78)　　季　春季＝春天　夏季＝夏天

　　　　　　秋季＝秋天　冬季＝冬天

47.1 我們學校每年都開兩次運動會── 春季一次

　　秋季一次.

47.2 一到了夏季人都喜歡到海邊兒去玩兒.

47.3 一年有四季 ── 春季夏季秋季冬季.

48.0 (79)　　照例　照例(的)

48.1 那個事情你不能照他的例.

48.2 我是照例的每年回老家一次.

49.0 (83) 當初

49.1 我當初也是學數學的.

50.0 (84) 清華

50.1 他清華畢業的.

51.0 (84) 北京大學 北大

51.1 他被選當北大的校長.

52.0 (84) 燕京 燕大

52.1 他是燕京大學英文系畢業的.

52.2 燕大離清華不遠.

53.0 (84) 立 私立(的) 公立(的) 國立(的) 省立(的)

53.1 公立大學的學費沒有私立的貴.

53.2 國立北京大學簡單的名子叫北大.

53.3 我念第三公立學校.

53.4 這兒有省立大學沒有國立的.

温習句子 (p.335)

1. 今天我才發現我們那條狗病了.

2. 我非常喜愛中國古代的藝術.

3. 學校今天開運動會我們提前吃午飯好不好?

4. 我們兩個人比賽寫漢字看誰錯得少.

5. 非得基金會給我獎學金我才能念博士.

6. 那個人的心很好常常把他自己的錢拿出來獎學.

7. 包括你跟我一共九個人.

8. 那套衣服五十塊錢以內我就買.

9. 錢不錢倒沒多大關係我是喜歡這種工作.

10. 每一個時代都有革命的事情發生.

11. 新政府是那年成立的?

12. 昨天我在電話裏頭已經跟他接洽過了.他說那件事情沒問題.

13. 我們大家聯合起來反對他.

14. 我是照例的每天早晨喝一杯牛奶.

15. 那個地方發生革命了.打起來了.

16. 他來我不知道因為我睡覺來着.

17. 他是一個法國留學生.

18. 那兩個女孩子穿着同樣的衣服.

19. 王小姐的溜冰技術相當好啊.

20. 我連吃飯帶洗傢伙才用了半個鐘點兒.

單獨談話 (p.336)

　　我跟華先生談着話的時候忽然聽着門口有人叫門.華先生出去開門.是華學新回來了.華先生問他為甚麼回來得這麼晚呢? 他說自行車輪子壞了.去修理車輪子.

我跟華先生一塊兒出來的。華先生讓我們兩個人認識認識。我跟學新彼此都說出來自己的名字。我覺得學新這個人不錯。

學新叫我到他的屋子去談。他跟我客氣，說他的屋子亂七八糟讓我不要笑話他。其實他的屋子也不見得怎麼髒。我說他的屋子很乾淨。他說昨天晚上已經收拾了。

我們兩個人談到學的一方面。他問我這次來是不是還是念書？我告訴他我得到了一個獎學金來中國研究並且找找作博士論文的資料。

學新是學歷史的。他研究近代史就是研究從清朝到辛亥革命的歷史。我說他是一位史學家。他說他夠不上。

我在美國的時候就知道遠大最近成立了幾個研究院。可是的確成立了那幾院我還不知道。今天問了學新知道成立了歷史研究院跟國文語言研究院這兩院。

學新告訴我國文語言研究院的院長是馬教授，我很高興。我最佩服馬教授了。我認為他真是一位最好的語言學家。他研究各地方的方言。他寫了不少的關於語言的書。

學新問我對足球有興趣沒有。他不知道我是很喜歡運動的。我告訴他我很喜歡。他說吃完了飯一塊兒去看遠大跟聯大足球比賽。我以為這是秋季運動會哪。學新說是每年照例的在開學以前開一次運動會.
　　學新說聯大,我以為是抗戰的時候幾個大學在
西南組織的那個聯合大學哪.學新說不是這個大
學是用<u>聯合</u>兩個字做學校的名子.

問題 (p. 337)

1. 華先生給學新開開門.華先生跟他的兒子說甚
　　麼?
2. 學新為甚麼回來晚了?
3. 學新怎麼知道他的車輪子壞了?
4. 為甚麼學新不在家等着文山?
5. 學新請文山到他的屋子去談,文山說甚麼?
6. 學新說他的屋子亂七八糟,文山說甚麼? 你知
　　道他說的那句話的意思嗎?
7. 學新為甚麼昨天晚上收拾屋子?
8. 文山說他為甚麼要選中國文學跟語言學這兩
　　門功課呢?
9. 學新說他們以前怎麼沒認識呢?
10. 文山這次來中國念書是誰給他錢?
11. 這筆錢都包括甚麼在內?
12. 白文山來念書他還來做甚麼?
13. 學新最近研究甚麼歷史? 他從那兒研究到那啊?
14. 遠大最近成立了幾院? 是那幾院.

15. 文山的入學手續是在那兒辦的？
16. 學新說吃完了飯跟文山去幹麼？
17. 這次的足球比賽是誰跟誰？
18. 為甚麼要開這個運動會？
19. 以前的聯大是那幾個大學組織的？為甚麼要組織那個聯大？
20. 請你說一說這個聯大跟以前的聯大有甚麼不同？
21. 要是你出去了很久才回來你爸爸給你開門他一定說甚麼話？
22. 要是有一個人在這兒別的人說讓你跟他認識認識你應該說甚麼？
23. 要是朋友說請你到他的屋子去，你說甚麼？
24. 如果你到朋友的屋子去你朋友說他的屋子太髒，你應該說甚麼？
25. 要是朋友說你沒來以前他特別把屋子收拾了一下，你應該說甚麼客氣話？
26. 要是一個朋友第一次來你沒見過他，他第二次來你跟他見面了，你要說甚麼？
27. 一個人說他是研究歷史的你應該說甚麼？
28. 要是你想約一個朋友去看運動會你不知道他喜歡不喜歡，你應該怎麼問他？
29. 要是你用獎學金念書你要告訴你的朋友，你應該怎麼說？
30. 要是一個朋友說請你看運動會你說甚麼？

1	2	3	4	5	6
體	項	冠	軍	隊	格

7	8	9	10	11	12
類	籃	網	兵	乒	踢

13	14	15	16	17	18
激	烈	棒	途	秒	拍

19	20	21	22	23	24
輸	握	危	險	綠	灰

25	26	27	28	29	30
褲	兇	猛	眾	威	擁

31	32	33	34	35	36
護	台	犯	絡	趁	守

37	38				
弱	值				

1. 體 tǐ body (2)

2. 項 xiàng item (4)

3. 冠 guàn head; cap (5)

4. 軍 jūn army (5)

5. 隊 duì group, team (6)

6. 格 gé frame, pattern (7)

7. 類 lèi kind, class (9)

8. 籃 lán basket (10)

9. 網 wǎng a net (11)

10. 乒 bīng bing (12)

11. 乓 bāng bang (12)

12. 踢 tī kick (13)

13. 激 jī incite (15)

14. 烈 liè intense (15)

15. 棒 bàng club, stick; corn (19)

16. 途 tú journey, road (20)

17. 秒 miǎo a second (22)

18. 拍 pāi beat, pat (23)

19. 輸 shū lose (25)

20. 握 wò shake hands (28)

21. 危 wēi
wéi dangerous (29)

22. 險 xiǎn perilous (29)

23. 綠 lǜ green (33)

24. 灰 huī ashes; gray (34)

25. 褲 kù trousers (35)

26. 兇 xiōng fierce (36)

27. 猛 měng ferocious (36)

28. 眾 zhòng crowd, multitude (37)

29. 威 wēi prestige (38)

30. 擁 yōng press, crowd (39)

31. 護 hù protect (39)

32. 台 tái terrace, platform (41)

33. 犯 fàn transgress, offend (46)

34. 絡 luò
lè have connections with (51)

35. 趁 chèn take advantage of (53)

36. 守 shǒu defend, watch over (54)

37. 弱 ruò weak, faint (55)

38. 值 zhí worth (56)

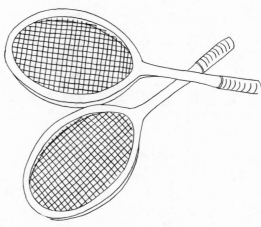

第十七課　看足球比賽 (p. 349)

會話：華學新白文山兩個人在運動場
　　　談話.

白：運動場可真不小哇.

學：去年才蓋好的.能容五萬多人.

白：聽說遠大最近很重視體育的.

學：對了.參加全國運動會.遠大的選手最多.去年
　　全國運動會.遠大得了八項冠軍.

白：真不錯.

學：尤其是足球隊真有資格參加世界運動會了.

白：我知道遠大足球常跟別的學校比賽.別的球
　　類也常比賽嗎？

學：除了足球以外還有籃球.網球.乒乓球.也常跟
　　別的學校比賽.

白：你對各種運動都能吧？

學：都懂點兒.可是我最喜歡足球跟籃球.我聽說
　　美國式的足球跟中國的踢法不同.

白：有很大的分別.

學：報紙上常有關於美國足球比賽隊員受傷的
　　消息.美國式的足球可以說是一種太激烈的
　　運動.

白: 我小的時候很喜歡足球,母親不贊成,說千萬別踢足球,萬一受了重傷怎麼辦? 雖然母親這麼說,可是有的時候我還去踢.

學: 你喜歡甚麼運動?

白: 我最喜歡賽跑,打網球跟打棒球.

學: 你跑長途還是跑短途?

白: 我跑一英里.

學: 跑多少時候?

白: 我跑四分零九秒.

學: 成績不壞呀.

白: 我念中學大學的時候都參加過賽跑比賽.

學: 網球我有時候也打,那天我們兩個人打打.

白: 好的,我好久沒打了,我有很好的網球拍子在行李裏頭,哪幾個星期才能運到哪.

學: 我有我借給你.

白: 恐怕我不是你的對手,我打不過你.

學: 我打的並不好,陪你玩兒玩兒,誰輸誰贏沒關係.

白: 遠大跟聯大那隊踢得最好哇?

學: 當然遠大踢得好了.遠大足球隊有兩個踢得最好的隊員.一個叫王文華的,外號兒叫小老虎兒,一個叫張東生的,外號鐵頭,前幾天小老虎兒練習球受傷了.不知道他今天能不能出場.

白: 那麼今天沒把握一定贏.

學: 危險,誰輸誰贏不敢說.

白: 球隊的制服很漂亮啊.

學: 遠大是紅運動衣,聯大是綠運動衣,都是灰短褲.

白: 遠大的隊員個子都不很高.隊長是誰?

學: 小老虎兒.

白: 為甚麼叫小老虎兒?

學: 提起來很有意思.我念遠大四年級的時候小老虎兒才進大學.他年紀很小,個子很矮,跑得很快踢起球來相當兇猛,所以大家都叫他小老虎兒.

白: 你聽球場的觀眾都是給遠大助威,都很擁護遠大.

學: 觀眾大多數是跟遠大有關係的.

白: 怪不得都給遠大助威哪.

學: 你看看台上人都滿了.有很多人沒座兒站著看哪.

白: 可不是麼.幸而我們來得早.

學: 現在要開始了.遠大加油兒?

白: 遠大踢得好.

學: 聯大踢得也不錯.

白: 還是遠大踢得好.

學: 老張加油兒!

白: 你看遠大踢進去一個了.

學: 現在一比零.

白: 聯大的隊長踢得非常好.

學: 他跟老張踢得差不多好.

白: 對了,踢得真不錯.

74 學： 糟糕！遠大犯規了.

75 白： 給人家機會了.

76 學： 今天遠大踢得比以前差得很多.

77 白： 糟糕！聯大踢進去一個了.

78 學： 現在平了——一比一.危險危險.

79 白： 你看這次誰輸誰贏?

80 學： 不敢說.小老虎兒沒上場.

81 白： 最好的選手不上場.關係很大.

82 學： 現在真緊張.兩隊都那麼賣力氣.分不出誰好[83] 誰壞.

84 白： 快完了,還沒分出誰輸誰贏.

85 學： 小老虎兒上了！ 有希望.

86 白： 不成問題了.一定是遠大了.

87 學： 你看小老虎兒跟老張聯絡得多好.

88 白： 真的.

89 學： 小老虎兒加油兒！

90 白： 鐵頭加油！

91 學： 聯大五號倒了！ 小老虎兒趁着機會把球踢.[92] 給老張了.

93 白： 你看聯大那個守門的也不弱呀.

94 學： 你看小老虎兒跑到鐵頭前頭去了.噯！踢進[95] 球門去了！ 遠大贏了！

96 白： 今天這場球真值得看.

97 學 ⎱ Zǐ bēng pā,
  ⎰ Zǐ bēng pā.
白   遠大球隊
     Rā, rā, rā!

生字 跟 新 語法 的 句子 (p. 351)

1.0 (5)　　重視
1.1 我們學校很重視學生學外國語言.
1.2 昨天發生的那件事情他很重視.

2.0 (5)　　體育　體育會　體育場　體育館
2.1 我弟弟是學體育的.
2.2 中華體育場今天有一場足球比賽.
2.3 男宿舍離體育館很近.

3.0 (6)　　手　水手　好手　選手
3.1 作事他可是個好手.
3.2 這次的運動會我們學校有十五位選手參加.
3.3 游泳比賽王小姐那兒是張小姐的對手啊?

4.0 (7)　　項　一項一項的
4.1 你參加那項運動?
4.2 請你把那些事一項一項的都寫出來.

5.0 (7)　　冠軍　得冠軍
5.1 昨天全省足球比賽我們學校得了冠軍.
5.2 王小姐溜冰得冠軍.

6.0 (9)　　隊　一隊兵　足球隊　音樂隊　隊員
　　　　　隊長
6.1 你帶那隊兵先走.
6.2 我們學校最近組織了一個音樂隊.
6.3 他哥哥是那個足球隊的隊員.

7.0 (9)　　資格　　A 够資格

7.1 他演戲的資格很老了.他演了二十多年了.

7.2 他很够資格作我們的老師.

8.0 (9)　　球　玩兒球　打球　球場　球門　球隊
　　　　一場球

8.1 我念中學的時候最喜歡玩兒球了.

8.2 今天球場人一定很多.

8.3 球門壞了得找人修理.

8.4 這個學校的球隊相當有名.

9.0 (11)　　類　人類　湯類

9.1 你喜歡看那類的電影兒?

9.2 原子能應該用在對人類有好處這一方面.

10.0 (12)　　籃(子)　籃子　籃球

10.1 昨天王太太送我一籃子水果.

10.2 你喜歡玩兒籃球嗎?

11.0 (12)　　網(子)　魚網　網球

11.1 我很喜歡打網球.你呢?

11.2 那個打網球的網子是新買的.

12.0 (12)　　乒乓　乒乓球　乒乓乒乓(的)

12.1 美國人對乒乓球不怎麼重視.

12.2 你聽聽外邊兒甚麼乒乒乓乓的響?

13.0 (16)　　踢　踢球

13.1 那個孩子不念書老踢球.

14.0 (17)　　分別　分別得出(來)　分別不出(來)

14.1 據我看那兩枝筆沒多大的分別.

14.2 這兩個東西怎麼分別那個是你的那個是我的.

14.3 他們兩個人你分別得出誰是哥哥誰是弟弟嗎?

15.0 (20) 激烈

15.1 那次的仗打的很激烈呀.

16.0 (22) 千萬 千萬不/別

16.1 過路千萬要注意車.

16.2 你可千萬別忘了那件事啊.

17.0 (22) 萬一

17.1 我想我一定來,萬一我不來我打電話告訴你.

18.0 (25) 賽 賽球 賽跑 賽看 + v

18.1 我們兩個人賽看誰走得快.

18.2 你們學校都賽甚麼球?

18.3 你喜歡看賽跑嗎?

19.0 (25) 棒(子) 棒子麵 棒球

19.1 鄉下人洗衣服還是用棒子打.

19.2 我們家有三畝地,都種的是棒子.

19.3 美國人最喜歡的運動是打棒球.

20.0 (26) 途 長途 短途 前途 中途

20.1 那個孩子又聰明又用功,將來一定有前途.

20.2 昨天我開車到紐約,走到中途才發現車裏頭沒油了.

20.3 晚上打長途電話比較便宜.

21.0 (29) 零

21.1 他哥哥是一九零九年生的.

21.2 這本書不是三塊二,是三塊零二.

21.3 飛機五點零八分起飛.

21.4 那個城原來只有一千零五個人.現在增加到三千零五十人了.

22.0 (29)　秒

22.1 快完了,只有八秒鐘了.

23.0 (33)　拍子

23.1 我的網球拍子是英國貨.

24.0 (36)　V 過

24.1 我想今天這場籃球比賽高中一一定賽不過初中三.

24.2 他打字打得比我快.我打不過他.

25.0 (37)　輸

25.1 昨天那場球没輸没贏.

25.2 他到跑馬場去常常輸錢.

26.0 (41)　外號(兒)　起外號(兒)

26.1 他那個外號兒很奇怪,是誰給他起的.

27.0 (44)　場　出場　上場　網球場

27.1 這場球小王怎麼没出場呢?

27.2 今天有兩個最好的隊員没上場.

27.3 我常到他們學校的網球場去打網球.

28.0 (45)　把握　有把握　没(有)把握

28.1 我對這次的考試相當有把握.

28.2 這件事情辦得好辦不好我可没把握.

29.0 (46)　危險

29.1 他病得很利害,相當危險.

30.0 (46)　　敢

30.1 這個打字機能用幾年我可不敢說.

31.0 (47)　　制服

31.1 這兒學校的學生要不要穿制服?

32.0 (48)　　運動衣

32.1 我們的運動衣是藍衣服黑字.

33.0 (48)　　綠

33.1 夏天警察穿綠制服.

34.0 (49)　　灰

34.1 灰帽子是我的.

35.0 (49)　　褲(子)　短褲

35.1 你這條褲子在那兒買的? 我也想買一條.

35.2 夏天天氣很熱人差不多都穿短褲.

36.0 (55)　　兇猛

36.1 老虎跟獅子一樣兇猛.

37.0 (57)　　觀眾

37.1 那個演員很受觀眾歡迎.

38.0 (57)　　助威　　給 A 助威

38.1 我們大家都給隊長助威三次.

39.0 (58)　　擁護

39.1 所有的學生都擁護王校長.

40.0 (59)　　多數

40.1 大多數的人都反對他的提議.

41.0 (61)　　看台

41.1 那個看台能容三百多人.

42.0 (61)　　滿　　A (的) B　滿了　　A　滿是 B　　滿 A 是 B

　　　　　　V 滿

42.1 大禮堂的人已經滿了.

42.2 那一帶滿是鋪子,沒有住宅.

42.3 秋天一颳風,滿地都是樹葉子.

42.4 他的書房書都堆滿了.

43.0 (62)　　站　　站起來

43.1 昨天我等公共汽車站了半天車也沒來.

43.2 你站起來讓那位老太太坐下.

44.0 (64)　　加　　加油 (兒)

44.1 二加三得五.

44.2 這個湯不夠鹹,再加點兒鹽.

44.3 你的汽車需要加油嗎?

44.4 要考試了,我得加油用功了.

44.5 文山,加油!

45.0 (70)　　A　比 B　　幾比幾　　A　比 B　X 贏了

　　　　　　X 對 Y　A　比 B

45.1 今天五比三聯大贏了.

45.2 聯大對遠大幾比幾?

46.0 (74)　　犯規

46.1 那個運動員打球老犯規.

46.2 他因為犯規受罰了.

47.0 (78)　　平　　打平　　跑平　　踢平

47.1 現在幾比幾?.... 平了.

47.2 棒球打到最後,有的時候打平嗎?

48.0 (82)　力氣　賣力氣

48.1 他的力氣可真大.一個人可以把一輛大汽車推走.

48.2 我看他對我的事情不怎麼賣力氣.

49.0 (82)　緊張

49.1 我一考試就緊張.

49.2 這場球真好看.打得多麼緊張啊.

50.0 (84)　分　分成　分給　分出來

50.1 中學分高中初中.

50.2 那個好那個壞我分不出來.

50.3 請你把這五十人分成兩隊.

50.4 你別一個人吃啊.也分給我點兒吃啊.

50.5 昨天那場足球踢平了,不分輸贏.

51.0 (87)　聯絡

51.1 我跟他很久就沒聯絡了.

52.0 (91)　倒　V 倒

52.1 你看那個房子很危險.差不多要倒了.

52.2 那棵樹讓大風給颳倒了.

53.0 (91)　趁(着)

53.1 我們應當趁客人還沒來哪.先收拾收拾屋子.

53.2 我們趁着王教授在這兒請他給我們說幾句話.

53.3 我趁着放假的時候打算去旅行一次.

54.0 (93)　守　守門　守門的

54.1 他病得很利害昨天晚上我守了他一夜.

54.2 我們家那個守門的在我們家二十多年了.

55.0 (93)　弱

55.1 他從病了以後很弱.

56.0 (96)   值 值 A 錢   值錢   值(得)

56.1 你看這枝筆值不值?

56.2 我看那個球拍子不值五塊錢.

56.3 最近這兒的房子很值錢.

56.4 那部片子沒意思.不值得去看.

溫習句子 (p. 359)

1. 大家都很重視那件事情.

2. 請你把菜單兒一項一項的給我念出來.

3. 他很有資格當歷史教授.

4. 中國話跟日本話有很大的分別.

5. 這件事情你可千萬別告訴他.

6. 萬一出國的手續要是辦不好我就走不了.

7. 走,我們去看賽跑的.

8. 那件事情我可沒把握,我跟他說試試看.

9. 我不敢吃蝦,一吃就病了.

10. 所有的人都擁護他.

11. 這張紙我都寫滿了.

12. 中國人多數是農人.

13. 公共汽車上人都滿了.我從上車一直的站到下車.

14. 他們兩個人我分不出來誰是姐姐誰是妹妹.

15. 我寫信跟他聯絡.

16. 趁着放假的時候得想法子賺點兒錢.

17. 那個戲演得好,佈景也不錯,值得看.

18. 我的祖母對於肉類的東西不怎麼吃.

19. 他有說話的天才.誰也說不過他.

20. 原來你沒預備功課.怪不得昨天考試你緊張哪.

單獨談話 (p. 360)

在華家吃完了午飯學新約我一塊兒去看遠大
跟聯大的足球比賽.我小的時候對足球很有興趣.
可是母親不讓我踢,怕我受傷.難怪我母親不讓我
踢.美國足球這種運動是一種太激烈的運動.

以後我就打網球棒球跟賽跑.我念中學跟大學
的時候我也是學校裏頭的網球跟賽跑的選手.哪
學新問我跑一英里用多少時候.我告訴他我跑四分
零九秒.他說我跑的成績不壞.其實比世界跑第一的
還差得很遠.世界跑第一的跑三分五十七秒左右.

學新說過幾天跟我打網球.我還是真希望跟他
打一場.因為我幾年都沒打了.在過去的幾年裏頭,
都是跟一些不愛運動專門念書的朋友在一塊兒,
所以沒機會玩兒球.其實青年人對體育應該重視.

學新是一位喜歡運動的青年.他對體育非常有
興趣.

我們到運動場很早.三點比賽,我們兩點半就到

了.人差不多都滿了.不到兩點三刻的時候,全運動場就沒座兒了.以後來的人都得站着看了.

這個時候兩隊的隊員都出場了.他們的運動衣真漂亮.遠大是紅的,聯大是綠的.

觀眾差不多都擁護遠大.都給遠大助威.這兩隊在開始踢的時候不分輸贏.一直的踢到最後還是一比一.在這個時候遠大的隊員有些緊張了.同時我們看的也是怕遠大輸.聯大也不弱.不但球場上踢得緊張連我們心裏頭也是怕遠大緊張起來了.因為跟遠大有關係,這場球很有輸的可能.因為遠大有一個最好的選手練習球受傷了,沒上場.可是最後他出場了.

學新告訴我遠大那兩個隊員的外號,一個叫小老虎,一個叫鐵頭.小老虎這個名子的意思當然是說他有老虎那麼兇猛.鐵頭一定是說他的頭像鐵作的那麼結實了.

遠大的足球隊向來是有名的.看這場球雖然用了兩個鐘頭的時候,真值得.

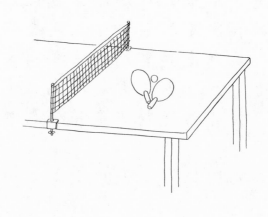

問題 (p.361)

1. 白文山跟學新說聽說遠大最近怎麼了?

2. 學新說參加全國運動會那兒的選手最多?

3. 學新說去年全國運動會遠大得到甚麼了?

4. 學新說遠大的足球隊可以作甚麼?

5. 白文山說他知道遠大的足球常跟別的學校比賽,不知道別的球比賽過沒有,學新怎麼說?

6. 學新說美國的足球是一種甚麼性質的運動? 你認為怎麼樣呢?他說得對嗎?

7. 文山小的時候喜歡踢足球他母親意思怎麼樣?

8. 文山在學校他喜歡甚麼運動?

9. 文山跑一英里要多少時候?

10. 文山的網球拍子在那兒呢?

11. 學新說跟白文山打網球,文山說恐怕他怎麼了?

12. 聯大跟遠大足球隊的運動衣都是甚麼顏色的?

13. 學新說為甚麼王文華外號叫小老虎兒呢?

14. 文山說觀眾對遠大怎麼樣?

15. 請你說一說小老虎兒跟鐵頭怎麼樣聯絡?

16. 這場足球誰輸了誰贏了?

17. 要是有朋友問你說:"你對各種運動都能吧?" 你怎麼回答?

18. 要是你的新朋友他能打球你說甚麼?

19. 要是朋友告訴你他賽跑用多少時候你說甚麼?

20. 要是一個朋友他會打網球你說甚麼?

21. 要是一個朋友說想陪你打球你說甚麼?
22. 要是你跟朋友說你想陪他打球,他說他不是你的對手,你說甚麼?
23. 要是你在球場給球隊助威你用甚麼話?
24. 要是朋友跟你說他能賽跑你說甚麼呢?
25. 要是你約朋友打網球,他沒有網球拍子你應該作甚麼?
26. 要是你看賽球去隊員們的運動衣很漂亮,你跟朋友說甚麼?
27. 要是你看球看完了,你認為很滿意你說甚麼?
28. 要是朋友問你你的學校有幾種運動你怎麼回答?
29. 請你說一說美國式的足球跟英國式的足球都有幾個隊員? 你知道籃球,棒球,網球,打的時候都須要幾個人?
30. 甚麼球用棒子打? 拍子呢?

第十八課　溫習

A. Substitution Frames

I. 你為甚麼....? (p. 372)

(13)
1. 叫門
2. 把門關上
3. 不喜歡正房
4. 天天沒空兒
5. 不買來回票
6. 天天說他
7. 跟他生氣
8. 不喜歡德文
9. 怕老鼠
10. 喜歡肥貓
11. 不試試看
12. 拿抽烟做消遣
13. 不去作試驗
14. 非鋪地板不可
15. 不喜歡種地
16. 送他到火車站
17. 不去給他道喜
18. 不住東廂房
19. 整年沒作事

(14)
1. 佩服他
2. 不多待一會兒
3. 把窗戶開開
4. 到王宅去
5. 沒說受傷了
6. 把狗給殺了
7. 對他例外
8. 不換衣裳
9. 買了那幾畝地
10. 勉強他
11. 不娶媳婦兒
12. 要拉車
13. 看不起他
14. 不喜歡當兵
15. 不掙點兒錢

(15)
1. 那麼誇獎他
2. 不跟他合作
3. 說他是外人
4. 說他們同歲

5. 參觀學校
6. 坐在草地上
7. 不經過蒙古
8. 說他是華僑
9. 那麼喜歡沙漠地帶
10. 不坐西伯里亞鐵路的火車
11. 想到蘇聯去
12. 不給政府作事
13. 把模型摁壞了
14. 想旅行新疆
15. 每禮拜天也那麼忙 (17)
16. 說他是江西人
17. 喜歡東方文化
18. 不喜歡到亞洲去
19. 說噴水池裏頭沒水了
20. 那麼喜歡西方文化

(16)
1. 找修車廠
2. 笑話他
3. 喜愛古代史
4. 冬季不念書
5. 沒得獎
6. 住山洞
7. 說院長沒學問
8. 不念北大
9. 到跑馬場去

10. 推不開門
11. 提前下課一刻鐘
12. 說他夠不上史學家
13. 選了那套衣服
14. 沒跟他接洽好了
15. 說他沒多大本事
16. 那麼喜歡中古建築
17. 不在聯合國作事
18. 把獎學金都花了
19. 對漢朝文化沒興趣
20. 不給基金會寫信

(17)
1. 那麼緊張
2. 不趁着這個機會去
3. 要借我的制服
4. 說他不夠資格
5. 重視那件事情
6. 不借給他你的拍子
7. 不喜歡玩球
8. 那麼賣力氣
9. 站在那兒
10. 不上場
11. 不敢說
12. 說我的運動衣不值錢
13. 對體育沒興趣
14. 說沒把握考第一

15. 給他助威三次
16. 說他們沒分別
17. 一打球就犯規
18. 把書分成兩堆
19. 說千萬別買

20. 不給他起外號
21. 不是他的對手
22. 擁護他做校長
23. 跑到中途就不跑了
24. 打那個守門的

II. 他在那兒....? (p.374)

(13) 1. 騎馬
2. 種花兒
3. 造房子
4. 堆東西
5. 鋪牀
6. 買的這輛車

(14) 1. 買襯衫
2. 掛衣裳
3. 做工
4. 受傷了
5. 打過仗
6. 讓人給殺了
7. 有幾畝地
8. 娶的太太

(15) 1. 留過學
2. 想蓋亭子
3. 見過沙漠
4. 吃慣了中國飯

5. 住公寓
6. 修理公路
7. 買的衣服材料兒

(16) 1. 找論文資料
2. 比賽打字
3. 成立學校
4. 發現這件事
5. 看見過足球比賽
6. 研究方言
7. 入學

(17) 1. 作籃球教師
2. 買的這條褲子
3. 踢球
4. 跟你打網球
5. 打過棒球
6. 給球隊助威
7. 吃過棒子麵
8. 當守門的
9. 輸了那麼多錢

III. 他的…… 在那兒？(p. 374)

(13) 1. 馬
2. 小貓兒
3. 鏡子
4. 自行車
5. 少爺
6. 臥房

(14) 1. 手絹兒
2. 襪子
3. 丈夫
4. 媳婦
5. 女婿
6. 主人

(15) 1. 俄文書
2. 歐洲地圖
3. 法國朋友
4. 同學

5. 公寓模型
6. 英蒙字典
7. 花園兒

(16) 1. 上古歷史書
2. 膠皮輪子
3. 騎馬教師
4. 煤氣竈
5. 方言字典

(17) 1. 制服
2. 運動衣
3. 網球拍子
4. 水果籃子
5. 褲子
6. 綠襯衫
7. 灰衣服

IV. …… 多少錢？(p. 375)

(13) 1. 一磅牛肉
2. 你的馬
3. 臥房的傢具
4. 用磚鋪地
5. 小鏡子
6. 一輛自行車

7. 來回票
8. 您少爺的那套衣服
9. 建築一所小房子
10. 一隻貓

(14) 1. 一件襯衫
2. 一雙襪子

3. 那套衣裳
4. 一條手絹兒
5. 擦我們所有的窗戶
6. 連桌子帶椅子
7. 養活兒女一年
8. 一輛三輪車
9. 主人的汽車
10. 相當好的表

(15)
1. 蓋房子的材料兒
2. 修理屋頂
3. 這本漢藏字典
4. 修一里公路
5. 參加亞洲學會
6. 比較結實的桌子
7. 鐵作的椅子
8. 造這個亭子
9. 你的那本法文書
10. 一個禮拜的醫藥費

(16)
1. 從這兒到紐約的旅費

2. 煤汽竈
3. 膠皮輪子
4. 看足球比賽
5. 私立大學學費
6. 國立大學學費
7. 這本古代歷史書
8. 你得到的獎學金
9. 王校長的新汽車

(17)
1. 一套制服
2. 一條短褲
3. 一磅棒子麵
4. 一個棒球棒子
5. 你的運動衣
6. 修理球門
7. 乒乓球的拍子
8. 網球的網子
9. 隊員的制服一套
10. 球隊的制服一共

B. Exercise in Tonal Distinctions (p. 376)

1. 騎沏
2. 院子原子
3. 花兒畫兒

4. 關管
5. 留溜
6. 響像

7. 馬媽
8. 娶去
9. 待待

10. 登 等　　　　13. 拍子 牌子　　　16. 守 受

11. 拉 邎　　　　14. 滿 慢　　　　17. 值 治

12. 踢 提　　　　15. 倒 到

C. Exercise in Homonyms (p. 376)

1. a. 響	6. a. 之	11. a. 登	15. a. 鋼	19. a. 隊
b. 想	b. 枝	b. 燈	b. 剛	b. 對
2. a. 煤	7. a. 磚	12. a. 合 壁	16. a. 步	c. 對
b. 沒	b. 專	b. 何 必	b. 部	20. a. 加
3. a. 竈	8. a. 地	13. a. 合	17. a. 筆	b. 家
b. 造	b. 第	b. 河	b. 比	21. a. 輸
4. a. 擱	9. a. 輛	c. 合	c. 筆	b. 梳
b. 歌	b. 亮	14. a. 橋	18. a. 項	c. 書
5. a. 花	10. a. 兵	b. 瞧	b. 像	
b. 花	b. 冰			

D. Exercise in Extended Meanings (p. 377)

吃中國飯　　吃中國飯館兒

(13) a. 叫門　　　　　鋪磚　　　　　f. 送你

　　　叫人　　　d. 種花　　　　　　送書

　b. 說話　　　　　種地　　　　(14) a. 幫你

　　　說他　　　e. 生氣　　　　　　幫工

　c. 鋪牀　　　　　生孩子　　　　b. 登三輪車

登椅子　　　　　弄行李　　　　b. 出場
c. 擦鞋　　　b. 念清華　　　　　出國
擦桌子　　　念近代史　　　c. 上場
(15) a. 留美　　(17) a. 打球　　　　　上課
留他　　　　　打字　　　d. 加鹽
(16) a. 弄洞　　　　　打皮　　　　　加油

E. Narratives and Dialogues

I (p. 378)

昨天我買了一些水果,從中山路回家在公共汽
車站等車.等了有半個多鐘頭因為等車的人太多
了.也沒能上去這個時候多半兒是學生回家沒法
子.然後又到電車站去等車.人還是很多.真氣死我
了.你瞧我提嘍着一籃子水果.你說該多麼重啊.幸
而我遇見老王了.他開着車從這兒走看見我了.老
王說:"來.我送你回去." 他就把我送回家去了.否
則的話不知道要等多少時候哪.

II. (p. 378)

我的朋友張先生雖然他不是個工程師可是他
很會設計蓋房子他的房子外表是西式的裏頭大
部分的傢具是中式的.佈置得非常漂亮.所有的門
全部是自動的.洗澡房跟厠所都是最新式的.那個
房子前後都有空地,是為了空氣好.

III. (p. 378)

我生在中國的北部向來都住在北方,所以南方

的生活習慣我一點兒也不喜歡(換句話說就是我[3]完全不喜歡南方的生活習慣)可是沒法子[4]抗戰發生了以後——就是跟日本打仗的時候——差不多人[5]們都往中國的西南部四川跑.我們在四川苦得不[6]得了.住的房子很壞,而且那個地方很髒老鼠很多[7]空氣又潮濕.可是沒法子.要是不走萬一讓敵人給[8]打死了你說怎麼辦?

那個時候因為老鼠太多所以家裏頭養了一隻[9][10]小貓.這隻貓真好看.他的毛是灰的眼睛很大.你一[11]叫咪咪他就跟你要吃的.不久他忽然病了.找大夫[12]看也沒看好沒幾天就死了.我們大家都很難過.[13]

IV. (p. 379)

昨天我去看賽球的去了.是一場足球比賽.這兩[1][2]隊的選手都是踢的最好的.而且有一隊是上次全[3]國運動會的足球冠軍.所以這場球在前一個星期[4]票就都賣光了.我到了球場還差半個鐘頭才開始[5]比賽哪.可是人就都坐滿了.看台上還有不少的人[6]站著.[7]

沒有多久兩隊的隊員都出場了.在開始比賽的[8]時候踢得不怎麼緊張比賽了一會兒開始是零比[9]零.不分輸贏.後來一比零了.這個時候球員們都很[10]賣力氣踢得相當兇猛.看台上的觀眾也緊張起來[11]了.最後還是平了——一比一.這兩隊踢得都不弱所[12]以沒輸贏.[13]

足球這種運動是一種太激烈的運動相當危險.[14]

常常有人被踢受傷很重，對於球類我不贊成玩兒[15]
足球萬一因為運動受了重傷，你說多麼不值得。[16]

V. (p.379)

有一次我有一個最大的旅行包括華北華中在[1]
內，就是旅行全中國，把全國的地方到處都去過了。[3]
我先到長江一帶，長江的山水很漂亮，杭州蘇州我[4]
也都去過了，然後我又到華中華北一帶，華中是中[5]
國的中部，天氣很好，不冷不熱，華北是中國的北部，[6]
在黃河的北邊兒，大部分是平原。[7]

我把全國內地都去過了以後我又到蒙古，新疆，[8]
西藏這些地方去了，這些地方人的生活習慣一切[9]
跟內地完全不同，那個時候中國西北部的鐵路公[10]
路都很少，所以有的地方必得騎馬。[11]

VI. (p.380)

昨天下午三點鐘有一個飛機出事了，在起飛的[1][2]
半個鐘頭以內還有電話，以後就沒聯絡了，一直[3]
到下午七點鐘也沒消息，據說是因為天氣不好的[4]
關係所以出事了。

VII. (p.380)

王：老張幾天不見了，你上那兒去了？

張：我那兒也沒去呀，我藉著放假的機會在家念
　　書來著。

王：不得了，你這一次一定考第一名，別人放假的
　　時候都聚在一塊兒玩兒玩兒甚麼的，你在家
　　裏頭一個人念書，真是好學生。

張: 談不上好學生不好學生的,今年就畢業了,要是考得不好,你説多麼糟糕?

王: 你的確是個好學生.

張: 你別瞎説了.

王: 一會兒我們兩個人一塊去吃晚飯啊.

張: 可是誰也別請客.

王: 我請你,我們一個人一個炒麵.

張: 好吧,因為今天我沒錢,下次我再請你.

VIII. (p.380)

王先生:

昨天失迎,謝謝您來,因為有點兒要緊的事所以出去了.

您吩咐我把我的老家三河縣的情形寫出來,我早已經把他寫好了.以後如果您讓我作甚麼,吩咐一聲兒就是了.現在我把我寫的三河縣的情形寄給您,請您指教.

我是河北省三河縣張家村的人.我們的村子是一個很小很窮的村子,人都苦極了.有錢的很少,也可以説是沒有.念過書的人也不多,差不多都是種地的.可是每家種的地也不多,地裏種的東西剛夠吃.男人出去作事,都是當工人跟拉車的.女人很多出去給人家當老媽子的.説起來我們村子裏的女人出去給人家當老媽子可真苦.雖然他們有孩子,但是為了生活也顧不得孩子了.孩子從小的時候沒有父母的教育,所以孩子們的前途相當危險.從

抗戰發生我就離開三河縣了.不知道這些年裏頭
我們村子裏頭的情形怎麼樣了.

　希望不久見面.　祝

好

張東生　九月七號

IX.　(p. 381)

王： 今天江先生的女兒出嫁你去不去道喜？

張： 我不想去因為我太忙.

王： 你幹麼那麼忙啊.

張： 因為我跟一個基金會要一個獎學金照例有
一個考試所以我必得用功.

王： 是怎麼一個辦法呢？

張： 考試五名以內有,五名以外沒希望.

王： 這個獎學金是甚麼性質？

張： 是給研究院的學生.

王： 聽說老王也參加這個考試了.

張： 要是他參加我就沒希望了.他的年紀又大他
的學問又好.

王： 他都當了祖父了,何必參加這種考試呢？

張： 他是燕京的還是清華的我記不清楚了.當初
我念初中他就當教授了.

王： 不知道他們那個時代有獎學金沒有？

張： 那我可不知道了.

王： 他多大年紀了？

張： 大概五十多了.好像是辛亥革命的時候生的.

1	2	3	4	5	6
銀	總	存	欵	際	商

7	8	9	10	11	12
央	土	靠	旁	價	街

13	14	15	16	17	18
支	填	薪	申	址	解

19	20	21	22	23	24
替	須	簽	室	簿	丟

25					
碼					

LESSON 19

1. 銀 yín — silver (1)
2. 總 zǒng — general; always (4)
3. 存 cún — deposit, store (7)
4. 欵 kuǎn — funds (8)
5. 際 jì — interval (9)
6. 商 shāng — commerce, trade (10)
7. 央 yāng — middle (13)
8. 土 tǔ — soil, earth (14)
9. 靠 kào — lean on, depend on (15)
10. 旁 páng — beside (19)
11. 價 jià — price (20)
12. 街 jiē — street (24)
13. 支 zhī — draw out (money) (25)

14. 填 tián — fill out, fill in (31)
15. 薪 xīn — fuel; salary (32)
16. 申 shēn — report; extend (35)
17. 址 zhǐ — site, location (38)
18. 解 jiě — untie; explain (40)
19. 替 tì — for, on behalf of (41)
20. 須 xū — must, need (42)
21. 簽 qiān — sign (one's name) (43)
22. 室 shǐ / shì — a room (45)
23. 簿 bù — notebook, ledger (46)
24. 丟 diū — lose (48)
25. 碼 mǎ — a figure (50)

317

第十九課 到銀行 (p. 385)

會話: 白文山跟高美英早晨九點鐘見面
兩個人先到銀行然後去買東西.

3
白: 美英,早.

4
美: 早.你早就來了吧?

5
白: 我差一刻鐘九點到這兒的.怎麼着,美英,是不
是到銀行?

7
美: 隨你了.我今天上半天總是陪你的.

8
白: 我們先到銀行後去買東西.這兒銀行幾點鐘
辦公?

10
美: 平常都是九點鐘辦公.你想到那個銀行去存
款?

12
白: 我正要問你哪.你說那個銀行好?

13
美: 國際商業銀行跟農工銀行還有中央土地銀
行比較可靠有信用是三家大銀行.我父親跟
國際商業銀行有來往.

16
白: 那我們到國際銀行去.

17
美: 好吧.銀行旁邊有一個百貨公司.價錢比較便
宜.並且又近我們到那兒去買可以省時間.

20
白: 國際在那兒?

21
美: 就在市場街麼.那條街都是銀行跟大公司....

23
白：己經到了，看見牌子了，上面寫着市場街．

24
美：大街很容易找．

25
白：我用旅行支票去開户不知道行不行？

26
美：說不定他們還讓你把旅行支票先換成現欵
才能開户兒哪．

28
白：我們到銀行試試看．

29
美：也許他們就給你換成了當地的錢．

30
白：你知道不知道這兒銀行的手續？

31
美：我在銀行沒辦過手續，我不大清楚，大概就是
填表甚麼的，我們問問行員就知道了．

33
白：美英你說你沒到銀行辦過手續，那麼你的錢
都擱在那兒了？

35
美：笑話兒，我不工作，沒薪水那兒來的錢？

36
白：到了，這麼許多人，大概我們得等很久．

37
美：沒關係．

38
白：你坐一會兒好不好？

39
美：我不累，我們站一會兒得了．

40
白：現在該我了，（對行員）請問，開户都有甚麼手續？

42
員：您先填開户申請表，表上要填姓名，職業，住址．

44
白：我用旅行支票開户可以嗎？

45
員：可以是可以，可是我們得給您先換成當地的
現欵，不能用美金存欵．

47
白：那個我明白，反正我在本地用麼．

48
員：您一共是多少錢？

49
白：三百五十塊錢的旅行支票．

員： 好的.請您先填表.給您這張申請[51]表.請您現在
就填好.要是您有甚麼不了解的,請這位小姐[52]
替您填也可以.可是必須您自己簽字[53].

白： 好吧.我想填表很簡單.沒甚麼問題….填好了[54].[55]
給你.

員： 請您等一等.我得拿到經理辦公室去簽字[56].

美： 行員不知道你的中國學問那麼好.他想一定[57][58]
得我替你填.

員： 請您把旅行支票交給我[59].

白： 這是三百五十塊錢.請你點一點[60].

員： 不錯.您一共是三百五十塊錢的美金旅行支[61][62]
票.請您現在把每一張都簽上名.

白： 好的[63].

員： 給您這是支票簿.請您收好別丟了[64].

白： 我重要的東西倒是不會丟的[65].

美： 你的號碼兒很容易記[66].

白： 怎樣容易記[67]?

美： "我是你爸爸"[68].

白： 這是怎麼回事啊[69]?

美： 你不明白嗎? 想想[70].

白： 我太笨.我想不出來[71].

美： 你的號碼兒不是五四一八八嗎[72]?

白： 噢.原來是這麼回事.(對行員)我現在取一點兒[73][74]
錢.

員： 您開一張支票吧[75].

白： 我取五十塊錢[76].

77
員　你要大票兒還是要小票兒？
78
白　我要三張十塊的,二十張一塊的.
79
美　你幹麼要這麼多一塊的呢？
80
白　小票兒用處多.(對行員)再見.
81
員　謝謝您.改天見.

生字跟新語法的句子(p. 387)

1.0 (2)　　銀子
1.1 這些首飾是銀子做的.
2.0 (2)　　行　銀行　外行　內行　行員
2.1 我們這行掙錢很少.
2.2 我現在到銀行去拿錢.
2.3 我對打網球是外行.
2.4 他做這個工作是個內行.
2.5 他從前在中國銀行當過十年的行員.
3.0 (7)　　上半天　下半天　上(個)星期　上上(個)星
　　　　　期　下(個)星期　下下(個)星期　上(個)月
　　　　　上上(個)月　下(個)月　下下(個)月
3.1 我每天上半天念書,下半天聽錄音.
3.2 他下星期到日本去,下下個星期就回來.
3.3 他上月在英國上上個月在美國.
4.0 (7)　　總(是)
4.1 這個字我總不會念.
4.2 我總是早晨六點鐘就起來.

5.0 (9)　　辦工

5.1 他昨天辦了十個鐘頭的工.

6.0 (10)　　平常

6.1 你說老王很有天才.其實他很平常.

6.2 平常我每天晚上都是十一點鐘睡覺.

7.0 (11)　　存

7.1 你的錢在那個銀行存着?

7.2 我們的傢具多半兒存在一個親戚的家裏.

8.0 (11)　　欵　存欵

8.1 那筆欵你想存在那個銀行?

8.2 聽說他在外國銀行有很多的存欵.

9.0 (13)　　國際　國際關係

9.1 我專門研究清朝時代的國際關係.

10.0 (13)　　商　商人　商科

10.1 他家幾代都是商人.

10.2 我原來是念商科的.

11.0 (13)　　業　商業　農業　工業

11.1 我們學校的學生三分之一是念農業的.念商業
的很少.

11.2 美國跟俄國是世界上最大的工業國家.

12.0 (13)　　農工

12.1 我們學校很重視農工兩系.

13.0 (13)　　中央　中央政府

13.1 中央政府是那年成立的?

14.0 (14)　　土地

14.1 這兒的土地大部分種的是水果.

15.0 (14)　　靠(着)　可靠　靠得住　靠不住

15.1 他不怎麼聰明.他的成績好全靠他用功.

15.2 他作事相當可靠.

15.3 你給我介紹的那個用人靠得住嗎?

15.4 王先生靠海邊兒造了一所房子.

15.5 他靠基金會的獎學金才能念大學.

15.6 在中國汽車靠那邊兒走?

16.0 (14)　　信用　有信用

16.1 你把錢交給王先生吧.他相當有信用.

17.0 (14)　　家

17.1 他們兩家是好朋友.

17.2 我們村子裏就有二十家人.

17.3 你看那兒有一家大公司.我們到那兒去買.

18.0 (15)　　來往

18.1 我不認識他.我跟他沒來往.

19.0 (17)　　旁　旁人　旁門　旁邊兒　旁聽
　　　　　旁聽生

19.1 你自己作.別老靠旁人.

19.2 上課的時候坐在我旁邊兒的就是老王啊.

19.3 我下星期打算旁聽中國經濟史.

19.4 王教授講漢朝歷史的時候有很多的旁聽生.

20.0 (17)　　價兒　價錢　講價兒　講價錢
　　　　　定價

20.1 那本大字典很好.可是價錢太貴了.

20.2 這兒買東西講價錢嗎?....不,這兒買東西是定價.

21.0 (18)   省   省錢   省時候

21.1 我得省錢了.我每月賺的錢不夠生活.

21.2 已經七點了.我們為了省時候坐公共汽車去吧.

22.0 (19)   時間   定時間   省時間

22.1 關於這件事我們兩個人定個時間談一談.

22.2 為了省時間你還是坐飛機去.

23.0 (21)   市場

23.1 今天我們到那個新市場買東西去.

24.0 (21)   街   街口(兒)

24.1 今天街上車很多.

24.2 中華銀行在這個街口兒的第一家就是.

25.0 (25)   支票   開支票   旅行支票

25.1 我給你開一張支票可以嗎?

25.2 旅行支票全世界都能用.

26.0 (25)   戶   開戶

26.1 請你看看我的戶裏還有多少錢?

26.2 我得到銀行去開個戶.

27.0 (25)   行

27.1 你看這個問題我這麼答行嗎?

28.0 (27)   現欵

28.1 我沒現欵了.我得開張支票到銀行去拿.

29.0 (29)   當   當地   當中   當 A 的面(上)   當時

29.1 當地的人差不多都是農人.

29.2 站在當中的那位是王小姐.

29.3 那件事我當着張先生的面說的.

29.4 我跟他借二十塊錢,他當時就給我了.

30.0 (32)　表　時間表　功課表　成績表

30.1 請你看看飛機的時間表到紐約的飛機甚麼時候起飛.

30.2 你的功課表借給我看看好不好?

30.3 今天我父親看了我的成績表很不高興,因為我考的成績不太好.

31.0 (32)　填　填滿

31.1 請你把這張表填一填.

31.2 那張表都填滿了.

32.0 (35)　薪水

32.1 我每個月的薪水不夠我一個人用.

33.0 (35)　來 A　(我)那兒來的 A?　N 是那兒來的 A?

33.1 昨天我忙得要死,我那兒來的工夫去看電影兒啊?

33.2 老王買了新汽車了,奇怪,他那兒來的錢?

34.0 (36)　許多(的) N

34.1 一會兒我們談談,我有許多的事情要告訴你.

35.0 (42)　申請　申請表　開戶申請表

35.1 我已經跟那個大學申請了明年春天入學.

35.2 請你把這張開戶申請表填一填.

36.0 (42)　姓名

36.1 無論填甚麼表都得填姓名.

37.0 (43)　職業

37.1 這個地方很不容易找職業.

38.0 (43)　　住址　住址是(在)那兒?

38.1 我已經搬家了.我把新的住址寫給你.

39.0 (46)　　金　金子　舊金山　美金

39.1 鋼鐵比金子的用處大.

39.2 金先生坐的船五月七號到舊金山.

39.3 中國人叫美國錢是美金.

40.0 (51)　　了解

40.1 先生,這個字我不了解他的意思.

41.0 (52)　　替

41.1 你的事情太多了.我替你去買書吧?

42.0 (52)　　必須

42.1 今天那個約會我必須去.

43.0 (53)　　簽　簽名　簽字

43.1 誰贊成,誰簽名.

43.2 你給我的那張支票你忘了簽字了.

44.0 (56)　　經理

44.1 他那個飯館兒經理得很好.

44.2 做那個公司的經理不是容易事.

45.0 (56)　　室　辦公室　研究室　課室

45.1 校長請你到辦公室去.

45.2 王教授的講話在第八課室.

46.0 (64)　　簿(子)　支票簿　點名簿子

46.1 怎麼點名簿子上沒有我的名字?

46.2 我的支票簿邋在家裏了.

47.0 (64)　　收　收下　收好

47.1 媽,您把我的書收在那兒了?

47.2 今天生意不好沒收多少錢.

47.3 這點兒小禮物請您收下.

47.4 你把火車票收好了嗎?

48.0 (64)   丟

48.1 這是大門的鑰匙,你千萬別丟了.

48.2 昨天晚上我們家丟東西了.

49.0 (65)   重要

49.1 他不論怎麼重要的事情也是那麼馬馬虎虎的.

50.0 (66)   號碼兒   電話號碼兒   汽車號碼兒

50.1 你的電話號碼兒是多少?

51.0 (69)   (一)回事   怎麼(一)回事? 怎麼/那麼(一)回事

51.1 你瞎說,沒那麼一回事.

51.2 怎麼一回事?他哭甚麼?

51.3 原來是這麼一回事.

52.0 (73)   取   取出   取回

52.1 我到火車站去取行李.

52.2 你的錢取出來了沒有?

52.3 老張把我的書借去好久了.我得把書取回來.

53.0 (77)   票兒   票子

53.1 這張票子破得太利害,不能用了.

53.2 我把大票兒換成小票兒.

54.0 (80)   處   用處   壞處   長處

54.1 原子能的用處很多.

54.2 你這麼作好處多壞處少.

54.3 每一個人各有各的長處.

温習句子 (p.394)

1. 我不喜歡烟味兒,可是他總抽烟.
2. 我看報紙專門看國際新聞.
3. 中央銀行就是國家銀行.
4. 他靠着修理汽車生活.
5. 我們兩家常常來往.
6. 站在他旁邊兒的就是白先生.
7. 火車的時間到了,我得走了.
8. 說不定他今天不來了.
9. 老王真是個修理無線電的專門家,我的無線電壞了,他當時就修理好了.
10. 請你填入學申請表.
11. 我的職業是教書.
12. 這件事情我不怎麼了解,請你問旁人吧.
13. 一切入學的手續完全是他替我辦的.
14. 首飾不是必須買的.
15. 我上禮拜寄給你一封信,你收到了沒有?
16. 昨天我丟了一枝原子筆.
17. 這次的考試很重要,要是考得不好就不能畢業.
18. 昨天你跟老王是怎麼一回事?請你告訴我.
19. 我一會兒到銀行去取點兒錢.
20. 到外國飯館兒去吃中飯又省時間又省錢.

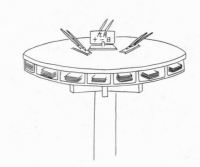

單獨談話^(p.395)

我跟美英己經在電話裏頭約好，請他今天上半天陪我先到銀行然後再去買東西。今天很忙，下半天跟學新約好了，我們兩個人一塊兒去參觀學校。我差一刻九點鐘就到了跟美英約好的地點，等着他正九點鐘美英就來了，這位小姐真有信用，說甚麼時候就是甚麼時候。

我問美英那家銀行比較可靠，美英說了幾家銀行，我決定到國際商業銀行去開戶。我的錢是在美國買了旅行支票，我用旅行支票去開戶，把錢存在銀行，用多少取多少。

到了銀行我問美英都有甚麼手續？美英說他不大清楚，他沒存過錢，我問他錢都在那兒擱着？他說他那兒來的錢呢？

銀行的手續倒是不麻煩，只是填一張開戶申請表就可以了。那張申請表上，就填上姓名、住址、職業、甚麼的。

因為我是美金支票，所以必須換成當地的錢才能存欵，銀行替我換了。手續辦好了以後，行員給我了一本支票簿，美英一看我的支票號碼兒，他說：

"我是你爸爸" 他一說我沒明白是怎麼一回事，後來他告訴我我才明白。

我把開戶的手續辦好了以後，同時又取出了五十塊錢，連買東西帶吃飯都得用錢，一會兒買東西

也得美英替我看,我對買女人東西是外行,給母親
跟妹妹買東西我那兒買得好呢?

問題 (p. 396)

1. 白先生幾點鐘就到他跟美英約好那個地方去
   等美英?
2. 文山問美英是不是到銀行,美英說甚麼?
3. 文山跟美英說先到那兒後到那兒?
4. 文山問美英銀行幾點鐘辦公,美英告訴他幾點
   鐘.
5. 文山問美英那個銀行比較可靠,美英怎麼告訴
   他? 他的錢存在那兒了?
6. 國際銀行在那條街上? 那條街都是做甚麼的?
7. 文山怎麼知道到了市場街了?
8. 文山用甚麼錢去開戶?
9. 美英說旅行支票能開戶嗎? 文山說甚麼?
10. 文山問美英知道不知道銀行的手續,美英怎麼
    回答他?
11. 美英說一個大百貨公司在那兒? 為甚麼要到
    那家大百貨公司去買?
12. 白先生到了銀行問行員存款都有甚麼手續,行
    員怎麼回答他?
13. 你知道不知道開戶申請表上都要填甚麼?
14. 文山問行員用旅行支票開戶可以不可以,行員

怎麼說？

15. 文山一共有多少錢的旅行支票？

16. 行員為甚麼說文山有甚麼不了解的請美英給他填？

17. 白文山把旅行支票交給行員為甚麼還讓他點一點？

18. 美英看了文山的支票簿以後他對文山說甚麼？

19. 文山開了戶存欵以後他取錢沒有？他取了多少錢？

20. 文山為甚麼要那麼多小票？

21. 要是你跟一個朋友約好了在一個地方見面他比你先到的,你見了他你應該說甚麼？

22. 要是一個外國朋友請你陪他去買東西,你怎麼辦？應該到那兒去買？

23. 要是到一家銀行你想開戶,你跟行員說甚麼？

24. 比如說你是行員有人來開戶你應該作甚麼？

25. 要是你到一個銀行去可是你的錢是外國錢行員說必須換成當地錢你怎麼回答他？

26. 要是你把錢交給別人你應該跟人家說甚麼？

27. 如果你是一個行員人家來取錢你問人家甚麼？

28. 要是你去取欵人家問你要大票要小票你怎麼說？

29. 要是你到銀行去取錢你要小票,人家問你為甚麼要小票你怎麼說？

30. 要是有人問你開戶都有甚麼手續,你怎麼回答？

1	2	3	4	5	6
宣	傳	減	折	扣	綢
7	8	9	10	11	12
緞	董	旗	袍	琵	琶
13	14	15	16	17	18
彈	盤	暫	薄	厚	深
19	20	21	22	23	24
淺	挑	酬	叚	裝	盒
25	26	27	28	29	30
紙	裏	順	郵	局	身
31					
剪					

1.	宣	xuān	proclaim (3)	17.	厚	hòu	thick (21)
2.	傳	chuán	pass on (3)	18.	深	shēn	deep (25)
3.	減	jiǎn	reduce, decrease (4)	19.	淺	qiǎn	light; shallow (26)
4.	折	zhé	reduce (5)	20.	挑	tiāo	pick, select (27)
5.	扣	kòu	deduct (5)	21.	酬	chóu	reward (29)
6.	綢	chóu	silk (6)	22.	段	duàn	request; section (30)
7.	緞	duàn	satin (7)	23.	裝	zhuāng	pack; hold (33)
8.	董	dǒng	curio (8)	24.	盒	hé	box (34)
9.	旗	qí	banner (13)	25.	紙	zhǐ	paper (36)
10.	袍	páo	gown (13)	26.	裹	guǒ	wrap (40)
11.	琵	pí	Chinese guitar (15)	27.	順	shùn	along (42)
12.	琶	bā	Chinese guitar (15)	28.	郵	yóu	post, mail (43)
13.	彈	tán	play (by plucking) (16)	29.	局	jú	office, bureau (46)
14.	盤	pán	platter (17)	30.	剪	jiǎn	cut, clip (51)
15.	暫	zhàn	temporary (18)	31.	身	shēn	body (54)
16.	薄	báo	thin (20)				

333

第二十課　買東西 (p. 407)

會話: 美英陪文山在百貨公司給家裏人買東西.

3
白: 這個百貨公司真不小啊.就是那天從飛機場
　　到府上去看見的那個?

5
美: 是的.

6
白: 我記得我走的那年這兒就開始蓋房子哪.

7
美: 是啊.大前年蓋的.

8
白: 我看報紙上天天有他們的廣告.

9
美: 當然得登廣告了.要不然誰知道呢?

10
白: 宣傳是很要緊的.

11
美: 這幾天他們大減價.買東西打八折.

12
白: 我很喜歡中國那些舊式的市場.我上次在這
　　兒的時候常到東城市場去.

14
美: 舊式的市場怎麼好呢?

15
白: 中國舊式的市場一條街上專賣一種東西.比
　　方說賣綢緞的專門賣綢緞.賣古董的專門賣
　　古董.

18
美: 你常在那兒買東西嗎?

19
白: 我喜歡去看看.並且這些鋪子都是隨隨便便
　　的.你一到那兒去好像到了朋友的家裏頭一
　　樣.那些做買賣的很客氣的招待你.跟他們談

談很有意思.

23 美 我喜歡到大公司去買東西.不必跟他們講價 24
兒.而且一進去吃.喝.穿.戴買甚麼都有.

25 白 我認為大公司沒意思.跟在美國一樣.

26 美 從前東城市場你常去了?

27 白 是的.上次在這兒的時候常去.以後有工夫還 28
得去看看.

29 美 現在沒以前那麼熱鬧了.

30 白 這個百貨公司你常來嗎?

31 美 差不多一兩個星期總來一次.陪母親來看看.
一會兒你都買甚麼? 是不是給父親.母親.弟 32
弟.妹妹都買? 33

34 白 是的.你說我買甚麼好呢? 多謝你幫我想想. 35
老實說.我對買東西是外行.

36 美 你買任何東西都外行嗎?

37 白 當然了!

38 美 你買書可不外行吧!

39 白 我對買女人東西實在外行.

40 美 有很多外國太太喜歡穿中國旗袍兒.不知道 41
你母親喜歡不喜歡?

42 白 對了.母親看見高太太像片兒他看見高太太
穿的旗袍兒.母親很喜歡乾脆給他買件旗袍兒. 43

44 美 我贊成美國太太穿旗袍兒最漂亮了.最好你 45
給他買件旗袍料兒買的旗袍穿着不一定合 46
適.你母親會做旗袍嗎?

47
白　他最會做衣服了,要是有樣子我想他會做.
48
美　我倒想起來你妹妹的禮物了,他喜歡音樂,給
49
　　他買個琵琶好不好?
50
白　好極了.他一定喜歡彈.
51
美　給你父親買甚麼呢?
52
白　給他買個算盤.
53
美　美國買不着算盤嗎?
54
白　買是買得着不過沒好的.
55
美　給你弟弟買甚麼?
56
白　我想不出來給他買甚麼.暫時不買.過兩天再
57
　　說吧.
58
美　我們先到二樓去買衣料兒去.你買綢子是買
59
　　緞子?
60
白　綢緞這個詞兒我懂要是叫我分別甚麼是綢
61
　　子甚麼是緞子,我可不知道綢子好是緞子好?
62
63
美　綢子薄一點兒,緞子比較厚,而且價錢貴.
64
白　還有人造絲是不是?
65
美　人造絲不結實,還是真絲好.
66
白　真絲的衣料多少錢一件?
67
美　我們問問賣貨員.
68
員　兩位買甚麼?
69
美　你拿最好的緞子我們看看.
70
員　您要甚麼顏色兒的?
71
美　對了,你母親喜歡甚麼顏色兒的?
72
白　隨便那種顏色都可以,我母親不喜歡穿深的
73

他喜歡穿淺的,挑淺點兒的就是了,要漂亮一
[74]
點兒的為的是晚上出去應酬穿.

75 員 您看這幾段怎麼樣?

76 美
文山你看這段很好看.淺藍的帶小紅花兒.
[77]

78 白 真不錯,多少錢一件?

79 員 我們論碼賣.

80 白 多少錢一碼?

81 員 二十塊錢一碼.

82 白 一件旗袍多少碼?

83 員 要三碼.

84 白 量三碼吧.

85 員 給你裝盒子嗎?

86 白 不必,我寄出去.

87 員 三碼一共六十塊,給你打八折,六八四十八,收
[88]
您五十塊,找您兩塊錢.

89 美 我們買琵琶跟算盤去吧.你還買別的東西嗎?
[90]

91 白 還得買信紙,信封兒,風景明信片兒,甚麼的.

92 美 你是不是把包裹今天寄出去?

93 白 等把我弟弟的禮物買了以後,一塊兒寄出去.
可是我今天也得去寄掛號信,順便還得買郵
[94]
票郵簡,明天沒工夫就得後天買了.
[95]

96 美 郵政局離這兒不遠.現在電報局也搬到郵政
[97]
局旁邊兒了.

98 白 是嗎?

99 美 是的?

白　美英,我們買完了東西吃飯去.吃飯以後我們
　　一塊兒去參觀學校,好不好? 還有學新.我昨
　　天跟他約好了今天下午四點鐘我們一塊兒去.

美　對不起.我今天下午得到醫院去看一位朋友.

白　要不要我送你到醫院去?

美　不必.我自己去得了.

白　那麼我就到理髮館去剪髮去.

美　對了.我瞧你這髮也該剪了.

白　我還是沒動身的時候差不多兩個星期以前
　　理的髮哪.美英,我餓死了.你一定也餓了.我們
　　現在去吃飯去吧.

　　　　　　生字跟新語法的句子(p. 410)

1.0 (7)　　大前天　　大前年
1.1 我大前天就到學校辦了入學手續了.
1.2 我是大前年在大學畢業的.

2.0 (9)　　登　登報　登廣告　登出來　登在
2.1 昨天老王汽車出事.今天登報了.
2.2 張小姐結婚在報紙上登廣告了.
2.3 今天報紙上登了很多的體育新聞.
2.4 那件事情登在那張報紙上了?

3.0 (10)　　宣傳
3.1 那個電影兒不怎麼好,可是宣傳得很利害.

3.2 做生意必須宣傳.

3.3 老王老給我宣傳說我很有天才.

3.4 他現在做國外宣傳工作.

4.0 (11)   減   減價   減少   減去

4.1 現在各百貨公司都減價.

4.2 那個鋪子窗戶上寫着大減價.

4.3 因為打仗的關係這兒的人口減少了一半.

4.4 我的薪水不但沒加,而且每月給我減去了十五
   塊錢.

5.0 (11)   折(扣)   打折(扣)   打 $\frac{100-X}{10}$ 折

5.1 他們宣傳大減價,可是折扣不大.

5.2 你覺打字機打折扣了嗎?

5.3 今天我們大減價全部的東西打六折.

6.0 (16)   綢(子)

6.1 他最喜歡穿綢子衣服了.

7.0 (16)   緞(子)   綢緞

7.1 緞子的價錢比較貴.

7.2 中國的綢緞世界上是有名的.

8.0 (17)   古董

8.1 美國有很多的古董鋪子.

9.0 (21)   買賣   做買賣   買賣人   做買賣的

9.1 一到週末飯館兒的買賣都不錯.

9.2 我們家幾代都是做買賣的.

10.0 (21)   招待   招待室

10.1 王先生要從日本來了,他來了以後我得招待招

待他.

10.2 飛機沒來哪.我們先在招待室坐一會兒.

11.0 (34)　　多謝

11.1 多謝您到我這兒來.

12.0 (35)　　老實

12.1 那個人又老實又可靠.

12.2 老實說他不怎麼聰明.就是用功.

13.0 (40)　　旗袍兒

13.1 中國女人的旗袍兒又漂亮又省材料.

14.0 (45)　　(衣)料(兒)　　一件衣料兒

14.1 王小姐要結婚了.我送他一件衣料兒.

14.2 這件旗袍料兒多少錢?

15.0 (49)　　琵琶

15.1 琵琶的聲音很好聽.

16.0 (50)　　彈

16.1 我妹妹很喜歡彈琵琶.

17.0 (52)　　算盤

17.1 中國舊式的舖子現在算賬還是用算盤.

18.0 (56)　　暫時

18.1 我還是要找房子.我暫時在王宅住幾天.

19.0 (56)　　過 (plus TW)　　after (CV)

19.1 我好些日子沒看見老王了.過幾天我得去看看
他去.

20.0 (63)　　薄

20.1 這個衣料兒太薄了.冬天穿一定不暖和.

21.0 (63)　　厚

21.1 這張紙太厚了,別用他寫航空信、

21.2 這個房子蓋得真結實,你看牆多麼厚.

22.0 (64)　　人造

22.1 這個冰可以吃,是人造的,是用乾淨水造的.

23.0 (64)　　絲　　人造絲

23.1 幾千年以前中國就有了絲了.

23.2 這件衣料是真絲的,不是人造絲的.

24.0 (67)　　賣貨員

24.1 他在大華公司當賣貨員.

25.0 (73)　　深

25.1 這條河裏頭的水很深.

25.2 深顏色的牆不容易髒.

26.0 (73)　　淺

26.1 他寫那本書寫得很淺,可是意思很深.

27.0 (73)　　挑　　挑得太利害

27.1 我送你一件衣料兒,請你自己去挑.

27.2 他無論買甚麼東西都挑得很利害.

28.0 (74)　　為的是

28.1 我每天早晨六點鐘起來為的是多做一點兒事.

28.2 我住在這兒的原因為的是離學校近一點兒.

29.0 (74)　　應酬

29.1 我最不喜歡出去應酬.

29.2 他的應酬太多了,每天都得出去.

30.0 (75)　　段　　段兒

30.1 中山路西頭這一段路不平.

30.2 我昨天看了一段兒中國歷史故事.很有意思.

31.0 (79)　　論　論到

31.1 買這種材料兒論長短是論輕重?

31.2 我們還沒論到那個問題哪.

32.0 (79)　　碼

32.1 昨天我買了幾碼衣料兒.很便宜.

33.0 (85)　　裝　裝滿　裝不下

33.1 請你把衣服都裝在箱子裏.

33.2 我的手提包裝不下了.都裝滿了.

34.0 (85)　　盒(兒)　盒子

34.1 一盒兒糖多少錢?

34.2 這個盒子裏頭有甚麼?

35.0 (88)　　找

35.1 昨天買東西去賣貨員把錢找錯了.我給他五塊
　　　錢.應該找我一塊九毛錢.他找了我一塊二毛錢.

36.0 (91)　　信紙

36.1 這種信紙一盒兒兩塊三.

37.0 (91)　　信封

37.1 請你給我一個信封.

38.0 (91)　　風景

38.1 你瞧這兒的風景多麼漂亮.

39.0 (91)　　明信片兒

39.1 寄明信片兒比寄信便宜.

40.0 (92)　　包裹

40.1 昨天我往家裏寄了一個包裹.

41.0 (94)　　掛號　掛號信

41.1 這封信掛號多少錢?

41.2 掛號信不會丟.

42.0 (94)　　順(着)　順便

42.1 你順着這條路一直的往北走就到了.

42.2 跟他合作不容易.無論甚麽事情都得順着他的
意思.

42.3 你到書店去的時候請你順便替我買本書.

43.0 (94)　　郵票

43.1 請問從這兒寄到美國的信要貼多少郵票?

44.0 (95)　　郵簡

44.1 寄郵簡比寄航空信便宜得多.

45.0 (95)　　後天　後年　大後天

45.1 我後天到鄉下去看朋友.

45.2 我後年大學才畢業哪.

45.3 我大後天去拜訪王先生.

46.0 (96)　　局　警察局

46.1 這兒離警察局沒多遠.

47.0 (96)　　郵政局

47.1 我得到郵政局去買郵票.

48.0 (96)　　電報　打電報　電報局

48.1 我得給王先生打電報,請他明天下午到飛機場
去接我.

48.2 電報局在市場街.

49.0 (107)　　理　理髮

49.1 你把這堆書理一理.

49.2 我的頭髮太長了,今天必得去理髮了.

50.0 (107)　　館　理髮館　照像館

50.1 我們這附近新開了一個理髮館.

50.2 我下半天到照像館去照像,因為學校跟我要像片兒.

51.0 (107)　　剪　剪子　剪髮　剪去

51.1 我把這張像片兒的邊兒剪去可以嗎?

51.2 請你把那把大剪子遞給我.

51.3 我好久沒剪髮了,所以頭髮這麼長.

52.0 (108)　　V　O　Compounds

52.1 王先生結過婚沒有?

52.2 那個國家革了幾次命了.

52.3 王先生去年才畢的業.

52.4 我得先給張先生道喜去,那兒能喜都不道呢?

52.5 你看我忙得連髮都沒理哪.

53.0 (109)　　動

53.1 你站那兒別動,我給你照張像.

53.2 我累死了,我走不動了.

53.3 來我幫你拿,你一個人怎麼拿得動這麼多的東西呢?

53.4 我一個人可搬不動那張大桌子.

54.0 (109)　　身(子)　身體　身上

54.1 我母親的身子不怎麼結實,老生病.

54.2 他的身體很健康.

54.3 我身上沒錢.

55.0 (109)　　動身

55.1 他甚麼時候動身到英國去?

温習句子 (p. 416)

1. 我作事是論月拿薪水.
2. 他在報紙上登廣告買房子.
3. 他很會說話.他做宣傳工作最合適.
4. 這兒的人口減少了百分之三十.
5. 東亞百貨公司今天大減價.買東西打七折.
6. 王博士從外國回來了.我得招待招待他.
7. 我是暫時住在張教授這兒.
8. 你給我買襯衫的時候請你給我挑薄一點兒的
   免得穿着熱.
9. 我每天晚上都聽無綫電為的是練習英文.
10. 他每天的應酬比作事的時間還多.
11. 那條新公路是順着河邊兒修的.
12. 上學期考試完了以後,我們學校放了兩個禮拜
    的假.
13. 我上上星期接到他的電報.
14. 現在你們二十個人分成兩隊站在兩邊兒.
15. 那件事情你有把握沒有?

16. 今天王教授有事,提前下課十分鐘.

17. 今天我才發現我的表丟了.

18. 從革命發生以後他們就離開那兒了.

19. 我從來不參加那種沒意思的應酬.

20. 小萬把我的自行車給弄壞了.

單獨談話(p. 417)

我跟美英我們兩個人從銀行出來就到百貨公司去買東西.這個百貨公司就在銀行旁邊兒.在我走的那年,就是大前年了,那個時候他們才蓋房子.我看這種大公司每年的宣傳費可真不得了.天天報紙上登着大字的廣告.

太太小姐們都喜歡到百貨公司去買東西.可是我還是喜歡中國那些老式的鋪子.一進去他們客客氣氣的招待你.跟你談談問你這個問你那個甚麼貨都拿給你看看.他們一點兒也不怕麻煩.你到百貨公司,他們的態度就不同了.

今天是想給父母跟弟弟妹妹買點兒東西寄回去.因為我對買東西太外行了,所以請美英來替我挑.

母親在像片兒上看見高太太穿的旗袍.他很喜歡所以跟美英我們兩個人決定給他買件旗袍料兒.對於妹妹的禮物美英想得很好.妹妹喜愛音樂;

給他買個琵琶他一定喜歡.給父親買了一個算盤.
父親是學數學的.現在又教數學買這一類的禮物
是很合適.

弟弟禮物真不容易買.我想了半天也想不出來.
弟弟這個人不喜歡吃又不喜歡穿.每天像個工廠
的工人.一天不是修理這個就是修理那個.你說我
給他買甚麼呢?美英也想不出來,所以我告訴美
英今天暫時不買.過幾天再說.

美英給母親挑的衣料很漂亮.是真絲的中國緞
子的.百貨公司賣衣料也是論碼.要是到東城市場
去買大概還是論尺.母親喜歡穿淺顏色的衣服.美
英給挑的是淺藍緞子帶小紅花兒.我想母親一定很
喜歡這件衣料兒.我想母親平常不穿.他一定是晚
上有應酬才穿哪.

我又買了幾張風景明信片兒,將來給朋友寫信
用.以後到郵政局去寄掛號信,買郵票,郵簡,順便還
買了信封,信紙,甚麼的.

原來我想買完了東西約美英一塊兒去參觀學
校.可是美英下午得到醫院去看一個生病的朋友
去.我跟美英說:"既然你不能跟我們一塊兒去參
觀學校,吃完了飯你走了以後我去理髮."美英笑
着說:"你的頭髮應該去剪了."美英那麼一說我
有一點兒不好意思了.我的頭髮的確太長了.還是
在動身以前的幾個星期在美國剪的哪.

問 題(p. 418)

1. 白先生說這個百貨公司他甚麼時候看見過?
2. 白先生說他走的那年這個大百貨公司開了沒有?
3. 文山說那個大公司報上天天有廣告美英說甚麼?
4. 美英說這個大公司這幾天大減價,要是買東西他們用甚麼法子給你減呢?
5. 文山喜歡甚麼樣的市場? 他從前在這兒常到甚麼市場去?
6. 美英問文山舊式的市場怎麼好文山怎麼說?
7. 你懂甚麼叫古董嗎?
8. 文山說中國的舊式的市場他們做買賣的態度怎麼樣?
9. 美英為甚麼喜歡到大公司去買東西?
10. 美英說文山買甚麼不外行呢?
11. 文山給他母親買的甚麼?
12. 文山說給他母親買旗袍兒美英怎麼說?
13. 美英問文山他母親會做旗袍兒嗎,文山說甚麼?
14. 美英說給文山的妹妹買甚麼?
15. 文山給他父親買的甚麼? 你知道算盤是做甚麼用的嗎?
16. 文山給他弟弟買東西沒有? 他為甚麼不給弟弟買呢?

17. 買旗袍料兒的時候美英問文山買綢子還是買
緞子文山怎麼説?

18. 美英説綢子跟緞子有甚麼不同?

19. 你説人造絲好還是真絲好呢? 為甚麼?

20. 文山説他母親喜歡甚麼顏色的衣服?

21. 文山説他母親這件旗袍兒甚麼時候穿?

22. 要是你是一個賣貨員人家來買東西你説甚麼?

23. 要是你幫着朋友去買東西你應該問朋友甚麼?

24. 要是一個人喜歡音樂,你送他禮物應當送他甚
麼?

25. 要是你去買東西賣貨員説給你裝盒子可是你
不想裝你怎麼説?

26. 要是你約朋友陪你去買東西到了吃飯的時候
你怎麼辦?

27. 要是你喜歡請你的好朋友跟你一塊兒去參觀
你怎麼説?

28. 要是有人約你到那兒去你不去你怎麼回答他?

29. 要是你喜歡到大公司去買東西你對朋友怎麼
説?

30. 要是你想買的東西還沒決定哪,你現在不想買,
你跟朋友怎麼説?

1	2	3	4	5	6
胃	擔	麻	針	醉	霉

7	8	9	10	11	12
染	感	冒	憐	擴	充

13	14	15	16	17	18
仔	詳	釋	咳	嗽	嗓

19	20	21	22	23	24
躺	至	防	臨	擠	配

25	26	27			
膩	牙	雇			

1.	胃	wèi	stomach (2)	
2.	擔	dān	carry (6)	
3.	麻	má	numb (7)	
4.	針	zhēn	needle, pin (8)	
5.	醉	zuì	intoxicated (9)	
6.	霉	méi	mildew (10)	
7.	染	rǎn	infect (11)	
8.	感	gǎn	feel (14)	
9.	冒	mào	cover (14)	
10.	憐	lián	pity (20)	
11.	擴	kuò	enlarge (21)	
12.	充	chōng	fill (21)	
13.	仔	zǐ	careful (23)	
14.	詳	xiáng	detailed (24)	

15.	釋	shì	release (25)	
16.	咳	ké	cough (26)	
17.	嗽	sòu	cough (26)	
18.	嗓	sǎng	throat (29)	
19.	躺	tǎng	lie down (32)	
20.	至	zhì	arrive, to (33)	
21.	防	fáng	protect (34)	
22.	臨	lín	near, on the point of (36)	
23.	擠	jǐ	squeeze, crowd (43)	
24.	配	pèi	match, go with (49)	
25.	膩	nì	bored; boring (50)	
26.	牙	yá	tooth (54)	
27.	雇	gù	employ, hire (55)	

第二十一課　談生病^(p. 431)

會話：美英跟文山吃完了中飯在飯館
　　　兒坐着談話.

白： 美英,你到醫院看的那位生病的朋友我認識
嗎?

美： 你見過.就是那位黃太太.你還記得吧?

白： 是不是那位作家黃先生的太太?

美： 是的,就是他.

白： 記得,記得,黃太太是甚麼病啊?

美： 胃病開刀.

白： 那不是很危險的嗎?

美： 危險是危險,可是現在醫學進步.

白： 己經開刀幾天了?

美： 己經四天了.經過的情形很好.開刀那天我們
都很替他擔心的.他打的麻藥針是全身麻醉
的.開刀以後好幾個鐘頭才醒過來.

白： 己經四天了,過了危險期了.

美： 說起黃家來,真倒霉.前幾個月黃先生傳染上
流行性感冒.病了很久,請了幾個星期的假.現
在黃太太又開刀.

白： "沒病就是福". 談到病,聽說遠大最近成立

了醫學院,是不是?

22 美 對了.成立了還不到一年哪.

23 白 怎麼樣?

24 美 據他們念醫科的人說還不錯.

25 白 設備好不好?

26 美 才成立一年當然設備不會太完全的.

27 白 我記得以前我在這兒的時候醫務室小得可憐.

28 美 現在己經擴充了.又添了兩位醫生,幾位護士.

30 白 以前的醫生還不錯.

31 美 醫生都很好,看病很仔細.看完了以後很詳細
的解釋給你聽.

33 白 我記得有一次我得了很利害的感冒.發燒,咳
嗽,頭疼,嗓子疼,胃口也不好,發燒燒得很利害,
一試溫度表燒到一百零四度.不想吃東西,老
想躺着,甚至於我甚麼也不想作.

38 美 那大概是流行性感冒吧?你沒打過預防針
嗎?

40 白 沒打過.

41 美 那個時候醫務室大概還沒擴充哪.

42 白 那個時候只有一個醫生一個護士結果我等了
兩個鐘頭才臨到我.你看他們忙到甚麼程度.

45 美 病人本來就不舒服,等醫生等的時間一長久
更難過了.

47 白 可不是麼.等得我很着急.

48 美 現在比以前快多了.

49
白：聽說此地醫院病人相當擁擠。
50
美：實在是這種情形，醫院少病人多，醫院每天都
有很多人在那兒排隊。 51
52
白：病人排隊也太可憐了。
53
美：不但是排隊，這兒的醫院在手續上也有很多
不合理的。 54
55
白：怎麼不合理呢？
56
美：比如說光等醫生看病開藥方兒不算，還得等 57
着拿藥，藥房配藥的時間也是相當長，等得才 58
膩哪。
59
白：此地住院的病人多嗎？
60
美：多，每一個醫院病房都是滿的。
61
白：要是生病必得住院怎麼辦呢？
62
美：病人住院必得先登記，我們有一個親戚生病， 63
登記了三個星期才有病房。
64
白：這兒的牙科醫生好嗎？
65
美：牙科醫生有不錯的，我們家認識一位牙醫生
很好。怎麼，你要找牙醫生嗎？ 66
67
白：我的牙有點兒毛病，也許將來找醫生看看。
68
美：我回去把那位牙醫生的地址寫下來寄給你。
69
白：謝謝你。哎呀，美英，時間不早了，我送你到醫院
看黃太太去。 70
71
美：你不必送我，你還得去理髮，跟學新又有約會。
我雇一個三輪車就去了。 72
73
白：那麼晚上見了。
74
美：晚上見。

生字跟新語法的句子^(p. 433)

1.0 (6)　　作家

1.1 我不喜歡那個作家寫得書.

2.0 (9)　　胃　胃口　胃病

2.1 你的胃病很容易治.

2.2 這幾天我的胃口不好,不想吃東西.

3.0 (9)　　開刀

3.1 他開了不知道幾次刀了.

3.2 他的胃病大概不必開刀.

4.0 (11)　　醫學　醫學院

4.1 他對醫學很有研究.

4.2 我畢業以後打算考遠大醫學院.

5.0 (11)　　進步

5.1 他的中國話一天比一天進步.

5.2 他的進步很快,我實在比不上他.

6.0 (14)　　擔心　替 A 擔心

6.1 他的病沒危險,你別擔心.

6.2 他開車我真替他擔心.

7.0 (14)　　麻　麻藥　上麻藥

7.1 我這幾天左手老麻.

7.2 他是專門上麻藥的醫生.

8.0 (14)　　針　打針　打麻藥針

8.1 我到王大夫那兒去打針.

9.0 (15)　　醉　喝醉　麻醉　全身麻醉

9.1 這種酒不利害,喝多少也醉不了.

9.2 王先生開刀以前打的是全身麻醉針.

10.0 (17)　　倒霉

10.1 你說他多倒霉,昨天在路上把學費給丟了.

11.0 (18)　　傳染　傳染上

11.1 我已經打了針了,不會傳染的.

11.2 這幾天同學傷風的很多,所以我也傳染上了.

12.0 (18)　　流行　流行病

12.1 前幾年這種衣服很流行.

12.2 現在有一種流行病傳染得很快.

13.0 (18)　　性　流行性　危險性

13.1 這種病是一種流行性的.

13.2 做那種工作危險性很大.

14.0 (18)　　感冒　流行性感冒

14.1 我這幾天感冒了,身上很不舒服.

14.2 一九一八年流行性感冒死的人很多.

15.0 (19)　　假　請假　告假

15.1 老師,今天下午我請假,因為我有要緊的事.

15.2 沒放假以前我就告了兩天假了.

16.0 (20)　　福

16.1 中國人想兒女多是有福.

17.0 (20)　　科　醫科　內科　外科　小兒科　　皮膚科　眼科

17.1 念醫科很辛苦.

17.2 他是我們醫院最好的外科大夫.

17.3 我的眼睛不舒服,我得找眼科大夫去看看.

18.0 (25)　設備

18.1 那個遊戲場的設備真不錯.

18.2 客廳跟飯廳的設備一共一千多塊錢.

19.0 (27)　醫務室

19.1 我們學校的醫務室就能容十幾個人.

20.0 (27)　可憐

20.1 那個孩子真可憐才七歲父母就都死了.

21.0 (28)　擴充

21.1 我們學校現在擴充了.下學期可收兩千學生了.

22.0 (29)　護士

22.1 我妹妹中學畢業以後打算學護士.

23.0 (31)　仔細

23.1 他做事作得很仔細.

24.0 (32)　詳細

24.1 請你把那件事詳詳細細的告訴我.

25.0 (32)　解釋

25.1 我覺得王教授講數學解釋得不清楚.你認為怎麼樣?

26.0 (33)　(發)燒　發熱　發冷

26.1 他今天有點兒發燒.

26.2 我一會兒發冷一會兒發熱.

26.3 王大夫,我燒得很利害.不想吃東西.

27.0 (34)　咳嗽

27.1 你咳嗽多久了

27.2 這是治咳嗽的藥.你每天吃三次.飯前吃.

28.0 (34)　疼

28.1 我摁你這兒疼不疼?

28.2 我頭不疼了.

28.3 我就咳嗽不頭疼.

29.0 (34)　嗓子

29.1 我嗓子疼.你看看我嗓子紅了沒有.

30.0 (35)　度　高度　熱度

30.1 這兒夏天不很熱最熱的時候也不到九十度.

30.2 我想考航空學校,可是我的高度不合標準.

30.3 他的熱度下午比上午增加一度.

31.0 (35)　溫　溫度　溫度表　試溫度表

31.1 請你遞給我一杯溫水.

31.2 他的溫度很高.很危險.

31.3 試過溫度表了嗎?

32.0 (36)　躺

32.1 我每天睡覺以前躺在牀上看一個鐘頭的書.

32.2 你先躺着休息一會兒.

33.0 (36)　甚至於

33.1 我這兩天預備考試.忙得不得了.甚至於連覺都
不睡.

34.0 (38)　預防

34.1 我們吃的東西要乾淨預防生病.

34.2 現在那個地方有傳染病.要是你去必得先打預

防針

35.0 (42)　　結果

35.1 昨天老溫請我吃飯,因為我太忙結果我沒去.

36.0 (43)　　臨　臨到 N (V)　　臨 V 以前

36.1 你甚麼時候到英國去?⋯⋯ 我臨走的時候一定
　　告訴你.

36.2 先生叫你的名子了.臨到你說了.

36.3 他臨出國以前到我這兒來過了.

37.0 (44)　　程度

37.1 這個工作他能做嗎? 他是甚麼程度?

38.0 (45)　　病人

38.1 我們醫院能容三百五十病人.

39.0 (45)　　本來

39.1 本來我是學數學的,以後我改念文學了.

40.0 (45)　　長久

40.1 他那個工作不是長久的,是暫時的.

41.0 (47)　　着急

41.1 你別着急慢慢兒的作

41.2 這麼點兒小事幹麼着那麼大的急呀?

42.0 (49)　　此　除此以外　此地

42.1 我就有這點兒錢除此以外就沒有了.

42.2 此地賣古董的鋪子真不少.

43.0 (49)　　擁擠

43.1 週末市場的人相當擁擠.

44.0 (51)　　排隊　排長隊

44.1 抗戰的時候中國人買米都得排隊.

44.2 今天電影兒院門口兒買電影兒票的人排長隊了.

45.0 (54)　　合理

45.1 這種辦法太不合理了.

46.0 (56)　　光　光 A 不算

46.1 我每月光吃飯就得六十塊錢.

46.2 光一個人給錢不行.每一個人都得給錢.

46.3 你光會說中國話不算.你也得認識漢字.

47.0 (56)　　藥方(兒)　開藥方(兒)

47.1 給我藥方兒.我替你去買藥.

47.2 大夫給你開藥方兒了沒有？

48.0 (57)　　藥房

48.1 中國的藥房光賣藥.美國的藥房不光賣藥.

49.0 (57)　　配　配藥

49.1 他穿衣服很會配顏色.

49.2 張先生是在藥房配藥的.

50.0 (58)　　膩　V 膩　膩死了

50.1 我喜歡吃中國飯.相信天天吃我也不會膩的.

50.2 我坐了一個禮拜的火車真把我給坐膩了.

50.3 他老說那個故事.膩死人了.

50.4 我吃烤鴨一輩子也吃不膩.

51.0 (59)　　住院

51.1 他住了三個月的院.

52.0 (60)　　病房

52.1 張先生住在第十七號病房.

53.0 (62)   登記

53.1 你登記了沒有?..... 我早就登記了.

53.2 這個旅館登記的手續很簡單.

54.0 (64)   牙   牙科   牙(科)醫生   牙(科)大夫

54.1 我的牙不好,常疼.

54.2 那個牙科醫生的醫務室是最新的設備.

55.0 (72)   雇   雇員

55.1 雇汽車每一個鐘頭多少錢?

55.2 此地雇人很難.

55.3 他在那個公司當雇員.

溫習句子 (p.439)

1. 據醫生說他的病必得開刀.
2. 他的功課比以前進步很多.
3. 他開汽車開得太快,他一出去我就替他很擔心.
4. 天氣一會兒冷一會兒熱最容易感冒.
5. 昨天你沒到學校來,你請假了嗎?
6. 那個小學校現在擴充了,能容兩千學生.
7. 這個字你寫錯了,請你仔細看一看.
8. 這兩個歷史問題你詳細的答一答.
9. 王教授教語言學給我們解釋得非常詳細.
10. 我只是頭疼並不發燒.

11. 我的眼睛疼得很利害,我得找眼科醫生看看去.
12. 那個孩子病了,躺了一天也沒起來.
13. 他用功用得甚至於覺都睡不夠.
14. 你臨到學校以前先到我這兒來一下.
15. 你先別着急,我們慢慢兒的想辦法.
16. 今天那個大百貨公司的人相當擁擠.
17. 我認為你提議的那個辦法不合理.
18. 你光會說了不成,得把四聲弄準了.
19. 下學期我得換一個學校,這個學校我念膩了.
20. 路太遠了,我得雇車去.

單獨談話(p. 440)

我們在飯館兒吃飯的時候,我問美英到醫院去看誰去.美英說就是那位作家黃先生的太太,胃病開刀.美英說他們家真倒霉,前幾個月黃先生病了好些日子,現在太太又開刀.人最好是身體好不生病,健康第一.美英說黃太太在開刀以前打麻藥針打的是全身麻醉,開了刀以後四個鐘頭才醒過來.朋友們都替黃太太擔心.無論甚麼病開刀都有一點兒危險性.

我在美國就知道遠大成立了醫學院,我問美英醫學院怎麼樣.美英告訴我據念醫科的人說還不錯.

[12] 說到病人跟醫科我倒想起來從前我在此地生[13]病的一件事情了.以前我在遠大念書的時候,遠大[14]醫務室非常小.我就跟美英說,有一次我傳染上重[15]感冒了——頭疼,發燒,咳嗽,並且熱度很高.很不舒服.[16]我就到醫務室去了.醫務室只有一個醫生跟一個[17]護士,而且那天病人特別的多,我等了半天也臨不[18]到我.結果等了差不多三個鐘頭才臨到我.美英說[19]現在跟以前的情形不同了.醫生護士都增加了.[20]

[21] 我知道此地人口很多,醫院少.而且醫生也不夠.[22]每天去看病的人相當多,都得排隊.美英說不但醫[23]生不夠,而且醫院的辦法也不合理.一個病人連看[24]病帶拿藥等的時間太長了.

[25] 我又問美英此地病人要是住院容易嗎? 美英[26]說要是病人必得住院登記了以後幾個星期才能[27]有病房.

[28] 這兩天我的牙常疼,所以我問美英此地有好一[29]點兒的牙醫生沒有.美英說他們家認識一位牙科[30]醫生很好.

[31] 我跟美英在飯館兒坐着談話不知不覺的已經[32]兩點鐘了.我想去送美英到醫院去看黃太太.可是[33]美英說他雇三輪車自己去,不讓我送他去.他知道[34]我理髮以後也沒多少時間了.我等着美英坐車走[35]了以後,我就到理髮館去理髮.

問題 (p. 442)

1. 美英說到醫院去看朋友,文山問美英甚麼?
2. 你知道那位黃太太他丈夫是誰?
3. 美英告訴文山黃太太生的甚麼病?
4. 白文山說開刀是很危險的,美英說甚麼?
5. 美英說黃太太開刀的那天他們很替他擔心,為甚麼?
6. 美英為甚麼說黃家倒霉呢?
7. 你知道遠大有醫學院沒有? 成立多久了?
8. 文山問美英遠大的醫學院怎麼樣,美英說甚麼?
9. 美英說現在醫務室的大夫都很好,請你說一說怎麼好?
10. 文山他以前在這兒得過甚麼病? 請你說一說他病的情形.
11. 美英說他大概是甚麼病?
12. 甚麼叫預防針? 你打過沒有?
13. 文山說從前的醫務室怎麼忙?
14. 為甚麼現在醫務室比以前快得多了?
15. 美英說這兒的醫院擁擠是甚麼原因?
16. 美英說這兒的醫院怎麼不合理呢?
17. 美英說想住此地醫院的病房容易不容易?
18. 文山為甚麼問此地牙科醫生好不好?
19. 美英把牙科醫生的地址告訴文山沒有? 他說他怎麼告訴他?

20. 文山送美英到醫院去没有？為甚麼美英不讓
    文山送？

21. 要是一個人告訴你一個你也認識的朋友生病
    你說甚麼？

22. 要是一個朋友生病開刀,你心裏頭怎麼樣？

23. 要是你介紹給朋友一位醫生你說那位醫生好
    你怎麼説？

24. 要是有人告訴你病人太多在醫院門口兒排隊
    你說甚麼？

25. 要是有人從別的地方來他希望你介紹一位醫
    生給他你怎麼説？

26. 要是你跟朋友在一塊兒朋友要到別的地方去
    你說甚麼？

27. 要是你想到別處去朋友説送你你怎麼説？

28. 請你説你以前生病的情形.

29. 人生病最高的溫度是多少？

30. 要是這個地方有流行性感冒你怎麼辦？

1	2	3	4	5	6
班	轉	橫	區	遷	榮

7	8	9	10	11	12
搜	集	豐	富	陳	列

13	14	15	16	17	18
範	圍	私	團	捐	環

19	20	21	22	23	24
境	令	翻	譯	讀	遺

25	26	27	28	29	30
稿	珍	版	刊	編	註

31	32	33			
冊	頁	份			

1.	班	bān	class, caste, troupe (1)	18.	環	huán	ring (29)

1. 班 bān — class, caste, troupe (1)
2. 轉 zhuàn — rotate, turn (4)
3. 横 héng — horizontal (7)
4. 匾 biǎn — tablet (7)
5. 遷 qiān — move, shift (9)
6. 榮 róng — glory (10)
7. 搜 sōu — search (12)
8. 集 jí — collect, gather (13)
9. 豐 fēng — rich, abundant (14)
10. 富 fù — rich (14)
11. 陳 chén — spread, display (15)
12. 列 liè — arrange; row (15)
13. 範 fàn — model, pattern (20)
14. 圍 wéi — enclose (20)
15. 私 sī — private (25)
16. 團 tuán — group (26)
17. 捐 juān — donate, give (27)

18. 環 huán — ring (29)
19. 境 jìng — place, region (29)
20. 令 lìng — order; your (honorific (30)
21. 翻 fān — translate (36)
22. 譯 yì — translate (36)
23. 讀 dú — read, study (38)
24. 遺 yí — leave behind (41)
25. 稿 gǎo — rough draft (42)
26. 珍 zhēn — precious (43)
27. 版 bǎn — printing-block (45)
28. 刊 kān — publish; edition (47)
29. 編 biān — edit, compile (50)
30. 註 zhù — comment on, annotate (53)
31. 册 cè — volume (54)
32. 頁 yè — page (55)
33. 份 fèn — copy, issue (56)

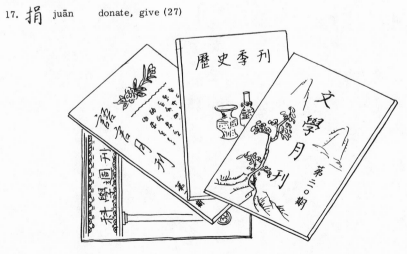

第二十二課　參觀大學 (p. 451)

會話：文山跟學新參觀大學的時候談話

白：學新你來了好久了？

學：噢你來了．我到這兒才十分鐘．東西都買好了嗎？

白：買好了．你一直的就到大學來了嗎？

學：本來想去找另外一個同班的同學後來一想，沒跟人家約好也許他不在家而且也沒有找他的必要我就沒去就在大學裏頭各處轉轉．

白：我剛才經大學大門的時候看見牆上有學生人數圖這個學期學生人數增加了很多．

學：對了．大學的學生一年比一年多….這就是歷史研究院．

白：門上的橫區遷光樓三個大字寫得真好．

學：那是一位有名的學者寫的名子也是那位學者起的．

白：遷是司馬遷光是光榮的光遷光樓意思是繼續司馬遷的光榮是不是？

學：對了是這個意思．

白：外表看起來歷史研究院可真不小啊．

學：不算小．裏邊的參考書也不少搜集的各種關

於研究歷史的資料也相當豐富.樓下陳列的[24]
古物都是考古家認為很有價值的.除此以外[25]
還有從歷史博物院借來的一部分古物為了[26]
給學生研究.

白：在歷史研究院研究的人多不多？[27]

學：歷史研究院研究的範圍很大.近來研究歷史[28]
的人很多.[29]

白：這也是受了時代的影響.歷史研究院的參考[30]
書有多少本？[31]

學：從藏書目錄上看有二十萬本書.[32]

白：所有的書都是大學買的嗎？[33]

學：大學買了所有書的四分之三.四分之一是私[34]
人或者團體捐來的.在成立研究院的時候為[35]
了買書學校全體學生每人捐五塊錢.[36]

白：我在美國的時候就知道遠大歷史研究院的[37]
書最多.[38]

學：的確不少.[39]

白：研究院建築得真不錯.[40]

學：這是中國舊式的建築.[41]

白：不但建築得好而且環境也好.的確是研究學[42][43]
問的好地方.

學：所以我每天早晨八點多就到大學來哪.[44]

白：將來我早晨跟你一塊兒到大學.[45]

學：我們一塊兒騎車來.我家裏頭還有一輛自行車.[46]

白：華太太己經告訴我了是令弟的.[47]

學48: 我們現在到國文語言研究院去看看去.

白49: 在那個方向?

學50: 東南角兒上那所紅樓就是看見没有?

白51: 看見了.國文語言研究院的書多嗎?

學52: 關於文學一方面的書比較多,古典文學跟新53
文學的書都有.

白54: 外文書也有嗎?

學55: 很多.文學的書,教科書雜誌,報紙,畫報甚麼56
的都有.現在的小説家寫的小説兒也不少,還有57
很多翻譯的文學的書.

白58: 課本兒都是那種的課本兒?

學59: 都是學外文的讀本兒.

白60: 這些課本兒都是甚麼程度用的?

學61: 初級到高級都有.你説書全不全?

白62: 書很全.

學63: 為了增加學生們的興趣又從歷史博物院借64
來了以前有名的作家遺留下來的原稿兒,都
是很珍貴的.65

白66: 關於語言一方面的書多嗎?

學67: 不太多.

白68: 研究語言這種學問的歷史比較短,所以書也69
不很多.找參考資料相當難.

學70: 是的.不但研究院就連圖書館也不多.

白71: 大學近來出版關於學術的刊物有幾種? 内
容怎麼樣?72

學: 近來出版的刊物有四五種哪,關於文學,語言,科學歷史的都有.

白: 多少日子出版一次?

學: 科學的是週刊或者半月刊,我記不清楚,文學跟語言的是月刊,歷史的是季刊,內容都不錯.

白: 我跟你打聽打聽,語言月刊是誰主編的?

學: 是馬教授主編的.

白: 馬教授主編的一定很好.

學: 正門鎖着哪,我們從旁門進去.

白: 樓下一定是研究室了,你看,黑板是新式的是綠的.

學: 對了,樓上是藏書室,我們到樓上去.

白: 書真不少啊,我想借一本書,不知道有沒有?

學: 你想借甚麼書?

白: 最近出版有註解的古文法研究是很薄的一個小冊子,沒有幾頁.

學: 我想一定有,我們看看書目錄上有沒有,別的書你不借嗎?

白: 我還想借兩份兒雜誌看看.

學: 雜誌多得很,一會兒我們從這兒到醫學院去看看.

白: 我們參觀醫學院是外行啊.

學: 要不然我們到大禮堂跟體育館去看看?

白: 現在時候已經不早了,我們就到體育館看看得了,回頭晚上我們還得參加歡迎新生晚會哪.

100
學： 是啊.

101
白： 那個時候就可以看見大禮堂了.

102
學： 也好.我們體育館參觀完了回家去吃晚飯然
後再到學校來.

生字跟新語法的句子(p.453)

1.0 (6)　　班　　同班　　研究班

1.1 我們學中文那班一共有十個人.

1.2 我跟老王同班.

1.3 我們歷史研究班今天提前一個鐘頭.

2.0 (6)　　後來

2.1 我先到圖書館後來又到研究院去了.

3.0 (8)　　必要　　有 v 的必要

3.1 我不到王家去了因為我沒有去的必要.

3.2 學中文認識漢字也是必要的.

4.0 (9)　　轉　轉過來　轉來轉去

4.1 我念書念得太累了.我出去轉轉去.

4.2 把椅子轉過來衝着窗戶.

4.3 他們幹麼在屋子裏轉來轉去的？

5.0 (11)　　數(兒)　錢數　人數

5.1 你把錢數千萬別寫錯了.

5.2 開會的時間已經到了.怎麼來的人數這麼少呢？

6.0 (11)　　圖　校圖　場圖

6.1 這本書上的圖很多.

6.2 這張圖是我們的校圖.

7.0 (15)　　橫匾

7.1 這個橫匾上最後的那個字念甚麼？

8.0 (16)　　者　學者　作者　新聞記者

8.1 不敢當,我那兒夠得上學者.

8.2 我父親是新聞記者.

9.0 (18)　　司馬遷

9.1 司馬遷是漢朝的史學家.

10.0 (18)　　光榮

10.1 您今天到我這兒來我非常光榮.

10.2 中國有很長的歷史,並且還有很光榮的文化.

11.0 (22)　　參考　參考書

11.1 請你把你那幾本關於語言的書借給我參考參考.

11.2 這種學問的參考書不多.

12.0 (22)　　搜　搜着

12.1 王宅丟東西了.警察到處去搜也沒搜着.

13.0 (22)　　搜集

13.1 他在湖北省的幾個村子裏搜集了不少的關於
　　方言的資料.

14.0 (23)　　豐富

14.1 中國出的煤很豐富.

14.2 昨天老王請客,菜相當的豐富.

15.0 (23)　　陳列　陳列出來

15.1 我們學校下星期開會,把學生的成績都陳列出來.

16.0 (24)　古物

16.1 遠大陳列漢朝的古物你參觀了沒有？

17.0 (24)　考古　考古學　考古家　考古學家

17.1 他們打算明年到湖南去考古.

17.2 他研究考古學已經有四十幾年了.

18.0 (24)　價值　有價值

18.1 那個畫家畫的畫兒現在很有價值.

18.2 他說的話沒價值.

19.0 (25)　博物院

19.1 從外國借來了一些古物,都陳列在博物院了.

20.0 (28)　範圍

20.1 那個老師考試從來不給我們範圍.

20.2 他講東方文化的範圍都包括甚麽？

20.3 這些題目都在考試的範圍以內嗎？

21.0 (28)　近來

21.1 怎麽樣,近來作甚麽消遣呢？

22.0 (30)　影響

22.1 要是得不到獎學金影響了我的前途.

22.2 好久不下雨了,農人很受影響.

23.0 (32)　藏　藏書　藏書家　藏書室

23.1 我在中國的時候藏書很多.

23.2 我們圖書館藏書室的書都滿了.

24.0 (32)　目錄　藏書目錄

24.1 請你把藏書目錄給我看看.

24.2 法國書跟俄國書目錄在後邊.

25.0 (34)　　私人

25.1 這個公園原來是私人的花園子。

26.0 (35)　　團體　青年團體

26.1 我們這個團體一共有六十幾個人。

26.2 這個青年團體都是二十歲以內的學生。

27.0 (35)　　捐

27.1 我捐給了我們學校四十本書。

27.2 那個小學校為了擴充請我們捐錢。

28.0 (36)　　全體

28.1 下星期我們學校全體學生去旅行。

28.2 他一提議全體學生都反對。

29.0 (42)　　環境

29.1 老張近來的環境很不好。

29.2 這一帶的環境真好你看多麼安靜啊。

30.0 (47)　　令　令兄　令弟　令妹　令親

30.1 這點兒小禮物是送給令妹的。

30.2 令親甚麼時候到美國來的？

31.0 (52)　　古典　古典文學

31.1 我就喜歡聽古典音樂。

31.2 我學中國語言學了三年才開始學中國古典文學。

32.0 (54)　　外文

32.1 我姐姐在大學念外文系。

33.0 (55)　　教科書

33.1 這本中文教科書上的圖畫得很好。

34.0 (55)　　報　畫報　月報　週報　日報　晚報

34.1 那個書店各種畫報都有.

34.2 他是中華日報的新聞記者.

34.3 這個是月報不是週報.

35.0 (56) 小說(兒) 小說家

35.1 他寫的小說兒都是奇怪的故事.

36.0 (57) 翻(譯) 翻(譯)成 作翻譯 給 A (作)翻譯

36.1 明天請那位法國教授來演講,聽說是老王給他作翻譯.

36.2 我不懂他說的話,請你給我翻譯一下兒.

36.3 請你把這幾個英文句子翻成中文.

37.0 (58) 課本

37.1 那本課本寫得不錯.

38.0 (59) 讀 讀書 讀本 讀本兒

38.1 我得工作我沒機會讀書.

38.2 我們先學會話課本,然後念讀本兒.

39.0 (61) 初 初次 最初

39.1 我初次到中國來的時候才十五歲.

39.2 我最初念考古學的時候我沒興趣.

40.0 (61) 級 初級 中級 高級

40.1 中級課本比初級課本稍微深一點兒.

41.0 (64) 遺留

41.1 他父親遺留的錢他都捐給基金會了.

42.0 (64) 稿(兒) 稿子 原稿(兒)

42.1 我先寫一個稿子,請你看看成不成.

42.2 你千萬別把原稿兒丟了.

43.0 (65)　珍貴

43.1 今天博物院陳列了一些很珍貴的古物.

44.0 (70)　就連

44.1 那個問題不但學生不能回答,就連教授也不會.

45.0 (71)　出版

45.1 中學中文的高級課本兒馬上就出版了.

45.2 那本書是一九六三年出版的.

46.0 (71)　學術　研究學術

46.1 中國語言學會是一個研究學術的團體.

47.0 (71)　刊　刊物　週刊　半月刊　月刊　季刊
　　　　年刊

47.1 我們大學出版的刊物資料都很好.

47.2 我們學校今年的年刊快要出版了.

48.0 (71)　內容

48.1 這本雜誌的內容多半兒是關於近代歷史的.

49.0 (78)　打聽　跟 A 打聽

49.1 你替我打聽打聽王教授住那兒.

49.2 我跟您打聽一下兒到中山路去往那邊兒走?

50.0 (78)　編　主編

50.1 你們學校念的高級讀本兒是誰編的?

50.2 張教授主編中國歷史季刊.

51.0 (81)　正　正門　正路　正北

51.1 我們學校的正門衝南.

51.2 到圖書館走正路比較遠,走旁路比較近.

51.3 往這條路的正北走就是北湖.

52.0 (82)　黑板

52.1 綠顏色的黑板上寫字學生看得清楚.

53.0 (88)　註解

53.1 那本書真好註解得很詳細.

53.2 你看註解第十五就明白這個句子的意思了.

54.0 (89)　册　册子　手册　學生手册　上册
　　　　　　中册　下册

54.1 這部書一共有幾册?

54.2 請您在我的小册子上簽名好不好?

54.3 我的手册上都寫滿了.

54.4 你詳細的看看學生手册就知道學校一切的規矩.

54.5 上册賣完了.只有中下兩册.

55.0 (89)　頁

55.1 請你們把書打開看第一百十三頁.

56.0 (92)　份　份兒

56.1 我要定一份兒中國畫報.

56.2 這本雜誌五月份的有沒有?

57.0 (98)　生　新生　留學生　研究生　大學生
　　　　　　中學生

57.1 今天這個會是為了我們新同學開的歡迎新生晚會.

57.2 那個學生大學已經畢業了.現在是研究院的研究生.

57.3 今年我們學校的新生很多.

57.4 這本讀本兒中學生大學生都可以念.

溫習句子 (p.461)

1. 他是一個新聞記者,到處去搜集新聞資料.
2. 關於這個問題我參考了很多書.
3. 博物院從中國借來的古物今天已經陳列出來了.
4. 馬教授寫的書都相當有價值.
5. 寫博士論文不要寫的範圍太大.
6. 因為受了打仗的影響所有的東西都很貴.
7. 我想借的那本書目錄上沒有.
8. 張先生捐給大學一百萬塊錢.
9. 因為我近來的環境不好,所以我不能繼續念書了.
10. 我打算把那本英文小說兒翻譯成中文.
11. 我所有的書都是我父親遺留下來的.
12. 您寫的那本初級課本兒甚麼時候出版?
13. 我們大學那本刊物是季刊,每年出版四次.
14. 那本書的內容相當好.
15. 請你給我打聽一下兒博物院的地址在那兒?
16. 馬教授最近編了一本漢語的語法書.
17. 校園上怎麼沒有研究院?
18. 這本書沒有寫註解的必要.
19. 張教授的古代史研究班有幾個研究生?
20. 我搜集了不少的作博士論文的資料了.

單獨談話 p. (462)

美英坐車走了以後,我就到理髮館去理髮,理完了髮已經三點三刻了,我雇了一輛三輪車就到大學去了,到了大學門口正四點鐘.

一進校門口的牆上掛着這學期學生人數比較遠大的學生人數是一年比一年增加.

到了研究院門口看見學新在那兒站着哪,我叫他他才轉過頭來.我問他甚麼時候來的,他說到歷史研究院門口才十分鐘.

我一看歷史研究院可真不小而且建築得也好,門上面有一塊大橫匾寫着遷光樓三個大字,字寫得真好.學新說是一位有名的學者寫的.

我問學新歷史研究院的參考書多不多,學新說參考書不少而且還陳列了很多古物,為的是研究歷史作參考的,這些古物史學家認為相當有價值.

我們從歷史研究院出來,就到國文語言研究院去,我問學新關於語言跟文學的書多不多,學新告訴我很多,新文學古典文學的書跟翻譯的外國有名的文學書都有,學新說書太全了,甚至於連課本甚麼都有,並且還有從博物院借來的一些有名作家遺留下來的原稿兒,為了讓研究生增加研究的興趣.

我在美國的時候就聽說遠大出版的學術雜誌不少,學新說關於科學,歷史,文學語言的刊物有四

五種有季刊,月刊,半月刊,週刊.學新說文學語言月
刊是馬教授主編的.我相信內容一定很好.馬教授
是一位有名的學者.我向來就佩服他.

我們到了國文語言研究院,正門鎖着哪.我們是
從旁門進去的.建築也很好.一共兩層樓.樓下是研
究室.樓上是藏書室.我們先在研究室看看.我們參
觀完了以後,又到樓上藏書室去.書真不少.整個樓
上幾間大屋子書架子上都是滿的.

出來的時候學新說陪我到醫學院去參觀.雖然
遠大的醫學院也很好.可是我沒興趣.而且我是外
行.學新就跟我到體育館去看看.然後我們就一塊
兒回家了.

問題(p. 463)

1. 是文山先到遠大還是學新先到遠大呢?為甚
   麼?

2. 學新告訴文山他甚麼時候來的?他一直的都
   在這兒嗎?

3. 文山在大學門口看見甚麼了.請你說一說?

4. 文山看見歷史研究院的門上有甚麼?

5. 歷史研究院的門上寫的甚麼字?你知道那三
   個字的意思嗎?

6. 司馬遷是甚麼時候的人?他是作甚麼的?

7. 遠大歷史研究院的書幾分之幾是遠大買的？

8. 遠大歷史研究院的書是那兒來的？都是大學買的嗎？一共有多少本書？

9. 遠大歷史研究院除了書以外還有甚麼？

10. 文山在那兒就知道遠大歷史研究院的書多？

11. 文山說歷史研究院不但建築得好還有甚麼好處？

12. 國文語言研究院在大學裏頭那個方向？

13. 學新說關於文學一方面都有甚麼書？

14. 大學為了增加研究生的興趣從博物院借來的甚麼？

15. 關於語言一方面的書多不多？甚麼原因？

16. 遠大出版的刊物多不多？他們都出版了那種刊物？

17. 請你說一說國文語言研究院都有甚麼書？

18. 國文語言研究院有幾層樓？研究室在那兒？
    藏書室在那兒？

19. 文山要借甚麼書？

20. 文山為甚麼不到醫學院去參觀？

21. 要是你朋友在一個地方等着你,你到了以後要
    跟他說甚麼？

22. 要是你陪你的朋友參觀你的學校,你應當說甚
    麼？

23. 要是你跟朋友說你想借一本書你怎麼說？

24. 要是朋友請你去參觀你沒興趣去,你怎麼說？

25. 要是一個學校的書很多你告訴朋友應該怎麼
    說？

26. 甚麼叫橫區？上頭有甚麼？

27. 請你說一說一個大學研究院為了給研究生研
    究都應該有些甚麼？

28. 要是黑板是綠的,你說對學生有甚麼好處？

29. 要是你請朋友去參觀一個地方他不想去你怎
    麼辦？

30. 請你把你學校的情形說一說,好不好？

1	2	3	4	5	6
諸	賓	慚	愧	示	持

7	8	9	10	11	12
籌	周	娛	抓	然	繞

13	14	15	16	17	18
葡	萄	吐	言	詩	品

19	20	21	22	23	24
舉	蹲	領	演	民	鼓

25	26	27	28	29	30
皇	帝	荒	田	背	香

31	32	33			
慮	顯	複			

1.	諸	zhū	all, the many (2)	24.	鼓	gǔ	drum (34)
2.	賓	bīn	guest (3)	25.	皇	huáng	emperor (36)
3.	慚	cán	ashamed (4)	26.	帝	dì	emperor (36)
4.	愧	kuì	ashamed (4)	27.	荒	huāng	suffer famine (37)
5.	示	shì	show, reveal (5)	28.	田	tián	field (39)
6.	持	chí	hold, control (6)	29.	背	bēi	carry on the back (40)
7.	籌	chóu	plan, manage (7)	30.	香	xiāng	fragrant (47)
8.	周	zhōu	all around, complete (8)	31.	慮	lǜ	plan, consider (52)
9.	娛	yú	amuse (10)	32.	顯	xiǎn	manifest, obvious (52)
10.	抓	zhuā	scratch; grab (16)	33.	複	fǔ / fù	complex (58)
11.	然	rán	indeed, so (17)				
12.	繞	rào	detour around (19)				
13.	葡	pú	grapes (22)				
14.	萄	táo	grapes (22)				
15.	吐	tǔ	spit out (23)				
16.	言	yán	word (24)				
17.	詩	shī	poem, poetry (25)				
18.	品	pǐn	article (26)				
19.	舉	jǔ	raise, lift up (27)				
20.	蹲	dūn	crouch, squat (28)				
21.	領	lǐng	receive (30)				
22.	演	yǎn	perform (31)				
23.	民	mín	people (32)				

第二十三課　歡迎新生晚會 (p. 475)

會話：美英,文山,學新三個人參加遠大
　　　的歡迎新生晚會.

美[3]： 現在要開始了.
文[4]： 主席是誰呀?
學[5]： 是三年級的,叫葉文英.
美[6]： 他很會作事.學校開會十分之九是他做主席[7].
主[8]： 諸位來賓,諸位同學:
　　　今天我們這個會大家都知道是為了甚麼[10][9]
開的,這個會是歡迎新生晚會.
　　　我們學校今年從各地方來了很多新同學[12][11],
我們是多麼高興.但是我們很慚愧因為我們[13]
也不會甚麼遊戲.不過就是表示歡迎新同學[14]
今天這個會叫兄弟我來主持[15].雖然已經籌備
了幾天,一定還有很多不周到[16]的地方.請諸位
原諒.今天晚上的娛樂節目[17]都是幾位新舊同
學們擔任的.我想一定很有意思.閒話少話.現[20]
在我們的節目就開始.先請金書文同學說幾[19][18]
位教授的口頭語兒.
金[21]： 主席先生待人不公平.別的同學兩個禮拜[22]
以前都準備了,把我臨時抓上來.

我说一说我们大学几位教授的口头语儿[23]有一位教授要是有学生把功课做错了[24]或者甚麽事情不对了,他一定说:"哎呀!糟糕!"[25][26]所以我们就给他起个外号叫"哎呀!糟糕!"[27]先生.诸位同学一定猜得着他是谁.[28]

白:是不是毛教授?[29]

美:是他.他对学生好极了.[30]

金:还有一位"果然不错"先生.还有一位"没有[31]那个必要"先生.他老先生上一堂课大概要[32][33]说几十次"没有那个必要"有一次我给他[34]记着他一堂说了三十六次"没有那个必要".[35]
　　噢,还有一位"好极了."先生.无论说甚麽[36][37]都带"好极了."将来想法子让他遇见一件[38]坏极了的事情,看他还说不说"好极了."
　　这几位教授你们知道是谁吗?幸而教授[39][40]们都不在场.诸位同学可别把我说的话告诉[41]他们.要是这几位教授知道了我下学期可能[42]毕不了业!

白:这几位教授我都知道是谁.[43]

主:现在是绕口令儿请毛山河同学给我们说绕[44][45]口令儿.

毛:我很久没说绕口令儿了.我还是念初中的时[46][47]候我们学校五十周纪念我说的哪.
　　山前有个崔粗腿.[48]
　　山后有个崔腿粗.[49]

50 二人山前來比腿.

51 不知崔腿粗的腿比崔粗腿的腿粗.

52 還是崔粗腿的腿比崔腿粗的腿粗.

53 眾: 再來一個! 再來一個!

54 毛: 吃葡萄就吐葡萄皮兒.不吃葡萄不吐葡萄皮兒.

55 白: "吃葡萄"的我說得上來."比腿"的我說不上來.56

57 主: 我們現在猜字遊戲.現在有兩句五言詩.58 猜兩個字.猜着了的有一點兒獎品.誰猜着了誰舉59 手.我現在把這兩句詩念給諸位聽.第一句詩是:60

61 "言"邊"主"下"月"

62 第二句詩是:

63 二 人 土 上 蹲.

64 美: 文山,你猜得着吧?

65 白: 第一個我猜不着.第二個我知道.美英,你說第66 一個是甚麼字?

67 美: 當然我知道,可是我不說.

68 主: 一會兒請猜着了的領獎.下面是表演民歌兒.69 "鳳陽花鼓"是溫清華溫清文兩位同學表演.70

71 [音樂]: Dōngdōng qiàng, dōngdōng qiàng
Dōngdōng qiàngdōng qiàngdōng qiàng.

73 溫[唱]: 說鳳陽道鳳陽.

74 鳳陽本是好地方.

75 自從出了朱皇帝.

76 十年倒有九年荒.

77 [音樂]: Dōngdōng qiàng, dōngdōng qiàng
Dōngdōng qiàngdōng qiàngdōng qiàng.

79
溫[唱]: 大戶人家賣田地.
80
小戶人家賣兒郎.
81
我家沒有兒郎賣.
82
身背着花鼓走四方.
83
[音樂]: Dōngdōng qiàng, dōngdōng qiàng
Dōngdōng qiàngdōng qiàngdōng qiàng.
85
白: "鳳陽花鼓"表演得真好,一邊兒唱一邊兒表
86
演很不容易.
87
美: 他們兩個人是我同班同學很有演戲的天才.
88
一個是哥哥一個是妹妹.
89
主: 現在這個節目是相聲,是馬國英黃能兩位同
90
學擔任的.
91
黃: 現在我請問你,孔子一共有多少學生啊?
92
93
馬: 孔子一共有三千學生.
94
黃: 不錯.你知道最好的學生有多少?
95
馬: 孔子最好的學生有七十二個.
96
黃: 你知道這七十二個人裏頭,有多少結了婚有
97
多少沒結婚的?
98
馬: 你可問住我了,書上沒有吧.
99
黃: 我可知道,有三十個結了婚的四十二個沒結
100
婚的.
101
馬: 你怎麼知道的?
102
黃: 論語上有啊:
103
冠者五六人.
104
童子六七人.

"冠者"就是結過婚的,五六三十."童子"就是没結過婚的,六七四十二.三十加四十二這不整七十二個人嗎?

馬: 對了.有你的,真有你的.

美: 文山,你知他們說的這是在四書那本上的?

白: 是論語上的,我忘了在上論上是下論上了.

學: 能說相聲兒的人都很聰明.

黃: 我再問你一個問題.你知道三國上諸葛亮周瑜這兩個人嗎?

馬: 當然知道了.

黃: 你知道他們兩個人的母親姓甚麼?

馬: 這我可不知道.

黃: 諸葛亮母親姓何,周瑜母親姓既.

馬: 你從那兒知道的?

黃: 這是周瑜自己說的.有一次周瑜生氣了,他就說了:"既生瑜,何生亮? 那不是意思就是說姓既的生的周瑜,姓何的生諸葛亮嗎?"

學: 相聲兒很有意思.我父親很喜歡聽相聲兒.

美: 說相聲兒很難.

主: 現在我們的娛樂節目己經完了.下面請王大文同學演講.王同學是我們同學裏頭學問最好的.每次考試他都考第一.就連字典他都背下來了,外號兒叫活字典.我們聽了他的演講以後,對我們學的一方面一定有很大的幫助.

王: 諸位同學,今天我所講的題目是關於炒豆腐. 炒豆腐也是一種學問,我今天跟你們說一說炒豆腐這個題目.

關於炒豆腐可以從幾方面來講,主要的還是口味的問題.按着我的看法,我認為王太太炒的豆腐最好.他所炒的豆腐,一來很好吃,二來看着也漂亮,再者聞着也很香.他所炒的豆腐永遠沒發生過甚麼問題,這是任何人不能否認的.經過我考慮的結果,炒豆腐必須參考王太太炒豆腐的方法.換句話說,也要聽聽他關於炒豆腐的理論.對於這幾點你們要注意.

王太太豆腐炒得好吃,那是很明顯的事實.不是一種理論.

總而言之,用幾句簡單的話把炒豆腐的原則告訴你們.我相信豆腐跟醬油有相當的關係,一方面雖然醬油不能隨隨便便的放得太多,可是另一方面也不能馬馬虎虎的放得太少.(關於這一點請參考馬大師傅所寫的書:炒豆腐研究第四冊,第五百六十三頁,註解第十七.)

我跟你們談了半天炒豆腐,可是事實上我也不會炒豆腐,我就是愛吃炒豆腐.

我暫時把炒豆腐的大意告訴你們.等我有機會見着王太太請他把炒豆腐的內容告訴

我以後,我再把他的理論詳細的解釋給你們[161]聽.

如果你們對炒豆腐有甚麼問題,請你們明[162][163]天都去吃炒豆腐去但是我得給你們解釋清[164]楚,並不是我請客是各吃各的.吃完了以後有[165]甚麼不了解的,我們再討論.[166]

炒豆腐這個問題也是一個很複雜的問題,[167]不是幾分鐘可以解釋完了的.時候到了,我們[168]下次再研究.[169]

美:可笑死我了.我真不知道王大文有這種本事.[170][171]

白:這位也是你同班的嗎?[172]

美:不是我比他高一班.他的功課好是真的.他不[173][174]怎麼喜歡說話.

主:現在我們的節目都完了.可是我們還有很多[175][176]時間.我們還預備了一點兒茶點.請你們隨便[177]吃一點兒.隨便玩兒.從明天開始我們就正式[178]上課了.沒有玩兒的機會了.以後就在課堂裏[179]見了.

今天謝謝諸位來參加我們這個會.[180]

生字跟新語法的句子(p. 480)

1.0 (4) 主 地主 作主

1.1 這個事情誰作主?

1.2 他們家是大地主.

2.0 (8)　　諸位

2.1 現在諸位有甚麼提議沒有?

2.2 謝謝諸位對我們這件事情幫忙.

3.0 (8)　　來賓

3.1 多謝諸位來賓到我們學校參觀.

4.0 (12)　　慚愧

4.1 我很慚愧這件事沒給您辦好.

5.0 (13)　　表示　表示 A 對 B 一點兒意思.

5.1 這點兒小禮物請您收下表示我一點兒意思.

5.2 他已經跟我表示過很多次這個事情他不願意
作了.

6.0 (15)　　主持

6.1 那個大會是誰主持?

6.2 今天下午張教授主持的經濟研究班改下禮拜
五了.

7.0 (15)　　籌備

7.1 那個事情真不容易.他們已經籌備了一年了.

8.0 (16)　　周刊

8.1 昨天我們去參觀那個學校他們招待得很周到.

9.0 (16)　　原諒

9.1 那件事情我作錯了.請您原諒我.

10.0 (17)　　娛樂　娛樂場

10.1 這種娛樂我們美國沒有.

10.2 這兒的娛樂場幾點鐘關門?

11.0 (17)　　節目　　節目單

11.1 老王,這個週末有甚麼節目?

11.2 看看節目單上都有甚麼?

12.0 (17)　　擔任

12.1 誰擔任這個會的主席?

13.0 (20)　　口頭　　口頭語(兒)

13.1 那件事情他口頭上已經說可以了.

13.2 張教授的口頭語太多了,聽了很討厭.

14.0 (21)　　公平　　待人不公平

14.1 那件事情你要辦得公平一點兒.

14.2 那個教員待學生不公平.

15.0 (22)　　臨時　　臨時政府

15.1 我請張先生吃飯,他臨時打個電話說不來了.

15.2 打仗的時候在那兒組織了一個臨時政府.

16.0 (22)　　抓

16.1 請你們小心,這隻貓抓人.

16.2 這個事情找不着人作,他臨時把我抓來了.

17.0 (31)　　果然

17.1 人家都說那個飯館兒的菜好吃,昨天晚上我吃
了一次,果然很好.

18.0 (33)　　堂　　課堂　　講堂　　一堂課

18.1 我們下午三點鐘在五號課堂見.

18.2 你們在講堂上要安靜一點兒.

18.3 我星期六也有兩堂課.

19.0 (44)　　繞　　繞嘴　　繞口令兒　　繞遠　　繞遠兒

19.1 前頭修路哪得繞着走.

19.2 這個句子很繞嘴,我怎麼説也説不流利.

19.3 請你告訴我他們説的這個繞口令兒是甚麼意思?

19.4 從這條路走太繞遠兒了.

20.0 (47)   週年

20.1 下月十號我們學校一百週年了.

20.2 禮拜六我跟我內人結婚五週年,我請你們吃晚飯.

21.0 (47)   紀念   紀念日   週年紀念

21.1 今天我們學校紀念成立了三百週年.

21.2 明天是學校的週年紀念所以放假一天.

21.3 今天是甚麼紀念日?

22.0 (54)   葡萄   葡萄皮兒

22.1 所有的水果我最喜歡吃葡萄.

23.0 (54)   吐

23.1 你吐的時候吐在手絹兒上.

24.0 (57)   言

24.1 請問言字怎麼寫?

25.0 (57)   詩   詩人   詩家

25.1 他詩作得很好.

25.2 他不但是個科學家,而且也是個詩人.

26.0 (58)   獎品   得獎品

26.1 我父親説要是我考第一他送我獎品.

26.2 上次運動會我們學校得了很多獎品.

27.0 (59)   舉

27.1 誰認識這個字？請舉手.

28.0 (63)   土

28.1 這兒的土好,所以青菜長得特別大.

29.0 (63)   蹲   蹲在地下

29.1 那兒的鄉下人都是蹲在地下吃飯.

30.0 (68)   領

30.1 你的獎品領了沒有？

31.0 (68)   表演

31.1 昨天開會那幾個娛樂節目都表演得很好.

31.2 學校週年紀念大會有我妹妹表演.

32.0 (69)   民   民歌(兒)   人民   國民   民國
             中華民國   民主   民主國家

32.1 這個地方的民歌兒很好聽.

32.2 全國的人民都擁護他.

32.3 我們都是美國的國民.

32.4 中華民國九年就是一九二零年.

32.5 那個國家是一個民主國.

33.0 (69)   花

33.1 王小姐穿了一件花旗袍兒.

34.0 (69)   鼓   打鼓

34.1 他鼓打得很好.

35.0 (75)   自從

35.1 自從打仗以後他就沒回國.

36.0 (75)   皇帝

36.1 明朝的皇帝姓朱.

37.0 (76)   荒   荒年   荒地

37.1 那個地方這幾年荒得利害.

37.2 我們那個地方今年是荒年.

37.3 那塊大平原完全是荒地.

38.0 (79)　户　大户　小户

38.1 他們家在這個村子裏是個大户.他們相當有錢.

39.0 (79)　田地

39.1 我們家只有房子.沒有田地.

40.0 (82)　背

40.1 四川省女人背着孩子作事.

41.0 (89)　相聲(兒)

41.1 昨天我在無線電聽着相聲兒了.

42.0 (98)　問住

42.1 昨天老王把我給問住了.他問了我一個問題.我
　　怎麼想也想不起來.

43.0 (131)　背　背書

43.1 從前中國學生念書每課書必得都背下來.

43.2 請你們不要看書.現在我們要背書了.

44.0 (134)　所

44.1 他所說的對我們很有用.

45.0 (140)　一來　二來

45.1 我可不去旅行.一來沒工夫.二來我也沒錢.

46.0 (140)　再者

46.1 我可不買車.一來太貴.二來我不需要.再者我也
　　不會開.

47.0 (141)　香

47.1 院子裏的玫瑰很香.

48.0 (141)　　永遠

48.1 小的時候背的書永遠忘不了.

49.0 (142)　　否認

49.1 那件事情是他説的.我問他,他沒否認.

50.0 (143)　　考慮

50.1 這件事情我得考慮考慮再回答你.

51.0 (145)　　理論　理論上

51.1 他所説的是一種理論.

51.2 在理論上你説得很好.

52.0 (147)　　明顯

52.1 你待人不公平那是很明顯的事情.

53.0 (148)　　事實　事實上

53.1 理論是理論.事實是事實.

53.2 在理論上是對的.可是事實上很難作得到.

54.0 (149)　　總而言之

54.1 他解釋了半天.總而言之我還是不懂.

55.0 (150)　　原則

55.1 你的事情原則上沒問題了.

56.0 (158)　　大意

56.1 這課書的大意你們知道吧?

57.0 (166)　　討論

57.1 關於這個問題我們現在討論討論.

58.0 (167)　　複雜

58.1 那件事情不容易辦.太複雜了.

59.0 (176)　　茶點

59.1 學校的週年紀念還預備了茶點.

温習句子 (p. 486)

1. 我不會甚麼表演. 我覺得很慚愧.
2. 昨天他跟我表示他很不滿意老王對他的態度.
3. 那個歷史研究班是王教授主持嗎?
4. 這兒正在籌備開世界運動會.
5. 今天招待得不好. 請您原諒.
6. 我在那個學校擔任教中文.
7. 無論作甚麼事應該作得公平.
8. 兄弟我沒資格擔任這麼重要的事情.
9. 這枝筆是我畢業的時候我父親送給我的作個
   畢業紀念.
10. 這個問題會的舉手.
11. 我們公司每月三十號領薪水.
12. 那個電影片子的演員表演得真好.
13. 他每天早晨背着孩子去買菜.
14. 請你們明天把黑板上的句子都背下來.
15. 那件事情不是我一個人所能辦得到的.
16. 那個工作對你很合適. 你不必考慮了.
17. 我希望學六個月的中國話就可以說得不錯, 但
   是事實上不那麼容易吧.
18. 那件事情他們幾個人討論了半天也沒結果.
19. 那本書的大意我都懂了.
20. 他寫的書文法很複雜.

單獨談話 (p. 487)

我跟學新七點三刻就到大學門口等着美英[2]等了不到十分鐘,美英就來了.今天參加晚會[3]的人很多.整八點鐘會就開始了.開始是主席報告[4].這位同學很有說話的天才.美英說大學開會[5]十分之九都是他擔任主席.今天晚上的節目[6]都是新舊同學擔任的.同學裏頭真有不少有[7]表演天才的.今天晚上的節目差不多都是可笑[8]的.

我很喜歡相聲兒[9].他們一共說了兩個相聲兒繞[10]口令兒也說得很好.我覺得對於學中國語言的[11]外國學生很有幫助.對練習發音很有用.還有一位同[12]學學教授口頭語.中國教授外國教授都一樣講書[13]是的時候每個人都有他們的口頭語.還有一個節目[14]是鳳陽花鼓.是溫清華溫[15]清文兄妹兩個人表演的.他們穿着很好看的演戲[16]的衣服一邊兒唱一邊兒打着鼓表演.又好看又[17]好聽.我很喜歡那個民歌.

最後一個節目[18]是一個很可笑的演講.真把人給[19]笑死了.開始的時候主席很正式的報告說最後[20]是一個演講是一位學問最好的同學講,對於[21]大家學[22]的一方面很有幫助.我們聽的人以為是真[23]的哪[24]等到這個同學出來了以後我們還以為是一個正式的演講哪.美英跟我說:"為甚麼要演講呢?"[24]美英話還沒說完,那位同學的題目[25]說出來了."今天我所講的是炒豆腐."[26]這個題目他一說大家已經笑

得不得了了,越說越可笑.他完全用教授講書時候
的說法來說炒豆腐,說得太可笑了.最後主席又報
告說還有很多的時間,大家可以隨便玩兒或者彼
此聯絡聯絡並且預備的茶點可以隨便吃.我跟學
新美英三個人都到餐廳去跟另外幾個同學談談,
吃了一點兒茶點,然後我跟學新送美英回家.

問題 (p. 488)

1. 遠大的會是為了甚麼開的?
2. 主席說他為甚麼很漸愧?
3. 主席說為甚麼要原諒他?
4. 今天晚上的節目都是甚麼人擔任的?
5. 你們的教授都有甚麼口頭語? 你能說嗎? 你
   學過他們嗎?
6. 你會說繞口令兒嗎? 請你試試.
7. 猜字的時候文山跟美英說他猜着那個了?
8. 文山問美英知道不知道,美英說知道,可是他為
   甚麼不說出來呢?
9. 請你說一說 "鳳陽花鼓" 這幾個字的意思.
10. 你喜歡聽相聲嗎? 這個晚會他們說了幾個相
    聲? 你知道他們說的相聲是甚麼書上的?
11. 你試試看他們說的相聲你能說不能說?
12. 娛樂節目完了以後有一個演講,題目是甚麼?

你説是不是正式的演講?

13. 主席報告説演講的那位同學外號叫甚麼? 為甚麼叫這個外號呢?

14. 主席説他的演講對大家有甚麼影響?

15. 王大文所講的題目是甚麼? 他的演講你聽了以後你笑了沒有? 要是你笑了請問你有甚麼可笑的?

16. 這位同學説王太太豆腐炒得怎麼好?

17. 他還説要是對炒豆腐有甚麼問題讓諸位同學的去作甚麼? 是誰請客呢?

18. 演講完了以後主席説讓大家作甚麼?

19. 主席説這次的會完了以後將來都在那兒見面?

20. 請你把歡迎新生晚會從開始到最後幾個節目的名子説出來.

21. 要是開會你作主席,報告完了以後應該跟來賓説甚麼客氣話?

22. 要是你參加一個會你很喜歡的節目完了你還想請他再表演一次,你怎麼説?

23. 要是開會,主席請你臨時參加一個節目你先説甚麼?

24. 要是開會請你作主席你應該説甚麼客氣話?

25. 要是你的學校有一個歡迎新同學的會你是主席,你應該跟新同學説幾句甚麼客氣話?

26. 要是你聽完了或者看完了一個可笑的節目以後,你應該説甚麼?

27. 要是你表演的時候來賓說:"再來一個"你應
    當作甚麼?

28. 要是你作主席今天這個會玩兒得很高興可是
    明天就上課了你應該說甚麼話?

29. 如果一個會開完了以後你應該對來賓說甚麼?

30. 要是開會的時候預備了茶點你請來賓吃應該
    怎麼說?

第二十四課　溫習

A. Exercise in Tonal Distinctions (p. 501)

1. 長途,場圖
2. 大鼓,打鼓
3. 大戶,大湖
4. 合理,河裏
5. 皇帝,荒地
6. 紀念,幾年

7. 解釋,結實
8. 課室,可是
9. 老師,老實
10. 市場,十場
11. 事實,試試
12. 田地,甜的

13. 小戶,小湖
14. 藥方,藥房
15. 醫科,一課,一棵
16. 郵票,有票
17. 諸位,助威

B. Review of Initial and Final Elements (p. 501)

1. 打
打折
打折扣
打電報
打針
打預防針
打鼓
打皮
打鈴
打麻藥針
打字

打仗
打球
2. 開
開車
開門
開會
開藥方兒
開單子
開燈
開飯
開戶兒

開玩笑
開支票
3. 發
發燒
發冷
發熱
發脾氣
4. 然
果然
當然
雖然

405

然
既然
忽然

5. 來
後來
將來
近來
一來
二來
本來
原來
向來
從來

6. 時
臨時
暫時
同時
當時
隨時

7. 處
用處
壞處
長處
短處
好處

難處

8. 人
商人
病人
私人
詩人
旁人
女人
男人
農人
主人
工人
外人

9. 生
新生
學生
先生
研究生
留學生
旁聽生
小學生
中學生
大學生

10. 師
老師

師
工程師
建築師
教師

11. 手
選手
對手
好手
水手

12. 長
隊長
村長
校長
縣長
院長

13. 員
賣貨員
隊員
雇員
教員
運動員
賣票員
檢查員

14. 家
畫家
作家

14. 家
詩家
歷史家
考古家
考古學家
史學家
小說家
藝術家
專門家

15. 房
藥房
病房
臥房
廚房
書房
洗澡房
廂房
正房

16. 室
辦公室
招待室
醫務室
藏書室
研究室
課室

17. 館

飯館
理髮館
體育館
圖書館
照像館

18. 場
市場
球場
運動場
體育場
娛樂場
網球場
跑馬場
工場
溜冰場
馬戲場
遊車場
停車場

19. 院
醫學院
學院
博物院
研究院
醫院
電影院
考試院
兒院

20. 學
學
科學
醫學
語言學
考古學
建築學
戲劇學
經濟學

21. 報
報
畫報
日報
週報
月報
晚報

22. 刊
刊
季刊
月刊
週刊
年刊

23. 科
科
醫科
外科
皮膚科
內科
眼科
小兒科
牙科

C. Brain Teasers (p. 504)

Lesson 19

1. 街 口兒 / 接 人
2. 填 表 / 代 表
3. 常 常 / 很 長
4. 上上海 / 上上個月
5. 現 款 / 存 款
6. 必 需 / 畢 業
7. 農 業 / 一 夜
8. 姓 名 / 姓 毛
9. 行 李 / 行 了
10. 取 錢 / 姓 錢
11. 行員 / 公園
12. 辦 好 / 半 天
13. 幫工 / 農工 票票常
14. 支 票 / 買 票
15. 平 常 / 平 原
16. 銀 行 / 外 行
17. 簽 字 / 千 萬
18. 商 業 / 傷 風

Lesson 20

1. 大後天 / 大姑娘
2. 登報 / 週報 傳船
3. 宣傳 / 上船
4. 減 價 / 檢 查
5. 人 造 / 煤 竈
6. 三盒糖 / 三合房子
7. 山 東 / 山 洞
8. 太 厚 / 以 後．
9. 旗袍兒 / 其實
10. 彈琵琶 / 談天 兒
11. 論 碼 / 騎 馬
12. 信 封 / 颱 風
13. 找 錢 / 找朋友
14. 郵 票 / 有 票
15. 包 裹 / 水 果
16. 國家 / 參加

Lesson 21

1. 開 刀 / 開 門
2. 胃 病 / 為甚麼
3. 請 假 / 減 價
4. 結 果 / 水 果

5. 排隊／球隊
6. 配藥／重要
7. 長久／喝酒
8. 麻藥／買藥
9. 住址／住院
10. 咳嗽／可以
11. 進步／北部
12. 感冒／敢說
13. 倒霉／買煤
14. 喝醉／喝水

Lesson 22

1. 必要／配藥
2. 校圖／笑人
3. 學術／人數
4. 出版／黑板
5. 就連／可憐
6. 令弟／此地
7. 內容／光榮
8. 司馬／騎馬
9. 讀本／十本
10. 影響／您想
11. 考古／中古
12. 小說／也說
13. 課本兒／客廳
14. 遺留／一路
15. 目錄／小路

Lesson 23

1. 茶點／古典
2. 來賓／來者
3. 學者／再者
4. 地主／第幾
5. 繞嘴兒／繞遠
6. 田地／甜的
7. 應考／烤鴨
8. 理論／禮物
9. 擔任／擔心
10. 諸位／口味
11. 吐皮兒／土地
12. 明顯／姓名
13. 自從／字典
14. 花鼓／花錢

D. Narratives and Dialogues (p. 507)

I (p. 507)

有一位教授他的兩個學生一個是銀行經理一個是中學教員.這兩個學生對於這位老師都很客氣.有一天──是這位教授跟他的太太結婚二十週年紀念──這兩個學生為了要表示他們一點兒意思,打算送點兒禮物.兩個人聚在一塊兒討論送點兒甚麼好呢?

這個中學教員說老師是學者.他打算送老師最近出版的一本大字典.因為這本字典內容很豐富,包括的範圍很大,是很厚的一本.那本字典是一位英國學者編的.一位中國學者把他翻譯成中文.所有的註解都很詳細.這位中學教員說他認為這本字典是最好的了.所以藉着老師結婚週年紀念送給老師.

這位銀行經理說:"給老師送禮物很難.他是學者,金子銀子他都不喜歡.書你已經決定送了.我送甚麼好呢? 這麼着吧: 我家裏有一個小酒杯也算是個古董.但是結婚紀念,夫妻兩個人都得送.我再送一件緞子旗袍料兒."

那位中學教員說:"那麼你送我也得送啊.可是我沒你那麼有錢.我送一件綢子旗袍料兒好了."

II (p. 508)

今天是四月二十八號.我現在是在醫院裏頭寫這個日記.前兩個星期不知道怎麼回事傳染上流

行性的傳染病了.開始就是有點兒發燒頭疼.後來[4]
越來越利害.整個身體不舒服嗓子也疼起來了.燒[5]
到一百零三度.甚麼也不能吃了,連水也不想喝.甚[6]
至於躺在牀上起不來了.

幸而老王他一看我的病已經差不多到了危險[7]
的程度了,他就把我送到醫院來了.醫生給我看完[8]
了以後說我的病重,必得住院.可是我家的經濟情[9][10]
形不好.我是個窮學生.那兒來的錢住醫院?老王[11]
為我的病擔心.他替我跟朋友借的錢.老王給我辦[12]
好了住醫院的手續.我真謝謝老王.[13]

從那天開始我在醫院已經住了兩個星期.現在[14][15]
已經差不多完全好了.我想兩三天以內我就可以
出醫院了.[16]

這個醫院的設備不錯.護士對病人的態度很好.[17][18]
給病人試溫度表打針甚麼的都很仔細,而且對我
們病人吃東西喝水都照應得很周到.[19]

同病房的一位青年人跟我說我們住這個醫院[20]
真是有福.這是真話.有的醫院的護士對病人的態[21]
度不怎麼好.可是這個醫院所有的護士都是那麼[22]
和氣.就連醫生也是都很客氣的.[23]

得了.我不往下再多寫了,因為我的病才好.手拿[24]
筆寫字都有點兒累.

III (p. 508)

我是一個每月靠薪水生活的人.我每月的薪水[1][2]
是二百塊錢.除了吃飯住房子以外剩不了很多錢.[3]

所以人家一到週末都出去玩兒(不是旅行就是看
電影兒)我不但這些消遣不敢去就連飯館兒都不
去吃.

　　為甚麼我這麼省錢呢?有兩個原因.一來我掙
的錢太少.二來我必得每月剩下一點兒錢;萬一我
病了或者有甚麼事情發生沒錢那兒成呢?

　　現在我有一百多塊錢了.錢在家裏頭擱着要是
丟了怎麼辦呢?想來想去把錢放在銀行比較好.
有一天我問老張甚麼銀行比較可靠.他說中央土
地銀行比較好.他跟中央有來往.

　　有一天我就到銀行去了.我問行員存款的手續.
他告訴我先填申請表;把姓名職業都得寫得清清
楚楚的.我就把我的一百五十塊錢交給行員.他給
了我一個小簿子沒給我支票.我問他為甚麼不給
我支票簿呢?他說錢少不給支票.必須兩千塊錢
開戶才給支票哪.原來中國跟美國銀行存款的方
法不同.

IV (p. 509)

　　我在抗戰的時候跑到四川.在四川一共住了八
年.那個時候政府也搬到四川去了.那年大概是一
九三七年.就是中華民國二十六年.我是坐船去的.
我坐的那條船是一個銀行團體租的.雖然船很大
可是人並不太多.所以有的時候可以在客廳飯廳
去坐一坐.在那個時候大家都往四川跑,所以每條
船都擁擠的不得了.每條往四川去的船都是裝滿

了人。據船上的朋友告訴[9]我,有的船上人多的連坐着的地方都沒有,有[10]的人在船上蹲着睡覺,並且因為船[11]小人多常常船出事。

　四川[12]的山水有名,中國古代的人說四川的山水[13]第一。一路上的風景真好,水在中間兒,水[14]的兩旁邊兒都是山,在船上往外一看就好像[15]船差不多就要碰了山一樣。在我所坐的那條船[16]前邊兒有一條船在前面走,我所坐的這條[17]船一直的都在他後頭走。我們天天看着那條船在前頭[18]走,有一天忽然看不見這條[19]船了。沒有好多時間看見水上面有很多的東西——箱子[20]。還有亂七八糟的東西。據說那條船出事的原因[21]是船太小裝的東西跟人太多了。那條船[22]只能容六百人,可是坐了一千三百多人,並且[23]都是搬家的行李也太多了。一千三百多人差不多都死光了[24]。

　我本來[25]帶了六件行李,結果下船的時候丟了一件,剩[26]了五件了。在下船以前我的行李還有六件可是臨[27]到下船的時候再一看就剩了五件了。幸而我沒有[28]有價值的東西,比如說古物甚麼的,只是一點兒衣服[29]。

　我在四川[30]並沒有親戚朋友。我又是初次到那兒[31],誰也不認識。幸而在船上認識了一位朋友,他是一個作買賣的。他很幫我的忙,他幫着我雇車找旅館[33]。那兒的旅館[34]的習慣甚麼的,我住的是一家小旅館。那兒的旅館的習慣是每天給客人預備三頓飯。每天早晨六點[35]鐘就吃早飯。四川吃飯的習慣是早點跟中飯[36]晚一樣那麼多,而且多數的菜是辣的.我對四川的生活我過不慣,可是吃的東西倒是很便宜.我是夏天去的,那兒的天氣熱得不得了,簡直的熱死人.晚上熱得不能睡覺還有四川的大街小路都很髒.那是誰也不能否認的.

V (p. 510)

我現在說一個故事.從前我念初中一的時候,一位教國文的老師對學生很不公平.他喜歡的學生每次考試成績都好他不喜歡的學生成績都不好.真奇怪.

有一次上課的時候他問我們一個特別的問題.他說:"你們知道先有雞還是先有雞蛋?"這下兒把我們都給問住了.誰也不知道連一個舉手的都沒有.

他在考試的時候他的題目都是非常難答的,所以他叫我們的那門功課成績都不怎麼好我們全班的同學歡迎這位老師的很少.

VI (p. 511)

美文:

考試的時候雖然只有兩個星期沒給你寫信,可是好像有很多日子了.這次的考試我可太辛苦了.老實說為的是想得到一筆獎學金每天光念書甚至於連髮都不理.我真是累得要死我比以前瘦了七八磅.我把這情形告訴你,你一定能原諒我.

我每天從課堂到宿舍從宿舍到課堂.你看我多

麼緊張.我考試總是緊張.
　　昨天我看見葉教授了,他告訴我我的成績不錯.
獎學金很有希望.這不過是葉教授口頭上告訴我
的.是不是真能得到我自己一點兒把握也沒有.因
為希望得到的人太多了.
　　我把我的情形都告訴你了.再過一兩個星期以
後有一位同班同學回家去.那個時候我可能跟他
一塊兒到他家裏頭去.他家住在府上不遠的一個
村子裏.那個時候我們可以見面了.
　　在我們動身以前我先寫信給你.噢,上次我用掛
號信寄給你幾張風景明信片兒大概你已經收到
了.可是你給我的信上沒說.
　　這兒的天氣很熱這幾天差不多都是一百度左
右.北部的天氣怎麼樣?
　　我想跟你打聽一件事.你們學校在放假的時候
各種刊物不知道出版不出版? 並且還請你把五
月份出版的國文語言月刊想法子找一份兒寄給
我,因為我要找一點兒資料. 多謝. 祝
好

　　　　　　　　　　萬文英　六月十九

　　　　　　　　　VII (p. 512)

萬: 早.張教授.
張: 早.萬華文你來有事嗎?
萬: 沒事.我來看看您.
張: 謝謝你,請坐.請坐.這幾天天氣挺熱啊.

萬： 可不是麼.熱得不得了.這麼熱您還寫書嗎？

張： 咳.別提了.遠大的週年紀念刊抓我給他們寫一個論文.讓我三天以內就得寫出來.

萬： 這麼熱的天讓您寫論文真够苦的了.

張： 没法子.我能說不寫嗎？萬華文,下星期開始的那個歷史研究班你參加了没有？

萬： 我本來打算參加的.那天我去登記可是登記表上人數都滿了.

張： 怎麼回事呢？滿了？我記得以前没多少人參加的.這麼着:到那天你到課室門口兒等着我.我帶你進去.

萬： 在那個課室？

張： 就在大禮堂旁邊兒那個小課室.

萬： 謝謝您.

張： 你先坐一會兒.我去沏一點兒茶去.

萬： 張教授您坐着.我來我來.

張： 也好.我也不跟你客氣了.

萬： 學生作事是應當的.張教授請喝茶.

張： 你知道不知道歷史博物院不知道從那兒搜集了一些古物在那兒陳列着.據說是兩千多年以前的.

萬： 我不知道.

張： 你可以去看看去.

萬： 好的.一兩天我去.噢.張教授.您牆上的這塊橫匾寫的真不壞呀.

30
張: 寫的不錯吧.寫字的是我的一位朋友.他寫了
31
送給我的.寫這個橫匾的是個女人.他丈夫就 32
是王教授.
33
萬: 噢.這是王教授太太寫的?
34
張: 華文.你今天有事嗎?
35
萬: 我沒事.您有甚麼事讓我辦嗎?
36
張: 我想請你給我買點兒東西去.
37
萬: 您要買甚麼?
38
張: 你給我買五十個信封兒一百張信紙.要挑薄
39
一點兒的.再買二十個郵簡還買一把剪子.
40
萬: 隨便到那家買都可以嗎?
41
張: 最好你到聯合書店去買.他們東西比較好.郵 42
簡當然到郵政局去買了.
43
萬: 聯合書店在那兒?我還沒去過.
44
張: 你出門口兒往北拐是一條大路.順着大路一 45
直的走就是電報局跟郵政局.
46
萬: 電報局跟郵政局我知道.
47
張: 聯合書店就在對面兒.書店旁邊兒就是警察
局.
48
萬: 我知道了.我馬上就去.
49
張: 不忙.

VIII (p. 513)

1
葉: 王先生來了.我們好久不見了.怎麼樣,最近忙 2
甚麼呢?
3
王: 我這幾個月那兒都沒去.我在家寫書哪.今天

　　　我把原稿拿來了.請您給我改一改.

葉　你寫的甚麼書?

王　我寫的是一本關於語言的書.把我給寫膩了.
　　語言的文法相當複雜,很不容易寫.並且參考
　　資料也很少.到處去搜集.

葉　我相信你一定寫得很好.

王　好不敢說,反正我費了很多的時間了.

葉　你所寫的這本書是甚麼性質的?是參考書
　　還是教科書?

王　我寫的是參考書.我所寫的都是關於語言的
　　問題.但是我寫的範圍很小.我只寫平常用的
　　文法,不寫理論.

葉　這本書是甚麼程度可以看得懂?

王　我所寫的是為了研究中國語言的外國人用
　　的.我的原則是慢慢兒一步一步的從淺到深.
　　以後我還打算再寫一本高級的.

葉　編書是很辛苦的一件事啊.

王　可不是麼.並且我還參考了很多外文的書.搜
　　集了很多資料.

葉　我相信一定很好.

王　總而言之書我是寫了.這本書裏面我還翻譯
　　了不少論文.

葉　寫書的原則是只要把資料找好仔細的寫下
　　去.我相信寫出來沒甚麼大問題.

IX (p. 514)

張: 喂,老王嗎?

王: 噢,老張這個週末我那兒也没去.在家待的膩死了.正想打電話跟你聊聊.

張: 今天下午你有事没有?

王: 我没事,有甚麼節目嗎?

張: 今天下午兩點鐘是我妹妹的學校開十週年紀念大會.他們有很多節目—有相聲,民歌甚麼的.我妹妹也擔任一個節目.他們已經籌備了兩個月了,大概還不錯.

王: 我一定去.咱們兩個人誰找誰?

張: 我來找你.我們花園子裏的葡萄已經熟了.我順便給你帶點兒葡萄去.

王: 我正想吃葡萄哪.

張: 我知道你很喜歡吃葡萄.老王啊,今天我還有個節目哪.

王: 你幹麼?

張: 我表演琵琶.

王: 一會兒你的節目一定受歡迎.

張: 不一定.

王: 好,回頭見.

張: 兩點鐘以前我到你那兒.

王: 回頭見.

SUMMARY CHART I. CHARACTERS ARRANGED BY LESSON
(Numbers below characters refer to radicals.)

① 成 許 爸 向 落 穿 衣 服 帽 哇 呀 眼 睛 胖 瞎 似 瘦 倒 雨
　 62 149 88 30 140 116 145 74 50 30 30 109 109 130 109 9 104 9 173

報 晴 噴 射 穩 屋 哪 寂 寞 痛 恨 通 咱 休 息 光 檢 查 邁 新
32 72 30 41 115 44 30 40 40 104 61 162 30 9 61 10 75 75 162 69

溫 獨 ② 係 餘 交 社 運 手 包 皮 鑰 匙 禮 物 無 線 首 飾 賬
85 94 　 9 184 8 113 162 64 20 107 167 21 113 93 86 120 185 184 109

套 鎖 雜 誌 舊 貨 流 利 實 弄 亂 職 務 力 航 空 司 火 世 界
37 167 172 149 134 154 85 18 40 55 5 128 19 19 137 116 30 86 1 102

③ 開 停 動 箱 修 理 寬 改 變 蓋 增 加 鋪 熱 鬧 華 非 並 警
　 169 9 19 118 9 96 40 66 149 140 32 19 167 86 191 140 175 1 149

察 壞 取 消 窄 髒 乾 淨 角 層 樓 式 牆 玻 璃 講 座 宜 嘔 嘍
40 32 29 85 116 188 5 85 148 44 75 56 90 96 96 149 53 40 30 30

性 狗 碰 脆 誒 哎 灣 ④ 何 洗 澡 臉 冷 巾 肥 皂 黃 沏 渴 餓
61 94 112 130 149 30 85 　 9 85 85 130 15 50 130 106 201 85 85 184

愛 抽 烟 洋 聞 味 絲 另 桃 桌 椅 壁 櫃 風 颱 奶 饅 視 主 廚
61 64 86 85 128 30 120 30 90 75 75 32 75 182 182 38 184 147 3 53

幹 傢 伙 睡 慣 欽 ⑤ 醒 夜 舒 稀 咖 啡 爐 辦 受 罰 遞 決 程
51 9 9 109 61 76 　 164 36 135 115 30 30 86 160 29 122 162 15 115

博 士 死 惜 妻 免 伴 租 宿 舍 濟 切 具 櫃 架 管 害 醫 忽 治
24 33 78 61 38 10 9 115 40 135 85 18 12 75 75 118 40 164 61 85

熟 答 陪 ⑦ 換 牌 耽 誤 戲 劇 樹 林 砍 贊 標 反 矛 盾 需 春
86 118 170 　 64 91 128 149 62 18 75 75 112 154 75 29 110 109 173 72

葉 秋 遊 專 形 幸 糸 布 景 努 育 賺 冬 溜 冰 夏 海 游 泳 照
140 115 162 41 59 51 120 50 72 19 130 154 15 85 15 35 85 85 85 86

誇 技 術 彩 輩 哥 寄 貼 ⑧ 摁 鈴 伯 預 備 青 合 櫃 適 彼 此
149 64 144 59 159 30 40 154 　 64 167 9 181 9 174 30 75 162 60 77

紀 搬 津 頓 煎 蛋 謂 偶 爾 底 攤 規 矩 掃 零 碎 添 吩 咐 攬 ⑨
120 64 85 181 86 142 149 9 89 53 64 147 111 64 173 112 85 30 30 64 　

議 達 脾 頂 態 度 矮 尺 寸 耳 朵 清 楚 聲 糊 論 鞋 破 髮 梳
149 162 130 181 61 53 111 44 41 128 75 85 75 128 119 149 177 112 190 75

眉 健 康 鏡 腳 胳 臂 粗 腿 指 壽 哭 勸 急 相 膚 細 嘴 鼻 鬼
109 9 53 167 130 130 130 119 130 64 33 30 19 61 109 130 120 30 209 194

按 認 標 ⑩ 刀 叉 週 末 炸 苦 瓜 辣 椒 碟 排 骨 鹽 胡 嘗 各
64 149 75 　 18 29 162 75 86 140 97 160 75 112 64 188 197 130 30 30

俗 鹹 川 藝 料 量 憑 傳 及 稍 微 討 厭 米 蓮 羹 橘 聊 ⑪ 滿
9 197 47 140 119 166 61 9 29 115 60 149 27 119 140 123 75 128 　 85

420

静	涼	願	衝	鄉	戚	庭	制	組	織	待	孫	兄	妥	姑	娘	喲	績	任	燈
174	85	181	144	163	62	53	18	120	120	60	39	10	38	38	38	30	120	9	86

初	樂	唱	歌	福	養	辛	藥	花	入	⑬	響	爺	失	騎	廂	設	之	厠	遣
18	75	30	76	113	184	160	140	140	11		180	88	37	187	53	149	4	27	162

臥	佈	置	建	築	板	磚	潮	濕	咪	整	磅	鼠	竈	造	煤	堆	輛	攔	顧
131	9	109	54	118	75	112	85	85	30	66	112	208	86	162	86	32	159	64	181

留	⑭	裳	襯	衫	絹	雙	襪	宅	省	河	倆	娶	媳	婦	嫁	丈	堉	鐵	拉
102		145	145	145	120	172	145	40	109	85	9	38	38	38	38	1	32	167	64

登	輪	農	仗	兵	傷	敵	殺	戰	據	窮	畝	村	撐	佩	勉	強	普	例	賓
105	159	161	9	12	9	66	79	62	64	116	102	75	64	9	19	57	72	9	116

戶	擦	藉	⑮	貫	聚	參	寓	橋	政	蒙	古	疆	藏	內	沙	漠	江	壁	僑
63	64	140		154	128	28	40	75	66	140	30	102	140	11	85	85	85	96	9

歐	洲	亞	材	塌	草	池	亭	模	型	確	觀	德	俄	聯	羨	慕	⑯	膠	步
76	85	7	75	32	140	85	8	75	32	112	147	60	9	128	123	61		130	77

洞	廠	推	賽	選	否	則	基	金	括	質	資	代	朝	亥	革	命	立	洽	足
85	27	64	154	162	30	18	167	64	154	154	9	74	8	177	30	117	85	157	

球	季	燕	⑰	體	項	冠	軍	隊	格	類	籃	網	兵	乓	踢	激	烈	棒	途
96	39	86		188	181	14	159	170	75	181	118	120	4	3	157	85	86	75	162

秒	拍	輸	握	危	險	綠	灰	褲	兌	猛	眾	威	擁	護	台	犯	絡	趁	守
115	64	159	64	26	170	120	86	145	10	94	109	38	64	149	30	94	120	156	40

弱	值	⑲	銀	總	存	款	際	商	央	土	靠	旁	價	街	支	填	薪	申	址
57	9		167	120	39	76	170	30	37	32	175	70	9	144	65	32	140	102	32

解	替	須	簽	室	簿	丟	碼	⑳	宣	傳	減	折	扣	網	緞	董	旗	袍	琶
148	73	181	118	40	118	1	112		40	9	85	64	64	120	120	140	70	145	96

琵	彈	盤	暫	薄	厚	深	淺	挑	酬	段	裝	盒	紙	裹	順	郵	局	身	剪
96	57	108	72	140	27	85	85	64	164	79	145	108	120	145	181	163	44	158	18

㉑	胃	擔	麻	針	醉	霉	染	感	冒	憐	擴	充	仔	詳	釋	咳	嗽	嗓	躺
	130	64	200	167	164	173	75	61	13	61	64	10	9	149	165	30	30	30	158

至	防	臨	擠	配	臟	牙	雇	㉒	班	轉	橫	區	遷	榮	搜	集	豐	富	陳
133	170	131	64	164	130	92	172		96	159	75	23	162	75	64	172	151	40	170

列	範	圍	私	團	捐	環	境	令	翻	譯	讀	遺	稿	珍	版	刊	編	註	冊
18	118	31	115	31	64	96	32	9	124	149	149	162	115	96	91	18	120	149	13

頁	份	㉓	諸	賓	慚	愧	示	持	籌	周	娛	抓	然	續	葡	萄	吐	言	詩
181	9		149	154	61	61	113	64	118	30	38	64	86	120	140	140	30	149	149

品	舉	蹲	領	演	民	鼓	皇	帝	荒	田	背	香	應	顯	複
30	134	157	181	85	83	207	106	50	140	102	130	186	61	181	145

② 力 刀 入 ③ 巾 士 寸 叉 川 之 丈 土 ④ 手 火 反 尺 及 戶
　 2 10 11 　 4 4 5 7 11 13 13 19 　 1 2 7 9 10 14

内 支 牙 ⑤ 包 皮 司 世 加 另 主 奶 切 矛 布 冬 末 瓜 兄 失
15 19 21 　 2 2 2 3 4 4 5 7 7 10 10 11 13

伏 古 代 立 台 犯 央 申 充 仔 令 刊 冊 示 民 田 ⑥ 成 向 衣
14 15 16 16 17 17 19 19 21 21 22 22 22 23 23 　 1 1 1

似 休 光 交 式 伙 決 宛 冰 合 此 耳 朵 各 米 任 宅 江 池 亥
1 1 3 4 5 5 7 7 8 8 8 9 9 10 11 14 15 15 16

乒 乓 危 灰 兇 守 存 丟 扣 至 列 份 吐 ⑦ 呀 社 利 弄 改 角
17 17 17 17 17 19 19 20 20 21 22 22 23 　 1 1 3 3 4

何 冷 皂 免 伴 形 系 努 技 伯 吩 妥 初 辛 佈 兵 村 沙 材 步
4 4 4 5 7 7 7 8 8 8 11 11 13 14 14 15 15 16

否 足 址 折 局 身 防 私 抓 言 ⑧ 爸 服 雨 物 空 非 並 取 宜
16 16 19 20 20 20 21 22 23 23 　 1 1 1 2 3 3 3 3

性 狗 肥 沏 抽 味 眯 夜 咖 受 妻 舍 具 忽 治 林 幸 育 泳 青
3 3 3 3 4 5 5 5 5 5 5 5 5 7 7 7 7 8

彼 底 咐 制 姑 花 臥 板 衫 河 拉 佩 例 亞 金 命 季 拍 版 周
8 8 8 8 13 13 13 14 14 14 15 15 16 16 16 16 17 22 23

⑨ 穿 哇 胖 屋 恨 咱 查 係 首 流 界 玻 哎 洗 洋 風 架 砍 盾
　 1 1 1 1 1 3 3 3 3 3 3 3 4 4 4 7 7 7

春 秋 紀 津 度 眉 指 急 相 按 炸 苦 胡 俗 待 建 咪 省 勉 政
7 7 8 8 9 9 9 9 9 10 10 10 10 13 13 14 14 15

洲 亭 型 俄 洞 則 括 革 治 冠 軍 秒 威 室 宣 挑 段 胃 冒 咳
15 15 15 16 16 16 16 17 17 17 17 17 19 20 20 20 21 21 21

珍 頁 品 帝 皇 背 香 厚 染 ⑩ 倒 射 哪 通 息 套 航 修 消 窄
22 22 23 23 23 23 23 23 23 　 1 1 1 1 2 2 3 3 3

座 脆 烟 桌 租 害 耽 夏 海 哥 矩 破 梳 胳 哭 鬼 骨 料 討 庭
3 3 4 4 5 5 5 5 5 5 7 7 7 7 9 9 10 10 11

孫 娘 造 留 倆 殺 歃 草 格 烈 途 弱 值 旁 袍 紙 針 配 班 捐
11 11 13 13 14 14 14 15 17 17 17 17 19 20 20 21 21 22 22

持 娛 荒 ⑪ 許 眼 寂 匙 貨 務 停 動 理 淨 視 啡 欸 惜 宿 陪 專
23 23 23 　 1 1 2 2 2 3 3 3 3 4 4 4 5 5 5

術 彩 寄 蛋 偶 規 掃 添 頂 清 健 康 脚 粗 細 週 排 聊 涼 戚
7 7 7 7 8 8 9 9 9 9 10 10 10 10 10 11 11 11

組 唱 設 厠 堆 婦 娶 掙 強 貫 參 推 基 球 猛 商 深 淺 盒 剪
11 11 13 13 13 14 14 14 15 15 16 16 16 17 19 20 20 20 20

麻 匾 陳 ⑫ 乾 達 帽 報 晴 痛 溫 運 無 間 華 黃 渴 絲 椅 傢
21 22 22 　 1 1 1 1 1 2 2 3 3 4 4 4 4 4

舒	稀	程	博	答	換	牌	標	遊	景	游	貼	備	脾	椒	量	傅	稍	鄉	喲
5	5	5	5	5	5	6	6	8	8	9	9	9	9	10	10	10	11	11	11
廈	塯	登	普	窗	寓	羨	朝	項	隊	棒	握	眾	絡	趁	款	街	替	須	減
13	14	14	14	14	1	15	16	17	17	17	17	17	17	19	19	19	19	19	20
琵	琶	順	郵	雇	集	富	圍	註	然	萄	⑬	落	晴	新	飾	亂	碰	愛	幹
20	20	20	20	21	22	22	22	22	23	23		1	1	1	2	3	3	4	4
遮	葉	溜	照	誇	摁	鈴	預	搬	頓	煎	零	碎	矮	楚	腿	微	福	爺	遣
7	7	7	7	8	8	8	8	8	8	9	9	9	9	10	10	11	12	12	13
置	鼠	煤	絹	媳	嫁	農	傷	塌	資	填	解	傳	董	酬	裝	感	詳	嗓	搜
13	13	13	14	14	14	14	14	15	16	19	19	20	20	21	21	21	21	21	22
愧	葡	詩	鼓	⑭	寞	誌	實	誤	蓋	察	嘔	嘍	聞	睡	慣	罰	管	誤	需
23	23	23	23		1	2	2	3	3	3	3	3	4	4	5	5	5	7	7
適	爾	態	壽	鼻	認	辣	碟	嘗	厭	蓮	滿	歌	裳	聚	蒙	漢	僑	厰	網
8	8	9	9	9	10	10	10	10	11	14	15	15	15	15	16	17	17	17	17
銀	際	綢	旗	裹	嗷	榮	團	境	賓	慚	領	演	複	諸	瘦	瞎	糊	餘	線
19	19	20	20	20	21	22	22	23	23	23	23	23	⑮	23	1	1	2	2	2
踢	箱	寬	增	鋪	熱	鬧	層	樓	璃	餓	颱	廚	熟	劇	輩	論	鞋	髮	膚
15	3	3	4	5	5	6	7	7	8	8	9	9	15	15	15	15	9	9	9
嘴	標	衝	樂	養	潮	磅	輛	輪	敵	窮	歐	模	確	德	慕	膠	選	質	褲
9	10	11	11	11	13	13	13	14	14	14	15	15	15	15	16	16	16	16	17
靠	價	碼	緞	彈	盤	暫	醉	霄	憐	躺	橫	遷	範	遺	稿	編	慮	⑯	噴
19	14	19	20	20	20	20	21	21	21	21	22	22	22	22	22	22	23		1
獨	澡	壁	醒	辦	樹	謂	憑	橘	靜	燈	築	磚	整	戰	據	橋	燕	激	輸
4	4	5	5	5	8	8	10	11	11	11	13	13	14	14	15	16	17	17	17
險	擁	擔	膩	舉	⑰	檢	禮	瞧	牆	講	臉	濟	戲	賺	臂	績	邁	濕	擱
17	17	21	21	23		1	2	3	3	4	6	7	7	8	9	11	11	11	13
擦	聯	賽	總	薪	薄	臨	擠	環	⑱	鎖	雜	舊	職	櫃	醫	檯	織	騎	雙
14	15	16	19	19	20	21	21	22		1	3	4	7	8	8	8	11	13	14
藉	藏	壁	擴	轉	豐	翻	繞	⑲	櫥	穩	壞	饅	贊	鏡	藝	羹	願	藥	竈
14	15	15	21	22	22	22	23		4	1	3	4	7	9	10	11	11	11	13
疆	類	簽	簿	蹲	⑳	警	爐	議	勸	鹹	襪	籃	釋	譯	籌	㉑	響	顧	襯
15	17	19	19	23		3	5	9	9	10	14	17	21	22	23		13	13	14
鐵	護	㉒	攤	聲	讀	㉓	變	髒	攬	體	顯	㉔	鹽	㉕	鑰	灣	觀		
14	17		8	9	22		3	3	8	17	23		10		2	3	15		

SUMMARY CHART III. CHARACTERS ARRANGED BY RADICAL
(Numbers below radicals refer to lessons.)

① 世₂ 並₃ 大₁₄ 丟₁₉ ③ 主₄ 丘₁₇ ④ 之₁₃ 兵₁₇ ⑤ 亂₃ 乾₃ ⑦ 亞₁₅ ⑧ 交₂ 亭₁₅ 亥₁₆

⑨ 似₁ 倒₁ 体₁₄ 條₂ 停₃ 修₁₆ 代₄ 何₄ 傢₁₉ 伙₂₀ 伴₂₁ 伯₂₂ 備₈ 偶₈ 健₁₀ 光₁ 俗₁₀ 傅₁₁ 佈₁₃ 倆₁₄

仗₁₄ 佩₁₄ 倒₁ 具₁₄ 僑₁₅ 俄₁₅ 冊₂₂ 值₁₇ 價₁₉ 傳₂₀ 仔₂₁ 令₂₂ 決₄ 勸₇ 免₅ 冰₂ 兄₁₁ 切₅ 充₂₁ 克₂₁

入₁₁ 內₁₅ ⑯ 剪₂₀ 兵₁₄ 列₂₂ 刊₂₂ 冒₁₆ 務₂ 冠₁₇ 動₁₃ 力₂ 厚₂₀ 加₇ 參₇ 咖₅ 哥₈ 吐₂₃ 利₂ 劇₇

制₁₁ 博₅ ㉖ 危₁₇ ㉗ 司₃ 否₁₆ 命₁₆ 厠₁₃ 嘔₁₉ 嘍₂₁ 商₁₉ 另₁₃ 嗽₂₁ 址₁₉ 啡₅ 壽₉ 士₅ 匙₂ ㉓

㉔ ⑯ ㉗ 咱₃ 哪₂ 古₃ 塔₁₄ 型₁₅ 嘔 哎₁₉ 商 土₁₉ 嗽 境₂₂ 娶₁₄ 周₂₃ 夏₇ 包 叉₈ 向₁

呀₁ 唱₁₁ 哪₂ 咪₃ 壁₁₃ 否₁₆ 咱₃ 塌₁₅ 妻₁₁ 嘍 台₁₇ 娘₁₁ 寄₇ 宅₇ 寓₁₅ 帝₂₃ 嫁₁₄ 宣₂₀ 娛₂₃ 嘗₁₀

壞₁₃ 失₁₃ 央₁₃ 堆₁₄ ㊳ 奶₃ 妻₁₁ 宜₃ 宿₅ 帽₁ 式₃ 弄₁₀ 布₄ 強₁₄ 弱₁₇ 威₁₇ 婦₁₄ 守₁₇ 室₁₉ 報₁

寞₁ 層₃ 廂₁₃ 寬₃ 察₃ 局₂₀ ㊼ 川₃ ㊿ 帝₂₃ ⑤⑥ ㊾ 帽₁ ⑤⑦ 急₉ 彈₂₀ 感 彩₇ 形₇ ㊲

恨₁ 息₁ 戶₁ 愛₄ 惜₄ 慣₄ 手₂ 握₂ 抽₁₇ 換₃ 忽₃ 態₉ 急₉ 憑₁₀ 搬₂₀ 慕₈ 掃₂₁ 憐₂₁ 慚₂₁ 愧

戰₁₄ 擦₁₆ 推₁₆ 括₁₆ 拍₁₇ ⑥⑨ 新₁ ⑦⑩ 椅₁ 櫃₂₀ 架₅ 旗₂₀ 晴₁₄ 春₂₀ 攤₂₁ 擔₂₁ 擠₂₁ 搜 捐₂₂ 持

整₁₃ 敲₁₄ 政₁₅ 樓₁₅ 桌₁₅ 橋₁₅ 材₁₅ 模₁₅ 格₁₇ 棒₁₇ 染₂₁ 樹₅ 林 榮₂₂ 棵 檯 歌 普₂₀ 暫₂₀ 梳₉

檢₁₆ 板₁₄ 村₁₄ 殺₁₄ 段₂₀ 添₈ 民₂₃ 温₁₅ 滿₁₁ 清₁₁ 涼₂ 横₂₂ 消₃ 灣₃ 淨₃ 欲 歐₁₅ 渴₄ 標 指₁₀

游₇ 泳₇ 添₈ 段₈ 橘₁₀ 椒₁₆ 末₈ 此₈ 步₁ 死₅ 溜₇ 減₂₀ 海₇ 深₂₀ 洗₄ 澡₁₅ 江₁₅ 湖₄ 池₁₅ 洋₁₅

⑪ 刀₁₀ 扁₂₂ 哇₁ 各₁₀ 增₃ 套₂ 寂₁ 屋₁ 庭₁₁ ⑥① 戚₁₄ 改₃ 朝₁₆ ⑦⑤ 拉₁₄ 據₁₄ 撐₁₄ 樂₁₁ 洞₁₆

治₁₆ 濟₁₆ 治₁₆ 孫₁₁ 季₁₆ 射₁₁ 專₁₆ 底₄ 微₉ 待₉ 彼₄ 度₉ 存₁₉ 寸₉ 夜₅ 富₂₂ 幸₇ 幹 座 康₁₅

⟨86⟩ 無₂ 火₂ 熱₃ 烟₃ 爐₅ 熟₅ 照 煎₁₀ 炸 燈₁₃ 竈₁₆ 煤₁₇ 燕₁₇ 烈₂₃ 灰₃ 然 淺₂₀ 演₂₃ ⟨88⟩

⟨88⟩ 爸₁ 爺₁₃ ⟨89⟩ 爾₈ ⟨90⟩ 牆₃ 林₄ ⟨91⟩ 牌₁₇ 版₂₂ ⟨92⟩ 牙₂₁ ⟨93⟩ 物₂ ⟨94⟩ 獨₂ 狗₁₇ 猛₁₇ 犯₁₇ ⟨96⟩

理₃ 玻₃ 瘦₁₅ 痛₁ 置₁₃ 相₁₅ 盾₇ 眉₇ 田₂₃ 申₁₉ 睡₂₃ ⟨104⟩ ⟨96⟩ 璃₃ 壁₁₅ 球₁₆ 琵₂₀ 琶₂₀ 班₂₂ 環₂₂ 珍₂₂ ⟨97⟩ 瓜₁₀ ⟨102⟩ 界₁₃ 留₁₃ 眼₁ 睛₁ 瞎₁₄ 瞧₂ 疆₁₅ 碼₁₉ ⟨113⟩ 社₃ 禮₂ 立₁₆

⟨105⟩ 登₁₄ ⟨106⟩ 皇₂₃ 皂₄ ⟨107⟩ 皮₂ ⟨108⟩ 盤₂₀ 盒₂₀ ⟨109⟩ 碰 砍 碎 破₁₀ 碟 磚₁₀ 磅 確 窄₁₄ 窮 窗₁₄ 線₄ 絲₂ 系₈ 紀₈

⟨110⟩ 眾₁₇ 示₂₃ 箱₃ ⟨111⟩ 矛₈ 穩 答₅ 管₅ 織₁₁ 職₂ ⟨115⟩ 矩₈ 程₅ 築₁₇ 籃₁₇ 耳₉ 聞₄ 胃₂₁ ⟨116⟩ 矮₉ 租₇ 簽₁₉ 簿₁₉ 聾₂₃ 聚₁₅ 聯₁₅ 胖₁ 脆₃ 臉₁₅ 肥₄ 育

⟨117⟩ 省₁₄ 福₁₁ ⟨119⟩ 秋 稍₁₀ 秒₇ 範₁₉ 籌 糊 粗 料₁₀ 米 ⟨120⟩ 線 絲 罰₅ ⟨123⟩ 羞₁₀ 脚₉ ⟨124⟩ 臂₉ 航

⟨118⟩ 細₉ 組₁₁ ⟨128⟩ 稀₅ 絹₁₄ 網₁₇ 綠₁₇ 絡 總₁₉ 綢 緞₂₀ 紙₁ 編 繞₂₂ ⟨122⟩ ⟨130⟩ 至₂₁ 舊₂ 舉₂₃ 舒 舍 ⟨135⟩ 荒₂₃ 規₂₃

翻₂₂ 膚₉ 胡 膠₁₆ 胃 葉₂₁ 苦 藝 卧₁₃ 臨₂₁ ⟨133⟩ 蒙₁₅ 藏₁₅ 草₁₅ 新 薄 葡₂₃ 萄₂₃ 視₄ 護₁₇

腿₉ ⟨140⟩ 落₁ 蓋 ⟨144⟩ 術₇ 衝₁₁ 街₁₀ ⟨145⟩ 衣₁ 裳₁₄ 襯₁₄ 衫₁₄ 褲₁₇ 袍₂₀ 裝₂₀ 論 認 討₉ 設₁₃ 護₁₇ 詳₂₁

觀₁₅ 譯₂₂ 趁₁₇ ⟨148⟩ 角₃ 讀₂₂ 註₃ ⟨149⟩ 諸 誌₂₃ 詩₂₃ 豐 ⟨154⟩ 貨₉ 贊₇ 賺₇ 貼 買₁₅ 賽₁₆ 質₁₆ 資₁₆ 賓₂₃ ⟨156⟩

農₁₄ ⟨162⟩ 足₁₆ 踢 蹟₂₃ 運₁₇ 遮₅ 遊₂ 適 達₁₀ 量₁₀ 週 輩₁₃ 輛 輪₁₄ 遣₁₃ 造₁₃ 選₁₆ 途₁₃ 遷₂₂ 遺₂₂ 鏡₉ 鐵₁₆ 金₁₆ 銀₂₃ 針₂₁ ⟨169⟩

醒₅ 醫₅ 酬₂₀ 醉₂₁ 配 險₁₇ 際₁₉ 防₂₁ 陳 ⟨172⟩ 雜₁₄ 雙 雇 集₂₁ ⟨173⟩ 雨 需₂₁ 零 霉 ⟨174⟩ 青

開₃ 靜₁₁ ⟨175⟩ 非₃ 靠₁₉ 鞋₁₆ 革₁₃ ⟨180⟩ 響₈ ⟨181⟩ 預₈ 頓₈ 頂₈ 願₁₁ 顧₁₃ 項₁₇ 類₁₉ 須₂₀ 順₂₂

領₂₃ 顯₂₃ ⟨182⟩ 風₄ 颱₄ ⟨184⟩ 餘₂ 飾₂ 饞₄ 養₁₁ ⟨185⟩ 首₂ ⟨186⟩ 香₂₃ ⟨187⟩ 騎₁₃ ⟨188⟩ 髒₃ ⟨209⟩ 鼻

體₁₇ 髮₃ 鬧₃ 鬼₉ 鹽₁₀ 鹹₁₀ ⟨200⟩ 麻₂₁ ⟨201⟩ 黃₄ ⟨207⟩ 鼓₂₃ ⟨208⟩ 鼠₁₃ 骨₁₀

INDEX

(Numbers after entries refer to the lesson in which the character first occurred.)